国家社科重点项目
"创业生态系统内利益相关者共创意愿影响公司创业机理研究"
(19AGL005)结项报告

中国城市创新创业生态系统促进高质量创业的实证研究

李乾文 王　钦 苏德金 等◎著

中国财经出版传媒集团

经济科学出版社
Economic Science Press

·北京·

图书在版编目（CIP）数据

中国城市创新创业生态系统促进高质量创业的实证研究／李乾文等著 . -- 北京 ：经济科学出版社，2025. 6. -- ISBN 978 - 7 - 5218 - 6624 - 7

Ⅰ. F299. 21

中国国家版本馆 CIP 数据核字第 2025SB6626 号

责任编辑：李　雪　袁　溦　刘　瑾
责任校对：刘　娅
责任印制：邱　天

中国城市创新创业生态系统促进高质量创业的实证研究
ZHONGGUO CHENGSHI CHUANGXIN CHUANGYE SHENGTAI XITONG
CUJIN GAOZHILIANG CHUANGYE DE SHIZHENG YANJIU
李乾文　王　钦　苏德金　等著
经济科学出版社出版、发行　新华书店经销
社址：北京市海淀区阜成路甲 28 号　邮编：100142
总编部电话：010 - 88191217　发行部电话：010 - 88191522
网址：www. esp. com. cn
电子邮箱：esp@ esp. com. cn
天猫网店：经济科学出版社旗舰店
网址：http：//jjkxcbs. tmall. com
固安华明印业有限公司印装
710 × 1000　16 开　18. 5 印张　234900 字
2025 年 6 月第 1 版　2025 年 6 月第 1 次印刷
ISBN 978 - 7 - 5218 - 6624 - 7　定价：89. 00 元
（图书出现印装问题，本社负责调换。电话：010 - 88191545）
（版权所有　侵权必究　打击盗版　举报热线：010 - 88191661
QQ：2242791300　营销中心电话：010 - 88191537
电子邮箱：dbts@ esp. com. cn）

前　　言

　　虽然从 20 世纪八九十年代，学者们就开始从更多关注创业者个体的影响因素，到开始探索区域的社会、文化、政治、经济或环境因素对创业者和创业过程的影响。国内外一些学者认为创业生态系统由一系列单个要素组成，并以复杂的方式互相集合、互相影响。但一些政府在注意到创业活动对经济增长有益的前提下，投入了众多的人财物，企图简单模仿美国硅谷，但常发现投入的大量资源没有带来预期的效果，导致创业生态系统构建中的"硅谷模仿困境"。2015 年以来，中央大力推动"大众创业、万众创新"的重大政策措施，激发了亿万群众的智慧和创造力，成为了各地经济发展的新引擎。在这些强力政策的促动下，科技企业孵化器、众创空间、双创基地等创业生态系统建设如火如荼，但各地发展的效果很不平衡，甚至出现了类似的"中关村模仿困境"，简单模仿美国硅谷、北京中关村模式，导致政策失效。基于创业生态系统的理论探讨，急需深入思考以下问题：典型创业生态系统的运行现状与问题？创业生态系统的利益相关者共创意愿影响公司创业效果的内在影响机理是什么？这种内在影响机理是否可以得到实证检验，这些研究命题都有助于破解"模仿困境"。

2019 年，南京审计大学李乾文教授主持申报的"创业生态系统内利益相关者共创意愿影响公司创业机理研究"获得国家社科重点项目立项（项目批准号为：19AGL005）。该项目获批于 2019 年暑期之际，立项后进行了认真的策划和开题，2019 年对于江苏省的部分创业生态系统进行了深入的调研，但是 2020 年年初突然爆发的新冠疫情，对于开展全国范围的调研带来了很大的挑战，原计划 2020 年寒假到深圳市、广州市进行创业生态系统（科技企业孵化器、众创空间等）的调研被迫取消，延误了项目的执行。虽然延期了，但让团队静下心来，认真思考本项目的核心要义，及时追踪国内外相关文献的最新发展，以及创业生态系统的最新实践，到 2024 年暑假才终于按照项目的研究计划完成研究任务。项目发表了 6 篇阶段性研究成果，形成近 20 万字的最终研究报告。

本项目站在价值共创的视角，通过遵循"主体识别—信息收集—结构机理"的分析范式，在分析创业生态系统、创新生态系统等理论文献对比的基础上，首先识别了国家、城市和众创社区不同层面的创业生态系统研究主体，并对城市内部的众创社区型生态系统进行了案例预调研和江苏省级层面的深入分析，以中国主要城市为研究样本分别分析了创新生态环境对于高质量创业的影响和创新创业生态系统对于高质量创业的影响，进一步对于城市内部的创业生态系统——众创社区如何影响高成长的典型企业——独角兽企业进行了组态分析，从多个分析结构单元分析了创新创业生态系统对于高质量创业的影响机理，最后对于理论和实践界的启发作用进行了评述。

　　研究成果的特点主要体现在以下方面：从研究主体看，创业生态系统的研究往往与创新生态系统的研究密不可分，特别是新质生产力的提出，更进一步说明只有以创新为基础的创业产出才是社会最需要的产出，因此本项目创新创业结合的研究是底色；从研究的具体对象看，既存在从国家层面的国际比较研究，也有从城市层面的研究，但本项目的创新点在于进一步解剖城市内部的众创社区型创业生态系统作为分析的更小颗粒和单元，使得研究视角更为创新；从研究内容看，研究思路比较新颖，采取了先提出整体研究逻辑框架，进行预调研，再深入解剖的研究办法，分别从创业生态系统的核心圈层—独角兽企业（满帮集团）的单案例研究出发，再到城市创新生态环境到高质量创业及城市间溢出效应的实证研究，然后到城市创新创业生态系统到高质量创业的实证分析，最后再深入城市内部众创社区与培育独角兽企业的组态分析，形成了分层分类的综合系统研究。

　　突出特色在于两点，一是研究对象的创新。从大多数以城市为核心的研究设计，深入到城市内部的众创社区研究，并且基于江苏省的多年实践，首次提出了众创社区型创业生态系统的测量，并且与产生高成长企业的关系进行了实证研究；二是研究方法的创新。本项目根据四个既相关联系又逐步深入的阶段性研究，分别采取了案例研究、扎根理论、层级回归、空间计量模型、fsQCA 和 NCA 定性定量结合方法等多种混合研究方法，对于非常复杂和多样性的创业生态系统而言，有助于进一步深化对于城市间、城市本身和城市内部创业生态系统孕育、产生和发展的深刻理解。

　　项目的主要建树在于构建了城市内部众创社区的定义与测量体系，因为众创社区不是一个行政区划的概念，行政手段的统计都难以收集相关数据，通过巧妙地借助企查查等查询工具，能够识别和定义众创社区一定范围内（本项目定义3公里的概念）的科技企业孵化器、众创空间、图书馆、医院等物理设施，也可以通过相应数据库搜集专利、校地合作等数据信息，使得研究城市内部的众创社区成为可能。

　　成果存在的主要不足在于：缺乏对于创业生态系统的动态研究。第五章和第六章分别对于城市创新生态环境、创新创业生态系统的多年数据研究，但仍然是截面数据，无法反映一个城市或者区域生态从0到1，从小到大的发展，这个应该是很精彩的存在，但由于数据普遍缺乏，单案例的研究容易实现，多案例甚至大数据很难追踪实现。对于众创社区的研究目前很是初步，单靠量化研究也难以反映丰富的生态系统现状，比如生态系统内的创业裂变和创业文化都有研究的价值。这为未来提供了进一步深入研究的命题，比如对于城市创业生态系统的动态研究，生态系统内的裂变式创业研究，对于众创社区型生态系统的精细画像等的研究都极富研究潜力。

　　参加本项目的学者主要有王钦、苏德金、黄海艳、周英、李卫东、张燕妮、于娱等，参与的研究生有董知政、曹佳颖、诸国华、李超、孙宇涵、王俞丹等。项目主持人李乾文教授作为江苏省科技企业孵化器和众创空间的专家，运用研究成果指导了当地不同生态系统的建设。指导的江苏省众创空间效率的硕士论文获得江苏省优秀硕士论文奖。成果先后在国家自然基金委主办的双清论坛，浙江工商大学等举办的全国双创学术会议上介绍，取得较好的学术效果。项目的阶段性成果先后在《科学学研究》《现代经济探讨》等发表了多篇阶段性的研究成果。研究思路上得到南开大学张玉利教授、吉林大学蔡莉教授、南京大学赵曙明教授等的大力指导。在创业生态和众创社区的调研和研究上，得到了中关村技术经理人协会杨晓非和王伟毅、北京中关村创业大街科技服务有限公司张凯、杭州未来科技城双创办葛佳尉、苏州市科技企业孵化器协会朱芹、南京大学国家科技园许尔杰，以及江苏省科技厅倪菡忆、罗阳、张迪，江苏省高新技术创业服务中心李太生、张明、唐余康、康亚飞，江苏省生产力促进中心赵志强，南京软件谷闫耿、许瑾文等的大力帮助，对研究方案提出了具体的完善建议，在此一并致谢。

目　　录

研 究 导 论

　　虽然从 20 世纪八九十年代，学者们就开始从更多关注创业者个体的影响因素，到开始探索区域的社会、文化、政治、经济或环境因素对创业者和创业过程的影响。伊森贝格（Isenberg，2010）在《哈佛商业评论》发表的《如何启动一项创业革命》的文章中完整阐述了"创业生态系统（Entrepreneurship Ecosystem）"概念，认为创业生态系统由一系列单个要素组成，并以复杂的方式互相集合、互相影响。同时，作者观察到一些政府在注意到创业活动对经济增长有益的前提下，投入了众多的人财物，企图简单模仿美国硅谷，但常发现投入的大量资源没有带来预期的效果，导致出现创业生态系统构建中的"硅谷模仿困境"。2015 年以来，我国提出"大众创业、万众创新"的重大政策措施，激发了亿万群众的创造力，成为各地经济发展的新引擎。我国出台"双创"政策，如国务院办公厅印发《关于发展众创空间推进大众创新创业的指导意见》、国务院印发《国务院关于大力推进大众创业万众创新若干政策措施的意见》、国务院印发《关于加快构建大众创业万众创新支撑平台的指导意见》、国务院办公厅印发《关于加快众创空间发展服务实体经济转型升级的指导意见》、国务院办公厅印发《关于建设大众创业万众创新示范基地的实施意见》等都把发展有效的创业生态系统作为重要载体来抓。在这些强力政策的促动下，众创空间、双创基地等创业生态系统建设如火如荼，但各地发展的效果很不平衡，甚至出现了类似的"中关村模仿困境"，简单模仿美国硅谷、中国中关村模式，导致政策失效。当然，各地打造多种创业生态系统的效果还需要一段时间去评估，但创业生态系统发展急需深入调研和理论梳理，至少需要深入思考以下问题：（1）典型创业生态系统的运行现状与问题分析；（2）构成创业生态系统利益相关者的共创意愿如何；（3）创业生态系统的利益相关者的共创意愿影响公司创业效果的内在机理；（4）这种内在机理是否可以得到实证检验；（5）研究结论对于创业生态系统的利益相关者特别是政策制定有什么样的启示。

2018 年，《国务院关于推进创新创业高质量发展打造"双创"升级版的意见》中明确提出要"进一步优化创新创业环境，推动创新创业高质量发展"。因此，如何进一步提高创业质量，鼓励高质量的创新型创业，是学术界和实务界都非常感兴趣的问题。全球创业观察（GEM）的研究报告指出，高期望型创业（high-expectation entrepreneurship）和高创新型创业（high-innovative firm entrepreneurship）被视为高质量创业的主要衡量指标，体现了高成长性和高创新性这两个创业活动的核心理念，但在发展中国家的创业活动中表现较弱（赵向阳等，2012）。

中国共产党二十届三中全会指出，要坚持系统观念，处理好经济和社会的关系、政府和市场的关系、活力和秩序等的重大关系，增强深化改革的系统性、整体性、协同性。这就为区域创新创业生态研究提供了重要指导，要注意区域生态系统的整体性和协同性研究，需要系统关注创新要素、创新资源和创业要素、创业资源，加快形成同新质生产力更相适应的生产关系，鼓励和规范发展天使投资、风险投资、私募股权投资，更好发挥政府投资等内外投资基金的作用，发展长期投资资本。

　　本成果站在价值共创的视角，遵循"主体识别—信息收集—结构机理"的分析范式，在分析创业生态系统、创新生态系统等理论文献的基础上，首先识别了创业生态系统国家、城市和众创社区不同层面的创业生态系统研究主体，并对城市内部的众创社区型生态系统进行了案例预调研，并在江苏省级层面进行深入分析，以中国主要城市为研究样本分析了创新生态环境对高质量创业的影响和创新创业生态系统对高质量创业的影响，进一步对城市内部的创业生态系统——众创社区对典型的高成长企业的影响机理，特别对独角兽企业进行了组态分析，从多个结构单元分析了创新创业生态系统对高质量创业的影响机理，最后对理论和实践界的启发作用进行了评述。

　　遵循以上研究思路和设计，第一章主要对创业生态系统、创新生态系统、创新环境的相关文献进行了研究，特别是对创业生态系统的概念内涵、构成要素、运行模式、内在作用机制、分类与演化过程进行了系统研究；第二章分析了本研究所依据的创新驱动理论、创新驱动创业理论，对创业生态系统的研究方法论进行了综述，介绍了本研究所依据的定量研究、案例研究、扎根理论、混合研究、fsQCA 等方法，提出了以促进高质量创业诞生成长为核心圈层的创新创业生态系统研究框架图；第三章首先介绍了创业生态系统的国家层面和一类城市层面的两类测度体系，在此基础上对于本研究的重要创新，城市内部的众创社区型创业生态系统进行了案例预调研和测量研究；第四章到第七章是关于复杂多样的创业生态系统的多层面阶段性的实证研究。第四章首先通过扎根理论剖析了处于研究核心圈层的高成长企业类型—独角兽企业满帮集团进行了单案例的分析，目的是找出影响其成长模式的生态因素。第五章通过 PSR 模型，以 61 个城市为样本分析城市创新生态环境影响高质量创业，以及这种影响在城市间的溢出效应。第六章进一步整合了创新创业生态系统影响高质量创业的实证研究，选取了更大范围的 84 个城市样本。第七章深入到城市内部，选取众创社区型的创业生态系统，分析导致独角兽企业涌现的组态效应，使用 fsQCA 和 NCA（必要条件分析）相结合的混合研究方法。第八章对整个研究的理论发现进行了综述，结合一些典型案例进行了分析，提出了一组政策建议：需要对创新与创业生态系统进行系统构建、系统推进；因地制宜确定创新创业生态系统的企业发展目标；优化创新创业生态系统的发展路径；研究创新创业生态系统的成长规律，因时应变；自然演化和政府引导对于生态环境的营造同样重要；积极营造符合区域长期可持续发展的双创文化；促进城市间的系统协同创新；充分利用海外创新创业资源等。

第一章

相关理论文献研究

近些年，无论理论界还是实务界，国内外对创业生态系统的研究兴趣日益浓厚，管理学界各国际期刊纷纷组织专刊进行研究，国家自然科学基金委员会和全国哲学社会科学办公室立项了多项重点项目进行研究。国内从 2015 年开始的"大众创业、万众创新"政策正在演化为"双创"升级版，从创客空间、孵化器、加速器、双创基地，再到江苏省众创社区的探索实践，山东省创新创业共同体实践等，都迫切需要对创业生态系统理论进行研究。

从阶段性的研究成果看存在以下几个方面的问题，一是存在为创业生态系统的研究而研究，割裂了与创新生态系统、商业生态系统等的关联，或者认为几个概念互不关联，或者认为创业生态系统是前面几个概念的高级发展阶段；二是在创业生态系统的构成要素方面基本达成了共识，但是对要素间的结构属性还缺乏统一认识；三是有共识的创业生态系统测量是实务界迫切需要解决的具体问题。因此出现了两个割裂现象，一是与以往的商业生态系统、创新生态系统、工业集群截然分开的；二是很少考虑创业生态系统在国内外实践中的快速发展，出现了理论与实践的割裂。

一、关于创业生态系统的研究

创业生态系统是从生物学中的自然生态系统概念逐步演化而来的，与自然生态系统有类似的隐喻。英国生态学家坦斯利（Tansley，1935）最早提出了生态系统（ecosystem）的概念，认为生态系统是在一定时空范围内，多种生物、非生物之间通过物质循环与能量流动所形成的相互影响、相互依存的功能单位。穆尔（Moore，1993）将这种生物与环境之间高度复杂却密不可分的互动关系，借鉴到了商业组织领域，认为商业生态系统中的任何一个单位都不是孤立的一员，其间具有复杂的竞合关系，并能推动彼此共同发展。施皮林（Spilling，1996）提出了创业系统（entrepreneurial system）的概念，以此描述市场中创业活动的整体影响因素。

奥德里奇等（Aldrich et al.，2001）指出，创业企业与其所处的商业环境间也具有生态系统的特征，创业与生态系统两个研究范畴间的联系逐渐密切，因此诸多学者将创业生态系统这一概念看作自然生态系统的隐喻（Colombo et al.，2019）。邓恩（Dunn，2005）首次提出经济管理领域创业生态系统的基本轮廓，但没有给出明确的定义。随后，越来越多的国内外学者开始致力于创业生态系统的研究，涉及其概念、特征、类型、运行机理等多个方面。

虽然邓恩（2005）、科恩（Cohen，2006）先后提出了创业生态系统的概念，但伊森贝格（Isenberg，2010）对创业生态系统的分析最有代表性，他通过分析卢旺达、智利、以色列、中国台湾地区等世界多地的实践案例，发现构建创业生态系统是促进区域创业活跃的重要推动力。苏雷什和拉姆拉杰（Suresh & Ramraj，2012）认为创业生态系统由新创企业及其赖以存在和发展的创业生态环境所构成，是相互影响并共同演进的一个动态平衡系统。马西莫等（Massimo et al.，

2019）认为与自然科学的类比是基于经济主体与外部环境相互作用的假设，创业生态系统内部有多个生物群落，结合外部生态环境，作为一个系统相互作用。

（一）创业生态系统的概念与内涵

近二十年，围绕创业生态系统的概念及其内涵的探讨从未停止，不同学者对创业生态系统的理解不尽相同，目前尚未能形成被普遍接受的统一说法（项国鹏等，2016）。回顾已有研究，主流观点大致可分为以下三类：一是将创业生态系统视为一种外在环境，该外在环境是由多种相互依赖的主体以及所处的制度、社会、经济等系统层面要素构成的（Acs et al.，2017），能够有效提高创业企业成功的概率（蔡莉等，2019）；二是将创业生态系统视为一种网络，创业生态系统内的个体与组织等通过相互交流形成系统网络，该系统网络携带大量的创业资源与创业机会，可以促进创业企业的形成，并为其发展创造机会（Auerswald et al.，2017），同时该网络会随着技术发展、网络密度变化等灵活调整，为企业应对竞争性的外部环境提供支持（Hayter，2016）；三是将创业生态系统视为各要素主体的互动集合，该互动集合包含一定区域范围内社会、经济、政治、文化等多种相互联系的要素主体，这些要素主体通过不同的组合方式，能够支持创业企业不断成长与发展（Spiegel，2017）。

本研究对有关创业生态系统概念的一些具有代表性的研究进行了归纳，如表1-1所示。

表1-1　　　　　　　创业生态系统概念的代表性研究观点

学者（年份）	代表性研究观点
Cohen（2006）	创业生态系统是特定区域内相互作用的主体形成的群落，通过支持和促进新企业的创建和成长来实现可持续发展，创造社会和经济价值。

学者（年份）	代表性研究观点
Isenberg（2010）	当创业者拥有所需的人力资源、资金和专业支持，并且处于一个能得到政府的政策鼓励和保护的环境时，创业最容易获得成功，这个环境就被称为创业生态系统。
Vogel（2013）	创业生态系统是一个地理区域内的交互群落，由多种互相依赖的创业主体和环境要素（市场、监管体系等）构成并随着时间而演化，主体和环境共存并相互作用来促进新企业的建立。
Mason & Brown（2014）	一组相互联系的创业主体（潜在的和现存的）、创业组织（厂商、风险投资人、天使投资人、银行）、机构（高校、企事业单位、金融机构）及其在局部创业环境中正式或非正式地联系起来去沟通、调解、治理其效能的创业过程（企业出生率、高成长企业的数量、"重量级创业"的水平、连续创业者的数量）。
Roundy et al.（2017）	能够产生创业活动的主体、社会结构、机构和文化价值观的群落。
林嵩（2011）	由新创企业及赖以生存和发展的创业生态环境所构成的，彼此依存、相互影响、共同发展的动态平衡系统。
蔡莉等（2016）	由多种创业参与主体（包括创业企业及相关企业和机构）及其所处的创业环境所构成的有机整体，彼此间进行着复杂的交互作用，致力于提高整体的创业活动水平（创业数量和创业成功率）。
项国鹏等（2016）	以创业者为中心，连接政策引导、金融服务、中介服务、科研院所、创业教育、基础设施等机构，协同作用于创业者，通过交互式共生演化来提高创业质量、促进区域统筹发展。
杨隽萍等（2018）	以创业文化为系统核心，以其联结广度为系统边界，由创业主体、创业活动支持子系统、创业环境共同构成并相互作用的系统，其系统功能在于促进区域的创业水平增长，进而推动区域经济发展。
Audretsch et al.（2018）	一组相互联系的参与者，包括企业、新创企业、合作实体，比如企业孵化器或加速器和当地政策制定者，以及全球本土化层面影响创业的产生和扩散的环境组成的整体。
Zhe Cao & Xianwei Shi（2020）	在一个区域内，共同演化的多种利益相关者为新创企业创造提供的支持性的环境社区。

注：笔者根据相关文献资料整理。

（二）生态观视角的相关比较研究

众多学者在对创业生态系统的内涵认知基础上，梳理了不同视角的概念。从众多相关概念（比如，价值链、产业集聚区、区域创新系统、商业生态系统、创新生态系统、服务生态系统等）看，其实质是生态观在管理学领域的引入与应用。

创业生态系统的研究文献涉及不同层面，包括集群（Delgado，Porter，& Stern，2010；Porter，1998，2000）、创新系统（Fritsch，2001）、经济地理（Feldman，2001）、社会资本（Westlund & Bolton，2003）和网络观（Sorenson & Stuart，2001）等。

经济学很早就引入了生态系统的类比，管理学较晚，根据穆尔（Moore，1993）的描述，创新的组合资本、顾客利益、人才等凝结成的商业生态系统，就像根植于阳光、水分和土壤营养等自然资源萌生出的成功物种。

随后生态系统的概念逐渐被一些研究杂志所采用，比如《战略管理杂志》（Adner & Kapoor，2010；Teece，2007），这个隐喻的吸引力在于其能够激发和强调组织和环境之间的相互依赖性，并且提供了一个崭新的思考专业化、共同演化和价值创造的路径（Adner，2012；Kapoor & Lee，2013）。这一概念整合了价值链、市场结构和价值获取的思想（Jacobides，Knudsen，& Augier，2006；Teece，1986），回应了基于资源基础、核心能力等相关的观点（Barney，1991；Pra-halad & Hamel，1990），认知到创新的不同机会来源（Von Hippel，1988）。米娜和达格尼诺（Minà & Dagnino，2018）从1985～2015年的97篇影响因子比较高的期刊论文中，发现四类生态系统的用法：商业生态系统、创新生态系统、创业生态系统和服务生态系统。

扬西蒂和莱温（Iansiti & Levien，2004）给出了更为清晰的商业生态系统的定义，商业生态系统就是围绕一个焦点企业或平台相互联结并进行有效运行的组织构成的网络系统。之前的线性模型（比如价值链）开始变得失效或过时，因为这些线性模型低估了商业生态系统中以多重相互联结为特征的广泛的参与者进行商业活动的复杂性。商业系统的动态性可以借助生态学的概念，诸如多样性、选择性、相关多元化、韧性和适应性等进行分析（Auerswald & Dani，2017；Boschma，2015）。

在商业生态系统，一个焦点企业必须学会统筹它的生态系统以便获得竞争优势（Iansiti & Levien，2004），而创新生态系统的主要目的是通过创新创造新的价值（Autio & Thomas，2014），然而，在创业生态系统，焦点在于创造新的企业（Stam，2015）。

创新生态系统代表了"企业把各自的供给组合为一个一致的、面向顾客问题解决方案的协作安排"（Adner，2006），特别是在一个商业生态系统内的企业围绕一项创新的共同演化能力（Moore，1993）。创业生态系统由具有很强创业导向和创业思维的参与者组成。这些方面使得企业可以获得外部资源，并通过资源和能力的整合和再整合获得利益。

服务生态系统则代表了大多数松散组合的社会和经济（资源整合）参与者，通过分享的制度逻辑和共享的价值创造经由服务交换，构成的一个相对独立的、自我调整的系统。数字技术的发展极大便利了参与者之间的信息共享。服务主导的逻辑概念和服务生态系统开始出现，以适应数字时代和对服务系统的高度分布式、异质性和资源整合主体的需要。

阿奇、斯塔姆和奥德雷奇等（Acs，Stam & Audretsch et al.，2017）分析了创业生态系统与工业产业区、产业集群与区域创新系统（RIS）的差异。工业产业区强调产业内当地劳动分工（Marshall，1920），以及所在工业产业区内的服务者与创业者，为了共同开拓国际市场而进行的互动行为（Becattini，1990）。产业集群方法聚焦于相互联系的企业、供应商、服务供应商、与产业相关的企业和相关机构在某一地理区域的集聚特征（Porter，1998）。区域创新系统指的是通过知识连接产生大学和公共研究实验室和创新企业的网络和机构集合中心，这些连接允许知识在不同的组织间溢出，增加了整个地区的创新度。

创业生态系统的方法聚焦于特定地理区域，相互联系的参与者、个体、实体和管制体所组成的社区内所发生的创业活动（Isenberg，2010；Kuratko et al.，2017）。早期对于创业生态系统的定义（Van de Ven，1993；Spilling，1996；Neck et al.，2004）主要强调了两点：（1）参与者和组成部分之间的互动具有复杂性的特征；（2）高质量新创企业的不断涌现是创业生态系统存在的重要目标。

斯塔姆（Stam，2015）强调创业生态系统的研究中心过渡到生产性的创业（创新导向和成长导向）是一个关键的创业研究转变，特别是包含更宽范围的更多新创企业出现具有更多包容性和更宽的范畴。根据斯塔姆（2015）的定义，尽管目前的数字技术和全球化发展降低了空间的依赖性（Florida et al.，2017；Acs et al.，2017），但领域专业化而非区域当地化是创业生态系统的重要特征维度（Spilling，1996；Cohen，2006）。

对于创业生态系统的定义，阿尔瓦雷斯等（Alvarez et al.，2018）采用了与梅森和布朗（Mason & Brown，2014）或奥德雷奇等（Audretsch et al.，2018）一致的定义：一组相互联系的参与者，包括企业、新创企业、合作实体，比如企业孵化器或加速器和当地政策制定者，以及全球本土化层面影响创业的产生和扩散的环境组成的整体。与产业集群相比，创业生态系统有不同之处：它们不是柔性生产系统，也不是学习和创新系统。相反，创业生态系统是创业机会的发现和追求（Acs et al.，2014）。创业生态系统是唯一的，围绕创业机会的发现、开发，新企业的发展壮大，而发挥创业生态系统内产业集群的外部性和集聚特定产业集群要素，所构成的特定创业生态类型（比如新创企业加速器、众创空间、创客空间、天使投资网络、网络空间等）。在生产系统和学习创新系统里，创业只是空间条件的副产品，对所有的集群参与者都适用。创业生态系统则主要围绕创业机会的追逐，创业者和他们的新创企业是生态系统的中心参与者。表 1 – 2 从多个维度对创业生态系统与传统产业集群等进行了分析。

表 1 – 2　　　　　创业生态系统与传统产业集群等异同比较

比较维度	工业和马歇尔区	知识集群、创新环境、创新系统等	创业生态系统
集群的观点	灵活并专业化的生产系统	当地的学习和创新系统	创业机会的发现、搜索和发展系统
集群层面的经济利益	生产效率、资金优势、过程和生产创新	生产和过程创新、技术推动的创新、非资金优势	商业模式创新和经济中激进的新商业模式扩散
主导的知识溢出	垂直和自愿的（使用者 – 生产者关系）	垂直和自愿的（使用者 – 生产者关系），线性的技术转移），水平和非自愿的（竞争性的效仿）	水平和自愿（商业模式实验的经验分享）
创业者的角色	地区生产系统的参与者，集群制度的形成者	地区知识和学习系统的参与者，集群制度的形成者，基于技术创新的领军人物	商业模式的实验者，成功商业模式的开拓者
创业机会的驱动因素	市场集中，价值链的专业化，专业化的资源集聚，通过关系信任的交易成本经济化	自愿垂直知识溢出，自愿和非自愿的横向知识溢出，共性研究知识的溢出	数字化和空间可供性对于商业模式的重要性
机会驱动因素的焦点	来自集群内部	来自集群内部	更多来自集群外部
结构要素的特征	商务部门，工业联合会等	商务部门，工业联合会，科技园	新创企业加速器、众创空间、创客空间、网络事件、创新挑战（比如黑客马拉松）
特定集群的结构要素功能	有利于生产过程配置的柔性协调	有利于知识创造、转移和组合，也包括技术推动的创新	有利于商业模式的实验和相关的经验分享，促进成功的商业模式和新创企业迅速发展壮大

　　创业生态系统的创新性就是聚焦于生产性的创业（Baumol，

1990）作为生态系统的产出。创业生态系统特别强调作为服务型的领导者（servant leadership）具有对区域长期承诺公共服务导向的企业家中心角色的重要性（Felf，2012）。这种创业型的领导是创业生态系统的一种重要自组织模式，因此，创业不仅是系统的产出，也是系统的投入（Mason & Brown，2013；Stam，2015）。

阿奇、斯塔姆和奥德雷奇等（Acs，Stam & Audretsch et al.，2017）对创业生态系统方法与战略管理方法、区域发展方法等进行了多维比较，如表1-3所示。

表1-3   创业生态系统方法与战略管理、区域发展方法比较

比较维度	战略管理方法	区域发展方法	创业生态系统方法
价值	企业的价值创造和获取	被竞争（价值获取）和合作驱动的相关产业（生产率）内的企业价值创造	个体创业者的价值创造，以高影响力的创业努力（比如独角兽企业）为代表事件
情景	全球	区域	城市、区域或国家层面
合作	被一个焦点领导企业治理和管理	企业间的竞争与合作，政府政策	公营－私营共同治理

（三）创业生态系统的构成要素

创业活动的有效开展和运行需要具备良好的外部环境和优秀的创业主体，外部环境的复杂性和创业主体的多样性使得创业生态系统的要素构成呈现出多元化的特点。由于创业生态系统有多种不同的定义及内涵，不同学者对构成创业生态系统的主体要素也有不同的观点。伊森贝格（Isenberg，2011）基于对美国百森创业生态系统项目（Babson Entrepreneurial Ecosystem Project，BEEP）的研究，提出了以政策、金融、文化、市场、人力资本、专业支持为核心的六要素创业生态系统模型，如图1-1所示。

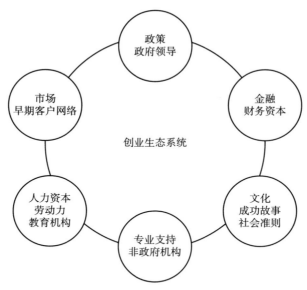

图 1 – 1　伊森贝格（Isenberg）六要素创业生态系统模型

　　费尔南德斯等（Fernandez et al., 2015）认为创业生态系统主体包括政府、创业组织、教育机构以及创业者网络等。布朗等（Brown et al., 2017）认为创业生态系统包含的主体有公共部门、私人部门、金融机构、学术机构、基础设施、文化等。库扎特科等（Kuratko et al., 2017）指出创业生态系统参与主体包括创业企业、银行、风险资本、孵化器、加速器、大学、专业服务提供者、政府机构等。还有学者认为创业生态系统包括创业者、供给者、买方、政府等主体（Acs et al., 2017）。斯皮格尔（Spigel, 2017）将创业生态系统的主体归结为十大核心要素，并划分为文化、社会、物质属性三大类，其中文化属性要素指一定范围内对创业的看法与信念，包括创业文化与创业历史；社会属性要素指一定范围内已有或源于社会网络所获得的资源，包括知识技能、资本支持、社会网络以及创业者资源；物质属性要素指一定范围内所存在的有形要素，包括政策制度、大学、支持性机构、基础设施与市场环境等。在伊森贝格（Isenberg, 2011）研究的基础上，帕里萨等（Parisa et al.，2018）改进了伊森贝格的六要素模型，又加入了产业动力和众包模式两个核心要素，产业动力包括客户偏好、竞争状况和科技发展，众包模式包括众包日常任务、众包复杂任务、众包创造性任务等。

本研究从外部创业环境和内部参与主体两个方面，对创业生态系统构成要素的相关文献进行梳理，如表 1 - 4 所示。

表 1 - 4　　　　　　　　　创业生态系统构成要素汇总分析

研究学者	内部参与主体							外部创业环境							
	创业者	创业企业	政府	高校及科研机构	投资机构	中介机构	支持机构	政策	资金	市场	人力资本	环境支撑	基础设施	文化	网络服务
Cohen（2006）		◆	◆	◆	◆		◆		◆	◆			◆	◆	
Isenberg（2010，2011）			◆	◆	◆			◆	◆	◆				◆	
Suresh & Ramraj（2012）			◆			◆		◆	◆						◆
Feld（2012）	◆	◆	◆	◆	◆	◆	◆								
Vogel（2013）								◆	◆	◆				◆	
Mason & Brown（2014）			◆		◆		◆	◆						◆	
汪忠等（2014）			◆						◆			◆			
Stam（2015）					◆			◆			◆				◆
蔡莉等（2016）		◆	◆	◆	◆	◆				◆				◆	
张秀娥，徐雪娇（2017）	◆	◆	◆	◆	◆	◆		◆	◆				◆	◆	

注：◆表示文献中提出的创业生态系统构成要素，本研究根据相关文献资料整理。

创业生态系统是内部参与主体与外部创业环境的有机结合。通过对上述文献的汇总分析，本研究认为内部参与主体包括创业主体创业者（企业家）、创业企业（初创企业、进行内部创业的核心企业），创业服务主体政府、高校及科研机构、投资机构（银行、风险投资公司、天使投资人）、中介机构（企业家联盟、会计师事务所、律师事务所）、支持机构（管理咨询公司、孵化器、加速器）；外部创业环境包括政治环境（政策、法律法规、区域制度）、经济环境（金融资金、资本市场、融资渠道）、社会环境（基础设施、创业培育、创业氛围、失败容忍度、社会网络、创业导师）和自然环境（地理区位、生态环境）。具体情况如图 1-2 所示。

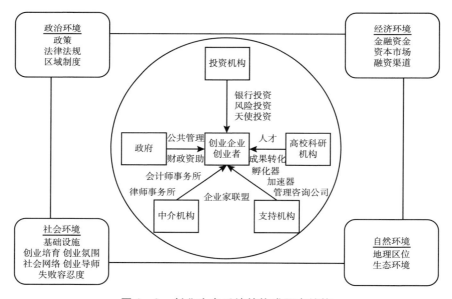

图 1-2 创业生态系统的构成要素结构

（四）创业生态系统的运行模式与内在作用机制

创业生态系统由一系列参与主体通过相互联系构成，参与主体之间、主体与创业生态系统之间持续不断地互相影响，共同推动创业生态系统的发展。通过对已有研究回顾发现，当前学者主要基于知识溢出、社会资本及制度三个理论视角对创业生态系统的运行模式进行了研究分析。

第一，基于知识溢出视角的运行模式。创业生态系统中的知识溢出具有横向和自愿的特征（Autio et al.，2018），创业生态系统内部知识的溢出与转移能够为创业主体提供其所必需的知识，借此可以促进企业提升绩效，有利于创业生态系统的发展。首先，创业生态系统知识溢出的一个重要来源是大学及各类科研院所，学习、利用大学和科研院所产生的创新知识并向生态系统内溢出，有利于促进知识密集型企业寻找并识别多种创业机会，有效提高其企业绩效（Link et al.，2019）。其次，大学及科研院所的相关衍生公司建立的知识转移机制，具有很强的溢出效应，可以将知识溢出到创业生态系统内更多的企业，并且加强系统中的各企业间的联系，彼此间交流学习并利用相互之间的知识，从而有利于创业生态系统发展（Fuster et al.，2019）。最后，创业生态系统中跨国公司、外来企业等参与主体，能够为当地企业输送成熟的管理经验以及新的资源、技能和知识，对生态系统内的企业创新和技术开发具有激发作用，有利于促进多种类型的新创企业产生与发展，从而提高创业活动的多样性和异质性，发挥创业生态系统对地区经济增长的创新引领作用（Bhawe et al.，2019）。

第二，基于社会资本视角的运行模式。社会资本理论是研究创业生态系统及其各构成要素如何有效运行的重要理论视角，组成社会资本的各维度以及它们之间的相互作用对生态系统发展具有关键作用。以商业化的孵化器、加速器、创业服务中心为例，首先，从社会资本的结构维度来看，孵化器、加速器、创业服务中心及创业生态系统内其他成员间建立密切的合作关系更有利于其增加获取各类资源的机会，提升了各类主体获取资源的能力。其次，从认知维度来看，创业生态系统内成员是否拥有共同的价值观和文化至关重要，可以有效提升孵化器、加速器等的运行效率。最后，从关系资本来看，提升关系维度资本有利于建立孵化器、加速器、创业服务中心与创业生态系统其他成员之间的信任，减少合作中的猜忌，能够助力实现多元化主体彼此业务能力的互补。除此之外，社会资本三个维度之间也具有相互联系、相互促进的特性，多种互动能进一步促进创业生态系统长远可持续性发展（Theodoraki et al.，2018）。

第三，基于制度视角的运行模式。制度理论侧重于强调制度逻辑对个体信念价值以及组织层面的长远影响，创业生态系统内主要包括两种主导逻辑，分别为创业市场逻辑和社区逻辑（Roundy，2017）。创业市场逻辑由一系列相互间具有联系的目标和行为组成，这些目标和行为以创新为核心焦点，通过开发新市场、商业模式、新技术和新产品等，在创业资源缺乏的情况下不断寻求新发展机会。社区通常指家庭、县乡、城市、区域甚至国家等，社区逻辑以社区需要为出发点，以社区的发展与繁荣为发展导向，以此引导创业生态系统中参与者相互信任并进行共同价值创造。大的创业生态系统往往属于混合支持组织，同时拥有上述创业生态系统的两种主导逻辑，混合支持组织包括孵化器、加速器以及为创业生态系统内各参与者提供相关创业服务的其他组织等，这些组织有助于实现规则、价值观等正式和非正式制度逻辑的传播及互动。此外，创业生态系统参与者在与混合支持组织的互动过程中，既能够学习并提升创业所需技能，丰富相关知识及经验，还能与其他参与者建立网络，更好地保证自身在创业生态系统内的发展优势。最后，混合支持组织在支持创业者以及创业生态系统中其他参与者交流互动的过程中强化了社区逻辑，具体来说，当创业生态系统参与者通过加入孵化器、加速器、创业服务中心等方式与混合支持组织建立联系时，混合支持组织的员工和其他创业生态系统参与者可以为其提供创业必需的知识资本、人力资本甚至心理资本，同时也向创业者传输了先予后取、利他主义等观念的社区逻辑，增强了他们的社区意识，因此混合支持组织可以向创业生态系统参与者传达社区逻辑，这更利于实现创业生态系统的稳步构建和持续发展。

还有研究关注于创业生态系统的运行机制。林嵩（2011）总结了创业生态系统的资源汇聚、价值交换、平衡调节三种运行机制。三者之间存在逻辑递进的关系，资源汇聚机制服务于生态系统的核心物种——创业活动，价值交换机制则将其作用边界扩展到了整个生态系统内部与创业活动有着密切联系的组织机构，而平衡调节机制则对应着创业生态系统的整体发展特征。陈夙等（2015）以典型的创业生态系统——杭州众创空间梦想小镇为例进行了内在作用机理分析，发现存在生态系统代谢、多层次创业网络嵌套、异构创业资源整合、创业能力动态提升、用户价值创造等作用机制。蔡莉等（2016）认为创业生态系统一方面可以适量规避高额的市场交易费用与组织成本，另一方面又能互补促进提升创新创业能力，是解决当前快速变革的商业环境下创业创新问题的一种理想的治理结构，并且认为创业生态系统具有多样性、网络性、共生性、竞争性、自我维持性及区域性六个重要特征。项国鹏等（2016）对创业生态系统的八支柱模型、六领域模型、"6＋6"模型、递进评估模型、三层次评估框架等，整合创业网络及创业成长过程理论，尝试构建创业生态系统动态模型。该模型以创业者为核心，注重创业生态系统的构成要素及其在不同创业阶段的协同作用。项国鹏等（2019）通过单案例分析，发现在核心企业主导型创业生态系统平台搭建期，创业支持机制发挥主导作用。在组织运行期资源承诺机制、全链条孵化机制与网络嵌套机制发挥主导作用。在协同获取期，资源共享机制、企业协同机制发挥主导作用。曹哲和史先伟（Zhe Cao & Xianwei Shi，2020）认为创业生态系统有三种重要的内在运行逻辑：资源逻辑、互动逻辑和治理逻辑。对于资源逻辑，创业生态系统根本上说是一种资源分配系统，当具有创业精神的个体在追逐创业机会时，通过整合生态系统内的各种资源，创建新创企业；对于互动逻辑，创业生态系统是由松散联结、层级独立又共同依赖的利益相关者组成的根本性互动系统（Acs，2016）；治理逻辑指的是创业生态系统实现有效的治理是促进该系统实现创业导向型发展的重要因素。他们遵循熊彼特的理论，接受创业在激发经济增长方面的重要作用。治理逻辑的第一个要素是多极协调，多种利益相关体来协调生态运作，而非一个中心行动者，这就把研究的视角从确定成功框架的关键要素，转到探索创业生态系统的治理机制。研究社会生态和集体治理的文献给出了类似的复杂性框架。

（五）创业生态系统的分类与演化过程

蔡莉等（2016）根据企业网络集中度和政府参与程度将创业生态系统分为政府强参与核心企业主导型、政府强参与企业网络分散型、政府弱参与核心企业主导型、政府弱参与企业网络分散型四种类型。

全球创业生态产业智库创业基因（Startup Genome）项目（2019）把创业生态系统分为挑战型、发展强劲型、核心型、领导型四类。

（1）挑战型生态系统。除了每个挑战者生态系统至少有一个价值 10 亿美元的独角兽公司之外，它们还有一些共同特点，有些是其所在地区的主要核心，处于区域领导核心地位，比如处于南美洲的圣保罗市、处于非洲的拉各斯市和位于东南亚的雅加达市，或者在细分市场领域处于领导作用，甚至一些区域在特定的细分领域内拥有世界级的生态系统，比如中国深圳市在先进制造、机器人、无人机等领域，加拿大蒙特利尔市在人工智能领域，由于它们在这些细分领域内的突出成绩，这两个城市在全球创业生态系统中均排名前 20 位。

（2）发展强劲型生态系统。发展强劲型创业生态系统是指那些 2012 年之前从未跻身全球创业生态系统前列，如今已进入前 30 名的创业生态系统。

（3）核心型生态系统。核心型生态系统是指那些建立了良好生态系统的全球城市，这些城市的创业生态系统全球排名在前25位，并拥有良好业绩。包括上海市、巴黎市、柏林市、斯德哥尔摩市、西雅图市、多伦多和滑铁卢大区、新加坡市、阿姆斯特丹新创三角洲、奥斯汀市、芝加哥市、班加罗尔市、悉尼市、温哥华市等城市。

（4）领导型生态系统。领导型生态系统是指排名前7的生态系统，这些生态系统成功因素测量指标都名列前茅，它们中的每一个都创造了至少300亿美元的生态系统价值。在全球排名前7的生态系统中纽约市、伦敦市和北京市为典型代表。

创业生态系统的演化过程受到诸多因素的共同影响，是一个处于不断变化过程中的动态系统。学者们对于创业生态系统的演化过程所基于的理论基础有多种不同的看法，首先，基于场理论可将创业生态系统的演化归结为一个两阶段的模型；第一阶段主要侧重于识别和聚集参与者以形成共享目标，并确定最终可能成为生态系统成员的参与者范围；第二阶段，互动变得更加频繁、正式，任务更具目的性和更高的关联度，这一阶段的活动不仅仅是目的相同的人聚集在一起，而是最终使参与主体间的联系更加紧密（Thompson et al.，2018）。其次，还可以基于行业生命周期理论，构建动态的创业生态系统生命周期模型，主要包括诞生、成长、成熟、衰退和重新出现等阶段。诞生阶段是创业生态系统的起点，该阶段创业企业逐渐出现，并为创业生态系统的形成打下基础；在成长阶段，创业生态系统内开始出现鼓励个人创业的创业文化，并引导、引领并加速创业企业的出现和发展；成熟和稳定阶段，创业生态系统与商业生态系统开始融合，对各类创业活动的促进力量开始减少，新创企业数量的增速下降，成熟公司也会开始加大整合创业公司的力度；衰退阶段，创业生态系统开始向商业生态系统转变和过渡；复兴阶段，基于现有的基础设施和创业资源，创业者利用成熟企业的非商业化创业寻找和发现新的创业机会，对原有的商业格局进行变革并获得一席之地（Cantner et al.，2020）。此外，科隆贝勒等（Colombelli et al.，2019）还将创业生态系统的演化过程总结为诞生阶段、过渡阶段及巩固阶段三个阶段，诞生阶段的治理方式主要是等级治理，过渡阶段的治理方式则介于等级治理与关系治理之间，巩固阶段的治理方式主要是关系治理。

全球创业生态产业智库创业基因项目（Startup Genome）认为生态系统的生命周期包括四个阶段的演变：激发阶段、全球化阶段、吸引力阶段和整合阶段。

从激发阶段看，有经验的创业者、投资者、顾问和创业导师普遍缺乏，社区支持创业行为活动也是有限的，较低的新创企业总量、缺乏创业经验和资源对于后面的成长造成困难。这一阶段的生态系统目标是，聚焦于新创企业的产出和早期阶段的融资，激发更多有创业意识的人才和更多生态系统内的要素接触和联结。精选少数能够发挥当地优势的创业领域，以发挥生态效益，激发更多创业者。

从全球化阶段看，生态系统内会出现地区内的触发器，出现个别成功新创企业案例，比如瞪羚企业，涌现更多的新创企业，会吸引更多的新创企业、企业家、人才、投资者等资源，这一阶段的生态系统目标是，聚焦于增加与全球顶级创业生态系统创建者的紧密联结。

从吸引力阶段看，出现更多的新创企业，甚至出现独角兽企业，特别是头部独角兽企业会产生更大的全球吸引力，成功的创业机会缺口在减少，更多吸引全球资源以扩大生态系统的规模，填补剩余创业机会缺口，通过良好设计的政策项目来组织创业资源整合。

从整合阶段看，生态系统能够保持与国际知识体系的高频联系和可持续联结，持续不断地把知识流向生态系统，能够产生领导级的商业模式，有能力进入全球市场。生态系统的目标是整合全球、国家和当地的内外部资源和知识，通过优化的法规和政策保持生态系统的竞争力和成长，把它的经验扩展到其他领域和国家的其他部分，比如文化、竞争力的来源、资本、创新等。

从演化路径来看，各类创业生态系统的内生和外生驱动力决定了不同的演化路径。现有研究认为创业生态系统的演化路径主要包括自上而下与自下而上两种路径（Colombo et al.，2019）。自上而下的演化路径指的是由政府部门主导实施的演化路径，由上级政策制定者从无到有、从上到下地设计、创建并启动生态系统，这种自上而下的创建演化路径也会反映在自上而下的生态系统治理结构中。这种演化路径实施成功的前提是上级决策者能够获得充分的市场信息和技术信息，能够将长期规划和相关战略实施到底。另一种是自下而上的生态系统演化路径，是一种基于市场源于自然的非正式的和自然的演化路径，典型例子是美国的硅谷。硅谷得益于能够协调和激励生态系统内的特定容忍失败的创业文化，使得生态系统能够伴随时间的推移而不断演变逐步成熟。两种演化路径实际上反映了学者们对创业生态系统本源的不同认知，自上而下的演化路径体现了"人工设计系统"理论派别的认知，自下而上的演化路径则体现了"自然生态系统"理论派别的认知，目前学术界对以上两种本源的认知尚存在分歧，生态系统的实践往往是两种演化路径互动的结果。张哲（2021）对此进行了深入分析，认为创业生态系统本质上其实是一个具有自我调节功能的"类自然生态系统"，"人工设计系统"的长远演化方向是"自然生态系统"，具体的演化路径有待进一步探究。

夏尔马和迈耶（Sharma & Meyer，2019）根据创业逻辑、社区逻辑、市场逻辑来对创业生态系统的中心成熟度模型进行测量，得到生态系统状况评估。最低的一级属于起始阶段的社区，新创企业失败率高达95%，有少量的社区参与。最高的五级属于最优的社区，新创企业失败率大概10%，社区可以提供承诺和支持的全面服务，面对区域和全球市场。其他介于中间状态。

对于创业生态系统的运行机制，有从宏观、中观到微观的研究视角，特别是近些年林嵩、项国鹏、陈夙、蔡莉、张玉利等基于中国背景的研究，日益接近创业生态系统的核心研究问题，即以创业者为核心的创业生态系统运行机制。但从研究方法看，更多是对国内外文献的综述和理论思辨，以及基于少数案例的分析，急需多案例和大样本的创业生态系统研究来进一步验证和发展创业生态系统的已有研究成果。比如对创业生态系统构成要素之间的重要程度是否不同，如何形成共创意愿，如何发挥协同作用，在创业机会的发现和成长的不同阶段又发挥什么样的作用等问题都缺乏深入研究。

二、关于创新生态系统的研究[①]

近年来，国内外学者基于不同研究视角对创新生态系统的内涵、特征、运行机制与绩效评价等方面进行了深入分析。本研究对已有的代表性文献进行了系统回顾与梳理，将创新生态系统分为三种类型：基于要素系统视角的创新生态系统、基于组织网络视角的创新生态系统和基于资源环境视角的创新生态系统，表1-5对不同研究视角下创新生态系统内涵的一些代表性文献进行了归纳。

表1-5　　　　　　创新生态系统内涵的代表性文献

研究视角	创新生态系统的内涵	代表性文献
要素系统视角	创新生态系统是由各参与者组成的竞合系统，包括专利、技术、程序与系统间的互补和替代关系。	Holgersson et al. （2018）
	创新生态系统由大量不同的参与者组成，包括企业家、投资者、科研人员、政策制定者等，他们为现代经济的持续创新作出了必不可少的贡献。	Witte et al. （2018）

_____

① 相对于创业生态系统的研究，创新生态系统的研究较早且成熟，这里都是简单介绍。本部分文献回顾主要来自团队成员曹佳颖的硕士论文《城市创新生态视角下创新环境驱动高质量创业的实证研究》。

续表

研究视角	创新生态系统的内涵	代表性文献
组织网络视角	创新生态系统是一个由相互依赖的参与者组成的网络，他们结合专业互补的资源或能力，寻求价值共创并在过程中获得收益。	Walrave et al. (2018)
	创新生态系统是一个相互关联的组织网络，围绕一个核心企业或平台组织，参与者通过创新实现价值共创。	Autio & Thomas (2014)
资源环境视角	创新生态系统由参与者、创新主体和无形资产组成，参与者包括物质资源（资金、设备、基础设施等）和人力资本（企业员工、科研人员等），它们共同构成生态系统创新主体。	Jackson （2011）
	创新生态系统是经济主体和非经济主体及其联系所形成的环境，产业集群、产学研合作和创新文化是该环境中促进创新的三个因素。	Mercan & Gokta （2011）

由表 1-5 中代表性文献的观点可以发现，创新生态系统的内涵吸收了创新系统、创新网络、资源依赖等多个相关理论的思想。具体而言，要素系统视角的观点强调创新生态系统内创造具体价值的要素主体，将生态系统视为各参与者构成的自适应系统结构（Adner，2016），具有整体性和多样性的特征。组织网络视角的观点认为创新生态系统本质上是一种与科层和市场不同的网络组织形式（Thorelli，1986），是企业、政府、高校等内部各参与主体相互依赖、相互作用，进而实现价值共创的创新网络体系，具有开放性和共生性的特征。资源环境视角的观点则从资源基础观出发，把创新生态系统内部的参与主体及其利益相关者看作创新资源基础，而创新生态系统是这些创新资源之间自由、持续流动所形成的整体环境，具有动态性和聚合性的特征。

尽管学者们对于创新生态系统内涵界定与特征的研究视角和侧重点有所不同，但仍存在较为一致的结论，认为创新生态系统是内部的利益相关者主体之间及其与创新环境之间相互依赖所组成的复杂动态系统，二者相互作用、共生演化所产生的网络协同效应是其健康持续发展的关键（曹祎遐和高文婧，2015）。以此为基础的研究表明，创新生态系统的运行发展正是得益于系统内外部的要素主体协同创新、价值共创而不是零和博弈的运行机制。例如，里塔拉等（Ritala et al.，2013）采用案例比较研究的方法，探讨了创新生态系统促进价值共创与价值捕获的有形与无形机制，指出在生态系统构建阶段的运行机制可以帮助吸引和聚集利益相关者，在生态系统成长阶段的运行机制可以帮助维护和实现利益相关者的价值共创。拉齐温等（Radziwon et al.，2017）以丹麦制造业的中小企业为例，发现区域创新生态系统的发展主要依赖于企业价值共创的过程，而利益相关者之间的协调机制是实现价值共创的关键驱动因素。贝尼特斯等（Benitez et al.，2020）基于企业生命周期理论和社会交换理论，研究了一个以工业4.0为导向的创新生态系统的演化过程，指出创新生态系统的目标和使命就是帮助中小企业整合资源、实现价值共创，为工业4.0提供解决方案。

随着研究的不断深入，学者们发现针对创新生态系统运行机制等相关研究大多以案例和定性研究为主，缺乏实证和定量研究。因此，开始关注创新生态系统评价指标体系的构建问题，以期为后续的实证研究提供依据。已有文献主要从健康度和适宜度两个维度出发，对创新生态系统进行评价。其中，健康度反映了创新生态系统的竞争力和持续发展能力，适宜度则体现创新生态系统的现实状态与最优状态的贴近程度。健康度方面，姚艳红等（2019）对湖南省制造业创新生态系统健康度进行了评估，构建了企业主体视角可量化的三级评价指标，提出生产率、适应力和多样性是评价创新生态系统健康度的重要标准；顾桂芳和胡恩华（2020）基于企业生命周期理论，构建了企业创新生态系统在扩张、权威和再生三个阶段健康度的评价指标体系，将成长力、共生力、平衡力和再生力作为衡量创新生态系统健康度的指标。适宜度方面，姜庆国（2018）从"政产学用"四螺旋结构和开放式环境两个维度构建了国家层面创新生态系统指标体系，并利用面板数据对各省（市、自治区）创新生态系统进行评分与比较；解学梅和刘晓杰（2021）基于生态位（Niche）理论开发了中国区域创新生态系统适宜度评价指标体系，包括创新群落、资源生态位、生境生态位和技术生态位四个维度。

三、关于创新环境的研究[①]

有关创新环境的研究最早始于1989年欧洲创新环境研究小组（GREMI）对高新产业园区的研究，将企业视为环境的产物，认为创新环境是培育创新型企业的场所。该观点为创新环境的研究提供了思路，后被学术界广泛引用，并逐步拓展到创新环境的内涵、构成要素和评价指标等方面。早期的国外学者从创新环境的内涵入手进行了深入分析，认为创新环境是一种复杂的创新"网络关系"，能促进区域创新系统地积极发展（Freeman，1991；Starper，1997）。马亚（Mail-lat，1998）则认为创新环境是一种"区域组织"，既包括企业外部的文化、技术，又包括企业内部的企业家精神、领导者能力等。国内学者基于前人的相关观点，认为创新环境不是一成不变的，而是随着客观因素的发展而不断调节、变化的，是创新活动的支撑条件，强调"动态性"的特点（张帆，2019）。

近年来，随着创新环境内涵的相关研究日趋成熟，国内学者开始关注中国情境下创新环境的构成要素及评价指标体系构建问题。其中大多数集中在城市和省域等微观层面，少数学者也关注国家宏观层面

---

① 和创新生态系统的研究类似，两者的概念既有联系，又有差异，强调的视角不同，这里也是简述。

（赵彦飞等，2020）。表1-6对中国情境下创新环境评价指标体系的部分代表性文献进行了归纳。

表1-6　　　　　　创新环境评价指标体系的代表性文献

研究对象	创新环境评价指标	代表性文献
城市层面	基础设施环境；市场环境；创新人文环境；金融环境	许婷婷和吴和成（2013）
	创新核心资源要素；创新硬环境要素；创新软环境要素；创新发展要素	张树静和张秀峰（2018）
	基础设施水平；经济水平；市场需求；制度投入；资本投入；人力资源投入	苏炜和蔡丽茹（2018）
	创新基础；金融市场环境；创新政策环境；创新技术环境；创新人文环境	张帆（2019）
省域层面	创新基础设施；市场环境；劳动力质量；金融环境；创业水平	Wang（2019）
	创新基础设施；创新资源环境；社会文化环境；政策制度环境	李淑萍（2020）
	创新资源支撑环境；创新主体成长环境；创新产出环境；制度与治理环境；创新文化环境；经济社会发展环境	王宏伟等（2021）
	财政科技支出；城镇化率；信息基础设施；技术市场发展	赵天宇和孙巍（2022）

如表1-6所示，无论是城市层面还是省域层面的创新环境评价指标，大体都围绕着基础设施、金融市场、政策、技术、文化几个方面，并随时间逐步细化。

第二章

理论基础、研究方法与理论框架

本研究主要依据的理论基础有创新驱动理论、创新驱动创业的理论体系，以及创业生态系统的一般研究方法。

一、关于创新驱动理论

创新驱动理论最早是由美国管理学家波特（Porter，1990）在《国家竞争战略》（The Competitive Advantage of Nations）一书中提出的。他按照不同的驱动方式将国家经济发展过程划分为四个阶段：（1）要素驱动阶段，即国家经济发展主要依靠土地、资源、劳动力等各种生产要素投入的阶段；（2）投资驱动阶段，即低消费率和高储蓄率同时存在的经济发展阶段；（3）创新驱动阶段，即主要依靠科学技术的创新、用技术变革提高生产要素的产出率来推动经济增长的阶段；（4）财富驱动阶段，即依靠国家已积累起来的财富为竞争优势，企业从实业投资转向金融投资的发展阶段。其中，创新驱动被视为国家经济发展的核心阶段，通过创新来带动要素与投资（洪银兴，2013），使国家从粗放式发展向高质量发展转变，从而使得发展中国家可以突破中等收入陷阱，实现对发达国家的后发超越（陈晓红等，2020）。

裴小革（2016）则从马克思主义政治经济学的分析视角出发研究创新驱动理论，认为创新驱动是有创新驱动能力的人做出的驱动经济发展的创新劳动，这种劳动包括科技创新、战略创新、制度创新等各种类型的创新，以"创新驱动创业"，从而缓解就业矛盾，推动经济发展方式的转变。

教育部部长怀进鹏在参加党的二十届三中全会接受记者采访时提到，党的十八大以来，深入实施科教兴国战略、人才强国战略、创新驱动发展战略，一体化推进教育发展、科技创新、人才培养，不断强化对现代化建设的支撑。我国全社会研发经费支出居世界第二位，基础研究和原始创新不断加强，关键核心技术实现重大突破，创新主体和人才的活力进一步释放，我国成功进入创新型国家行列。这说明我国已经进入创新驱动的发展新阶段。

二、关于创新驱动创业的相关理论

蔡莉等（2023）根据30个理论对创新驱动创业的作用进行归类，分为根理论、干理论和枝理论三篇，如图2-1所示。根理论是对创新驱动创业发挥基础支撑作用的理论，是着重解释创新驱动创业"根"逻辑的理论。从经济学领域看，包括经济增长理论、熊彼特创新理论、人力资本理论、企业成长理论、不确定性理论、制度理论和交易成本理论；从管理学领域看，包括资源基础观、资源依赖理论和利益相关者理论；从社会学领域看，包括合法性理论和社会网络理论。这些理论对理解创新驱动的内生动力与成长逻辑，对分析主体与环境互动以及主体与主体互动，均具有较强的支撑作用，有助于解释创新驱动创业的过程机制。

干理论是与创新或创业直接相关的理论，对创新驱动创业研究起直接支撑作用。干理论有助于解释创新驱动创业的触发和催化的过程机制。破坏性创新、开放式创新等有助于理解不同类型创新的来源以及创新作用于某一要素的机理。机会发现和机会创造、知识基础观、创业学习、动态能力、双元理论、创业导向理论、创业拼凑理论和组织即兴理论等有助于从机会、知识、能力等视角解释创新驱动创业的要素互动及其背后的战略逻辑。

图 2 - 1 创新驱动创业相关理论

资料来源：蔡莉，葛宝山，李雪灵，等．创新驱动创业的理论基础［M］．北京：科学出版社，2023.

枝理论是与情境和主体相关的理论，有助于解释创新驱动创业过程中情境和主体的互动，对创新驱动创业研究起到部分支撑作用。演化理论、混沌与复杂科学、创新创业生态系统理论和数字技术可供性理论等有助于解释在数字化、生态化和新型全球化情境下，创新驱动创业的复杂系统内主体与主体之间、主体与情境之间的非线性交互作用问题。

三、关于创业生态系统研究方法论

塞奥佐拉基、达娜和卡普托（Theodoraki，Dana，& Caputo，2022）认为可以构建三个正在兴起的集群——生态构造和演变，系统观和可持续性，战略观来系统研究创业生态系统。

集群之一，生态构造和演变。对于生态系统的结构、功能和要素影响，基于要素多样性、构成单元和情景的生态系统的类型等，提供一个综合性的理解；监测生态系统的演化和长期或过程中的转型情况。未来的研究领域：短期效应和生命周期效应的评估；成功的生态系统和新兴或是转型经济体的比较研究，女性创业生态系统，数字生态系统，根据区域、行业、子系统等的比较研究；转型、赋能，不同的情景和过程，演化理论、系统理论、过程方法、复杂适应系统（CAS）等。

集群之二，系统观和可持续性。瞄准影响成员和系统整体的绩效。未来的研究领域：生态活动和要素、可持续性、演化理论、集群理论、经济发展、国家创新系统、创新产出和情境化问题等。

集群之三，战略观。瞄准生态动力和要素间的战略互动。未来的研究领域：生态类型学、要素间的竞争合作关系、战略关系和行为、互动、压力管理、治理；创业理论，过程方法，系统战略；国家创新系统；支持项目；战略适配（权变理论）等。

四、本研究所依据的主要研究方法

（一）文献研究法

本研究通过中国知网（CNKI）、Elsevier Science、Web of Science、

Science Direct、Springer Link 学术等主要文献检索平台，分别以"独角兽企业"（"unicorn enterprise"）、"创新生态系统"（"innovation ecosystem"）、"创业生态系统"（"entrepreneurial ecosystem"）、创业质量、城市创新环境、高质量创业等为关键词，获得与本研究相关的文献资料。通过对已有文献进行阅读、梳理，发现现有研究不足并提出本研究问题，在对研究问题形成全面认识与做好充分的理论准备后，构建本研究的研究模型，并开展分层次研究设计。

（二）定量分析法

查阅《中国城市统计年鉴》、相关省份统计年鉴、相关城市统计公报、企查查企业信息查询数据库等统计数据资料，借鉴现有文献中城市创新环境和高质量创业的评价指标体系，收集本研究样本城市的统计数据，进行比较与分析。进一步构建空间计量模型，将收集到的解释变量和被解释变量的统计数据进行相应的计算与处理，运用 SPSS、MATLAB 等统计、编程软件进行实证分析，根据结果分析各变量之间的内在联系，并进行稳健性检验和异质性分析。

（三）fsQCA 分析法

第七章研究在展开 QCA 分析前，使用 SPSS 工具对未校准数据进行分析，得出研究样本的描述性统计与相关性分析结果，为数据校准锚点的选择提供参考。本研究在 QCA 分析后，还使用 NCA 方法对各前因条件与结果间的必要性进行了稳健性检验，并汇报了各条件的瓶颈水平，为 QCA 方法得出的必要性结论做了定量层面的补充。本研究使用 fsQCA 工具将各前因条件与结果数据进行校准处理，得到不同的隶属度值。并分别讨论各前因条件（或前因条件组态）与高结果、非高结果间的必要性和充分性关系，结合 NCA 方法对该结果进行了稳健性检验。

（四）案例研究法

本研究基于 QCA 分析产生的多种组态类型，回归具体案例之中，结合具体案例资料对该组态进行阐述。通过回归具体案例进行研究，能够清晰地体现条件组态内部的合理性以及不同类型组态间的区别。

多案例研究方法将每个案例视为一个独立的实验，主张借助数据和理论之间持续比较的迭代过程以及复现逻辑，在多个案例之间反复寻找模式，排除其他可能的理论解释，进而构建理论。

（五）扎根理论方法

扎根理论由格拉泽和斯特劳斯（Glaser & Strauss）于 1967 年在其专著中首先提出，是一种自下而上建立实质理论的方法，通过对收集到的资料进行逐级编码来寻找反映所研究现象的核心概念，并通过这些概念之间的联系建构相关理论。它特别适用于以下三类情况：某些现象至今还没有人切实地做过深入研究，以致人们不知道哪些变量与此现象有关；与所研究现象有关的一些概念并没有完全被厘清，至少对某一种群体，或某一个地方如此；即使有些概念被理清了，这些概念间的关系也还没有完全被了解，或在概念发展上也尚未成熟。扎根方法特别适合于对微观活动机理，以及行动和互动过程进行深入探索。涉及新的研究问题的关键要素及其过程机理，选择扎根研究方法较为合适。

（六）混合研究法

混合方法是指在一项研究中组合应用定量和定性研究方法的元素，以拓展和深化定量或定性单一研究结论和信度与效度。混合方法抛弃了传统研究中二分法的方法论观点，聚焦于不同研究方法的"合"的价值。已有研究表明，多方法研究比只依赖单一方法的研究具有更强的解释力。混合方法研究以实用主义为立场，主张平衡定量与定性研究范式间的冲突，以研究问题为导向，充分发挥不同方法的优势，为研究现象提供更丰富、科学的见解。本研究试图使用多层次混合设计，对多层次数据开展的研究设计，通过平行或顺序的方式对不同层次的定性和定量数据进行分析以回答相同问题的不同方面或者相关的问题。

五、研究框架构建

本研究的核心概念是创业生态系统，"创业"是本研究的中心目的，也是创业实践的中心产出；"生态"则强调多样性、相互依赖性、动态性、竞合性、开放性等特征；"系统"则在理论上强调整体整合、实践上需要有效治理的特征。

米纳和达尼诺（Minà & Dagnino，2018）分析了商业生态系统四个方面的特征：（1）生态系统的前因条件；（2）生态系统内的参与者和结构，特别强调企业战略、资源和能力的重要性；（3）生态系统的多样性（创业生态、创新生态、服务生态）；（4）企业层面和生态系统层面的绩效，如图2-2所示。

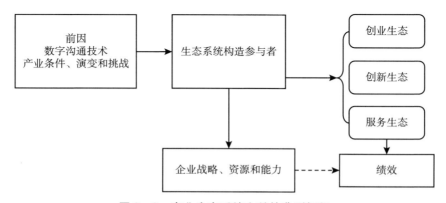

图2-2 商业生态系统文献的典型框架

生态系统的出现和形成的驱动因素与产业演变的迅速和不可预见的挑战相关。相应地，市场需求的多变性、技术改变加速了已有技能的失效、全球化的过程、产业的融合，竞争行为的加剧都是促使生态系统出现的产业条件。其中，技术的、数字的和通信技术的演变是生态系统内企业相互联系的驱动因素。ICT 产业（information and communications technology）的发展也会增强企业应用 ICT 技术应对不确定环境的能力。但不确定的结果依然存在，主要有两个方面的影响：市场或许没有接受这样的改变，或者其他竞争者采取了更为有效的方式。

托马斯和奥蒂芬（Thomas & Autio，2014）把生态系统作为组织领域的第五面向，另外四个面向分别是产业面向、技术面向、社会问题面向和市场面向。参与者的网络特性由创业者的专业化、互补性和共同演化组成，强调了生态系统参与者专业分工基础上的相互依赖性；治理特性由决定创业机会识别和资源分配等的生态权力机构，管理生态系统成员边界的控制结构，以及促进持续发展的任务协同分工结构组成；共享逻辑特性考虑了合法性、信任和共同意识，参与者在一个共享的事业中，决定着参与者相互联系的社会和认知方面。

曹哲和史先伟（Zhe Cao & Xianwei Shi，2020）研究发现，对于创业生态系统，研究者广泛接受的观点是指在一个区域内，共同演化的多种利益相关者为新创企业创造提供的支持性环境社区。创业生态系统第一个重要动态基于互动逻辑，结构要素、互动和相应的知识溢出是理解创业生态系统绩效的关键。正像奥蒂芬（Autio，2016）建议的，创业生态系统由松散联结、层级独立又共同依赖的利益相关者组成的根本性互动系统。创业生态系统第二个重要动态因素是资源逻辑，作为创业者或被制度环境驱动的资源配置系统（Acs et al.，2014；Spigel & Harrison，2018）。创业生态系统根本上说是资源分配系统，在特定国家管制环境下，被个体层面的机会驱动，创建新创企业的支持系统。创业者扮演着把劳动、资本和知识这些流动资源组织起来的协调者角色，创业生态系统与传统的集群不同，因为他们围绕发现和追逐创业机会而组织资源，而非工业集群文献里特别强调的专业化生产系统，也非创新系统文献强调的侧重当地化的学习和创新系统。区域创业生态系统内与创业相关的资源包括融资、人力、知识、物理设施等。有效的资源分配需要通过充裕的资源供给、方便的资源获取和有效的资源调配实现。生态系统内的创业者无法发布资源给使用者，或者成功地退出的创业者可以继续作为连续创业者、创业导师或天使投资者留在系统内。这样的再循环动态反映了创业生态系统在吸引和保持区域内资源的刚性特征。资源调配表现为通过创业的不断的试错过程，提高创业努力的成功率，这是一个"创业搅拌"的过程。创业生态第三个动态是治理逻辑，有效的创业生态系统治理是促进创业导向驱动型发展的重要政策工具。创业生态系统理论遵循熊彼特的理论，接受创业在激发经济增长方面的重要作用。治理逻辑的第一个要素是多极协调，多种利益相关体来协调生态运作，而非一个中心行动者，这就把研究的视角从确定成功框架的关键要素，转移到探索创业生态系统的治理机制。

蔡莉等（2019）对创业生态系统内企业的网络特性进行了研究，根据网络特性的维度、关系异质性，主体与不同背景的其他主体建立联系的程度（Gulati et al.，2010；Beckman et al.，2012），分为显性异质性和隐性异质性两个维度；网络关系多重性指的是将网络关系异质性两个主体之间通过多种关系相连接的程度（Kenis & knoke，2002）；网络关系层次性指的是在创业生态系统中，主体之间具有个体间、组织间、孵化器间以及园区间等多个层次间的关系，不同层次间的关系相互依赖并相互作用（Theodoraki et al.，2018）；网络关系变化性指的是创业生态系统中新创企业关系变化性体现在范围（如关系类型的增加）和性质（如从竞争关系到竞合关系）两个方面（kerrick et al.，2014）。

典型的创业生态系统的实践运行机制如图 2-3 所示。从生态系统的输入要素看，包括创新创业人才、资本、知识和管理要素，从输出看，也就是创新创业生态的不断发展，包括活跃的创业气氛、丰富的创新成果、较多的快速成长企业、有活力的区域经济；从服务的载体看，包括众创空间、科技企业孵化器、新型研发机构、专业园区载体（加速器等）；从服务的核心对象看，可以分为初创企业、骨干企业（高企、软企、瞪羚企业等）、龙头企业（独角兽、上市公司等）；从生态系统运营机构提供的综合服务看，包括行政业务服务、政策支撑服务、品牌活动服务、公共平台服务、中介机构服务等；从生态系统的内在运行机制看，包括市场协同、知识协同、创新协同和文化协同，

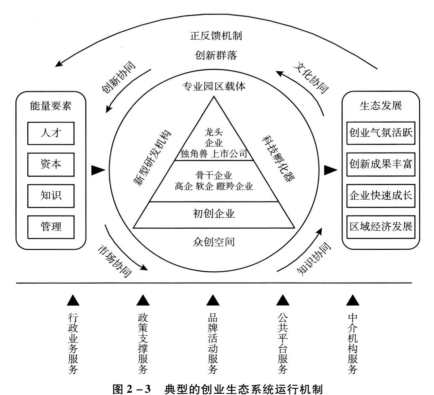

图 2-3　典型的创业生态系统运行机制

随时发生的正反馈机制。本书第四章、第五章、第六章、第七章分别从不同的视角，对于圈层核心的龙头企业、独角兽企业、新创上市公司等开展研究，是本研究的核心研究变量；第二个圈层是关于科技企业孵化器、众创空间等创业生态的研究；第三个圈层是关于创新生态系统的研究；第四个外围的圈层是关于公共服务平台等更大范围的外部创新环境的研究。

第三章

创业生态系统的案例
预调研及测量研究

创业生态系统是一个较为复杂的实践和理论问题，从分析层面看，既有国家层面的研究，又有城市层面的研究。本研究在梳理已有研究的基础上，进一步拓展了已有研究的深度，那就是关于城市内部众创社区型创业生态系统的研究。

一、关于创业生态系统有效性的已有测度研究

什么是好的创业生态系统是一个首先需要回答的命题。

首先，创业生态系统需要让系统内的企业更容易获得竞争优势。当生态系统内的参与者能够抓住机会并获得长期的竞争优势，就是有效的生态系统。从长期看或比较看，考虑自身生态系统成员企业与可比较的生态系统成员企业生存率的差异度，生存率高的生态系统有竞争优势。

其次，生态系统的绩效应该建立在更有利于新技术和创新的采用与转化上。特别是生态系统的绩效能够使系统有能力持续地把技术和

其他创新原料转化为低成本的新产品。

再次，生态系统的绩效应该考虑相互依赖的企业有利于塑造更好的创业氛围的出现。一方面，生态系统扮演了管理技术和市场不确定的角色；另一方面，可以培养新功能和新服务的细分市场，以发展生态的多样性，确保企业家洞见的整合或重新整合。

最后，从生态系统的益处看，企业需要一个创业和竞合的环境，也就是既竞争又合作的商业氛围。

比较典型的创业生态系统的指标测量项目如下。

（一）国家层面的全球创业观察研究（GEM）

由美国百森学院发起的全球创业观察研究（GEM）是创业环境方面比较典型的研究和实践，在全球数十个国家和地区内进行调查和比较。GEM 研究的基本问题是：不同国家的创业活动水平存在的差异及其程度（Are there national differences in entrepreneurial activity）；创业活动与经济增长的系统关系：范围、工作创造、增长（National consequences of entrepreneurial activity ［scope，job creation，growth］）；为什么一些国家的创业活动水平优于其他国家？（Why are some countries more entrepreneurial than others）；政府的创业政策评价及改进（What can be done to enhance entrepreneurial activity），如图 3 - 1 所示。

此外，世界银行每年发布的营商环境便利指数（EDBI）则是关注一个国家或地区的制度要素对创业活动的影响。阿奇等学者（Acs et al.，2012）发起全球创业与发展指数项目（GEDI），关注的是一个地区中的创业氛围对创业活动的影响。

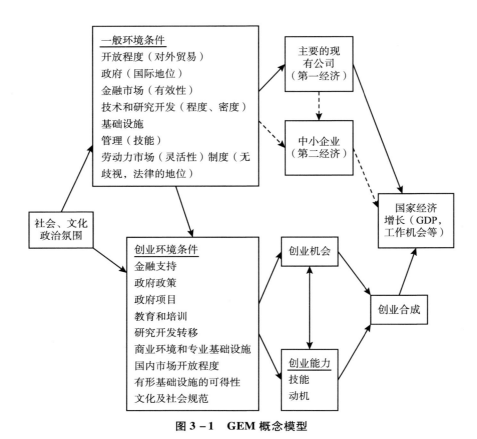

图 3 - 1　GEM 概念模型

注：近几年的 GEM 报告研究框架有部分调整和变化。

（二）国家层面的 PSED 项目

创业动态跟踪研究项目（Panel Study of Entrepreneurship Dynamics，PSED）虽然也是针对国家层面的创业活动展开研究，但更为聚焦于揭示微观层次创业活动规律，其围绕关键要素而非关键活动展开研究，认为创业活动是在特定社会、政治与经济环境下创业者与机会、过程等关键要素间动态匹配，从而谋求新企业创建并塑造新企业属性的行为过程。它始于创业者对机会的识别和创业决策的制定，在特定的"创业者 - 机会"匹配条件下，选择合适的行为组合过程能

够提高新企业创建活动的成功率。图 3 - 2 所示的概念模型概括了
PSED 的调查内容以及可能涉及的理论问题。

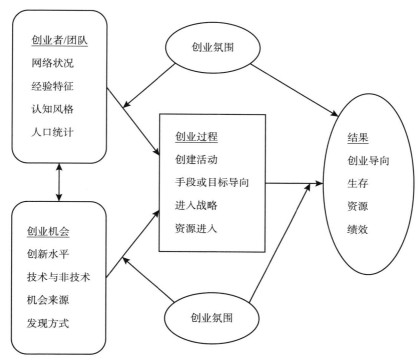

图 3 - 2 PSED 的理论模型

（三）针对城市层面的 Startup Genome 项目

Startup Genome 生态评估框架试图回答三个问题。

（1）对于创建者和新创企业的高管而言，要回答在哪里创造高
技术公司能够最大化企业的成功机会？（宜创：成功性、营商环境良
好）；应该在哪里新开一个新的办公室？（宜居）；哪一个新创企业的
细分领域增长得最为迅速，哪一个生态系统最有利于这种类型的新创
企业（比如 AI）？（宜业：创业领域，哪个行业最有利）；在哪里可
以做到成本最划算？（宜创：成本的经济性，营商环境良好）。

（2）对于投资者而言，要回答在哪里新创企业可以获得更大的融资机会？哪一个生态系统在企业的行业领域具有最好的绩效？哪一个高绩效的生态系统对于有经验的当地投资者还有市场空隙，值得企业介入？

（3）对于政策制定者而言，要回答如何改变当地的政策以支持新创企业生态？在新创经济中，首先应该聚焦于哪些最大的空白市场？（战略性新兴产业）；如何测量新创企业生态系统的进步（如何评估）。

十几年前的全球高成长企业更多出现在 3 ~ 4 个创业生态系统中，比如硅谷和波士顿等，这一趋势后来改变了，随着全球创业活动的兴起，新的创业生态系统不断涌现。当快速成长的技术型新创企业成为新的信息经济的初始增长的发动机，全球范围内的创业生态系统兴起，这对于全球经济的未来发展结果具有重要的影响。Startup Genome 项目试图理解和回答硅谷之外的创业生态系统发展状况。从 2012 年发布第一份报告之后，先后发布了多份全球报告，比如 2012 年、2015 年、2017 年的 20 强城市创业生态系统报告，2019 年的 30 强创业生态系统报告，到 2020 年的 30 + 10 城市创业生态系统报告，以及目前 100 个正在涌现的城市创业生态系统排名。

综合起来，Startup Genome（2020）创业生态系统的评估框架包含多个因素及 200 多个评估指标，通过这些指标可以更好地了解各个生态系统的表现。这些因素包括业绩、融资、市场、联结性、人才、经验和知识等，以下是生态系统在各个因素中的表现。

（1）业绩。对业绩的评估主要包括生态系统的经济价值、出口数量和增长情况、初创企业的数量和增长情况、初创企业的成功程度等。硅谷是唯一在这一因素中各项得分都最高的一个生态系统，各项得分均遥遥领先于其他城市生态系统，说明新兴科技领域产生的价值集中于该地区；北京市生态系统值排名第二，主要是由高科技企业融资高估值推动的生态系统增值。

（2）融资。对融资的评估包括融资规模、资本的增长和融资质量（包括投资者数量、经验及其活动）等。与其他生态系统相比，班加罗尔市、悉尼市、斯德哥尔摩市和柏林市的融资质量相对较低，主要原因是缺乏本地经验丰富的风险投资；硅谷地区、纽约市、伦敦市和波士顿市在融资质量和渠道方面都表现良好。

（3）市场。对市场的评估包括全球市场范围、当地市场规模和知识产权商业化程度等。在全球十大生态系统中，北京市的全球市场影响力较低，虽然中国初创企业得益于庞大的国内市场，但向全球发展的比例偏低；在特拉维夫市和香港地区等的市场规模较小的当地生态系统创业公司，面向全球客户的销售额较高（比如这两个地区的创业公司都拥有超过 50% 的外国客户），虽然较小的本地市场是一个劣势，但其借助于全球化发展，能够走向国际并实现规模化发展。几乎每个顶级生态系统都有一个强有力的国家监管体系，且鼓励知识产权商业化。

（4）联结性。对联结性的评估包括全球联结性、当地联结性和基础设施（主要指加速器、孵化器、研究机构和相关资助等）等的联结。奥斯汀市和芝加哥市等生态系统整体表现良好，但与其他全球顶级生态系统的联结性较差；硅谷地区、纽约市、伦敦市、特拉维夫市和新加坡显示出与当地高度的联结性，包括创业者之间互帮互助的文化，经常开展各种活动的氛围，创业者能从当地专家和投资者那里获得多种有意义的帮助。

（5）人才。对人才的评估包括人才的质量（顶级研发人员的数量和密度）、比例（有经验的工程师和成长型员工比例、STEM① 毕业生所占比例等）和人才的工资薪酬等。硅谷地区、北京市、波士顿

---

① STEM 是科学、技术、工程和数学四门学科的缩写，STEM 教育是一种跨学科的教育模式，鼓励学生将四大领域的知识融合在一起，以应对未来社会的挑战。

市、上海市、西雅图市和奥斯汀市都是科学技术领域内人才济济的顶级城市。与其他顶级生态系统相比，北京市、上海市、新加坡、班加罗尔市和香港地区都得益于以相对较低代价获得高质量人才的优势。

（6）经验。对经验的评估包括创业规模经验和创业团队经验等。一些具有长期创业活动历史的生态系统显示其具有深厚的创业经验基础，比如硅谷地区、纽约市、波士顿市、西雅图市和奥斯汀市都是创业经验丰富的顶级城市，北京市在这方面名列前茅，且正在迅速建立起一个可供借鉴的创业人才专家库。

（7）知识。对知识的评估包括研究、专利和鼓励创新的政策等。硅谷地区、伦敦市、北京市、特拉维夫市和上海市在知识因素方面表现最佳，它们以专利、研究和有利的政策环境等创造了有利创新的知识产权储备。

二、关于众创社区型创业生态系统的双案例预研究

以上成熟的研究或者聚焦于国家层面创业生态系统的研究，或者聚焦于城市层面创业生态系统的研究。本研究计划再进一步细化，聚焦于城市内部更小单位创业生态系统的研究。预调研选取了由政府主导的中国（南京）软件谷和由民营企业主导的南京百家汇科技创业社区两个案例，从构建模式与构成要素两个维度对比二者的相似性与差异性。研究发现：（1）应根据自身的优势特点和资源禀赋，打造专业化的创业生态系统；（2）应合理配置其构成要素，管控和协调内部各参与主体的共创意愿，合力推动创业生态系统的快速形成与发展。

2015 年 6 月，国务院出台了《关于大力推进大众创业万众创新若干政策措施的意见》，指出要"充分发挥企业的创新主体作用，鼓励和支持有条件的大型企业发展创业平台"。2016 年 12 月，江苏省

政府全面贯彻新发展理念，深入实施创新驱动发展战略，出台了《关于推进众创社区建设的实施意见》，提出到 2020 年年底，在全省重点培育和打造 100 个左右"创新资源富集、创业服务完善、产业特色鲜明、人居环境适宜、管理体制科学"的众创社区。

案例研究是一种经典的定性分析方法，有助于对复杂的现象、过程进行深入考察，全面反映现象的不同方面，适合解决"为什么"和"怎么样"的问题（Eisenhardt，1989；Yin，2013；Pan & Tan，2011；苏敬勤，2011）。预调研关注"创业生态系统是如何构建的？"以及"创业生态系统的构成要素是什么？"两个问题，因此案例研究方法是恰当的选择。

预调研选取"软件谷"和"百家汇"作为案例分析的研究对象，主要遵循如下两个原则：第一，案例对比的同一性原则。从其所属地理位置来看，软件谷和百家汇均处于江苏省南京市，是区域内创业生态系统的典型代表，享受相同或相似的区位、政策、文化优势；第二，案例对比的极化性原则。即两个案例在产业集聚、目标定位、运作模式等核心指标方面呈现出极大的差异，可以相互对比，互为验证。

软件谷位于南京市雨花台区，成立于 2011 年，有大量优惠政策，科教资源丰富，生态环境优美，配套设施完善，产业定位鲜明，创新创业氛围浓厚，是国家重要的软件产业和信息产业中心，中国首个"千亿级软件产业基地"和最大的通信软件产业研发基地，是与中关村并肩的城市区域性软件中心。2018 年，软件谷软件和信息服务业收入达到 2500 亿元人民币（其中软件业务收入 1550 亿元人民币），占到南京市软件和信息服务业产业收入的 40%。

百家汇成立于 2013 年，分布于南京、上海、天津、海南，专注于全球最前沿的创新药物研发孵化，是生命科学领域一个开放式的创新药物研发平台。其股东先声药业于 2007 年 4 月 20 日成功登陆纽约证券交易所，募集资金 2.61 亿美元，成为中国内地第一家在纽约交易所上市的化学生物制药公司。

本研究通过多种来源获取资料和数据，主要包括实地考察、深入访谈、文献资料、官方网站、新闻报道、公共媒体资料等。在此基础上，采用三角互证法，从多方面、多途径获取并验证案例研究资料，以保证研究的信度与效度。案例研究资料和数据来源分为一手资料与二手资料，具体如表 3 - 1 所示。

表 3 - 1　　　　　　　　案例资料来源及获取方式汇总

资料类型	研究对象	资料来源	资料获取方式及内容
一手资料	软件谷	实地考察 深入访谈	地点：软件谷创新创业服务中心 受访者：南京市雨花台区科技局、软件谷科技人才局干部；五个不同类型企业的高管，访谈 2 小时 访谈后对信息数据进行整理与补充
二手资料	软件谷	官方网站 新闻报道 媒体资料 内部资料	软件谷官方网站：园区介绍（对外宣传视频）、园区资讯（园区新闻、企业动态、媒体报道） 软件谷科创城官方网站：园区风采（园区背景、园区简介、园区发展） 软件谷管委会党政办公室官方微博：对外宣传资料和视频 内部资料：软件谷江苏创业大街概况
	百家汇	官方网站 新闻报道 媒体资料	先声药业官方网站："创新" 百家汇官方网站："关于我们" 有关先声药业、百家汇的新闻媒体报道、搜狐等门户网站资料、董事长任晋生讲话等

预调研基于对软件谷和百家汇这两个案例的资料收集与分析，分别从构建模式和构成要素两个方面对案例进行比较研究，以分析两者的异同。为了便于对软件谷和百家汇的构建模式进行研究，预调研首先建立时间节点图，列举软件谷和百家汇的历史关键事件，以梳理两个创业生态系统的发展历程，纵向比较它们的发展路径和构建过程。时间节点对比如图 3 - 3 所示。

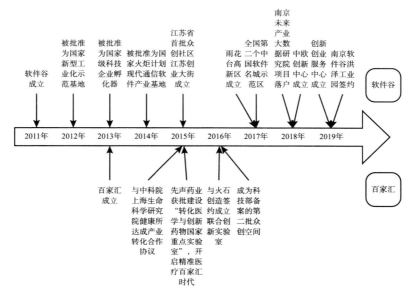

图 3 – 3　软件谷与百家汇关键事件时间节点对比

注：根据一、二手资料整理。

从图 3–3 可以看出，软件谷作为政府主导、财政投入形成的创业生态系统，其商业运作模式具有较强的政府导向特征。从成立之初，软件谷就受到各级政府的重视，享受较强的政策优势。其所在区域南京市是"中国软件名城"，目前正在积极打造具有全球影响力的创新名城，软件谷正是南京市重点建设的创新示范区之一。软件谷的业务也不仅仅局限于南京市，还积极与国内外各方区域、企业合作，吸收全世界的创新资源。2019 年年底，软件谷与江苏洪泽经济开发区合作共建，共建南京软件谷洪泽工业园，推动双方实现优势互补、省内资源共享。截至 2019 年 6 月，软件谷拥有外资企业近 90 家，成立了中欧创新中心等国际级研发、服务、投资机构，对接多个国际合作项目。

百家汇作为民营企业主导、市场化投资形成的创业生态系统，其商业运作模式是市场导向。与政府孵化器不同，百家汇是一个开放式的创新创业平台，依托的是制药企业、国内外科研机构和全球投资基金共同孵化培育创新创业企业的合作模式。

在软件谷和百家汇两个创业生态系统的构建过程中，其内部主体和外部环境有较大的差异，因而两者的构建模式也呈现出较大的差异，具体如表3-2、表3-3所示。

表3-2 软件谷构建模式分析

案例	案例材料	关键特征	构建模式
软件谷	"十二五"期间，省软件专项资金每年补助软件谷2000万元；市委、市政府出台八项重点计划；赋予软件谷独立的规划、建设、土地等审批权限；软件谷出台了《关于进一步加快软件及信息服务业发展的政策意见》《特色园区科技企业孵化器创业企业扶持办法》等一系列扶持政策	政府主导、财政投入，给予优惠政策扶持	政府扶持发展模式
	截至2019年6月，涉及软件从业人员超过25.8万人，集聚国家"千人计划"专家、省"双创"人才等各类高层次人才，建有国家级重点实验室、科研工作站；与南京大学、东南大学等知名高校搭建人才培育和引进合作平台；江苏省软件人才交流服务中心、南大软件学院软件谷分院等机构落户	科教资源丰富，人才精英集聚	人才资源输入模式
	汇聚"四大创新产业集群"，包括以华为、中兴、三星、步步高等企业为龙头的通信及智能终端产业集群；以富士通南大、江苏润和、诚迈科技等企业为引领的云计算、大数据及信息安全产业集群；以欧飞、千米网、蜂云网络等企业为支柱的电子商务及互联网金融产业集群；以亿嘉和、中科创达、维沃、华捷艾米等企业为核心的人工智能及智能终端产业集群	产业结构连通，产业高度聚焦、产业龙头为初创企业注入资源	产业龙头带动模式
	加快建设包括人才服务、企业孵化、基础设施和服务设施、公共技术服务、创新服务、交流合作、投资融资、综合服务在内的八大平台；2019年，成立创新创业服务中心，为创业企业和人才提供创新创业服务	支撑服务保障创业企业蓬勃发展，满足创业人才服务需求	服务平台支撑模式
	推动建设不同主题的特色园区；2019年，举办了第三届软件谷双创峰会、"我为创业狂"优秀大学生创业项目大赛，发布了《中国（南京）软件谷双创生态白皮书》；常态化举办UP（创业优培）、HR智享会等系列主题活动	营造充满活力的创新创业文化氛围	文化氛围培育模式

案例	案例材料	关键特征	构建模式
软件谷	区域森林覆盖率超过30％，绿化覆盖率超过50％，山清水秀，风景优美，名胜古迹众多；配备商业综合体"楚翘城"，国家级重点高中、小学、医院、体育公园、人才公寓等	生态环境优美宜居，配套设施完善	生态资源配备模式

注：表中的"案例材料"由本研究根据一、二手资料整理。

表 3-3　　　　　　　　　百家汇构建模式分析

案例	案例材料	关键特征	构建模式
百家汇	由先声药业集团主导建设，董事长任晋生认为："新药研发的成功不能仅依靠财政补贴，而需要市场规则配置企业内部资源。我国具有大量民间投资力量，将成为未来产业发展的重要推动要素。"	由市场配置资源而不是政府给予补贴	市场导向发展模式
	成立5年内，集聚了不少于200名来自美欧生物医药企业或学术机构积累了丰富经验的杰出华裔专家；耶鲁大学生物统计学赵宏宇教授与百家汇签约成为高级科学顾问	引进国内外高端人才，形成创新创业集群	人才资源输入模式
	创新药物失败率高，企业面临的风险也大，百家汇的投资基金是一个风险投资基金，回报一般要七年或更长时间；依托先声药业、弘毅投资、挚信资本、复星药业四大实力股东并组成创业基金	管控风险，提高成功率，不急于回报	创业风险管控模式
	专注于全球最前沿的创新药物研发孵化，是生命科学领域创业创新的开放平台；成立5年内，引入超过100家生物医药研发型创新创业公司；与火石创造成立联合创新实验室	打造开放合作、协同创新的创业生态系统	开放创新创业模式
	已组建多个创新药物研发技术平台，拥有与国际接轨的实验室，可以完成化学药物、生物药物全流程研发，提供化学合成、生物化学等专业技术服务；南大博士毕业5年的创业者芮兵说："这里没有五花八门的优惠政策，但是有新药创制必需的实验平台和专业服务，还能借力现成的销售渠道，我们只要选对方向做好研发就行。"	为创业者提供专业服务和技术平台，助力创新药物研发	服务平台支撑模式
	2016年，百家汇主办和协办了上百场专业学术研讨会，其中以海外嘉宾为主的创新创业主题讲座和活动40多场；定期举办一系列创新创业活动，包括名师讲坛、创业沙龙、创业路演、创业大赛、未来论坛等	营造浓厚的创新创业文化氛围，帮助创业者提升创新能力	文化氛围培育模式

注：表中的"案例材料"由本研究根据一、二手资料整理。

基于对软件谷和百家汇两个创业生态系统发展路径和构建模式的

梳理和对比分析发现，两者在"人才资源输入模式""服务平台支撑模式""文化氛围培育模式"三个构建模式上存在相似性，说明在创业生态系统构建过程中，人才资源、服务平台、文化氛围是促使其成功的关键因素。此外，两者在其他方面存在一些差异，例如软件谷在构建过程中始终遵循"政府扶持发展模式"，运用各级政府一系列政策措施推动创业生态系统发展。同时，产业集群效应明显，以深圳市南山区粤海街道为标杆，遵循"产业龙头带动模式"，以龙头企业为核心，带动初创企业快速发展。而百家汇则是"市场导向发展模式"，运用市场规则配置内部资源。同时，针对创新药物研发失败率较高的特点，百家汇采取"创业风险管控模式"，提高创业成功率。说明在不同运作模式、不同产业集聚的创业生态系统构建过程中，其构建模式存在一定的差异，在不同的情境下，需要结合自身的特点、优势来选择合适的构建模式。

总体来看，软件谷已初步形成完善的创业生态系统，网络功能强大，网络密度高，政策、人才、文化、生态环境等资源集聚；而百家汇的创业生态系统构建仍在成长阶段，网络功能强大，网络密度高，但政策、生态环境等资源与软件谷相比较为稀缺。依据斯皮格尔和哈里森（Spigel & Harrison，2018）的分类方法（见图3-4），软件谷属于功能强大、资源丰厚的第一类创业生态系统，百家汇属于功能强大、资源仍然缺乏的第二类创业生态系统。

通过对比软件谷和百家汇创业生态系统的构建模式可以发现，两者由于自身特征及资源禀赋等的不同，致使两者的构建模式产生了较大的区别。这种差异既有来自外部环境的因素，又有来自系统内部参与主体的因素。为了更加清晰地对比两个案例，需要从本质上，也就是构成要素上对两者进行进一步的对比。依据上文所述，外部创业环境的复杂性和内部参与主体的多样性使得创业生态系统的构成要素呈现出多元化的特点。预调研以软件谷和百家汇为例，对其构成要素进行对比分析，如表 3 - 4 所示。

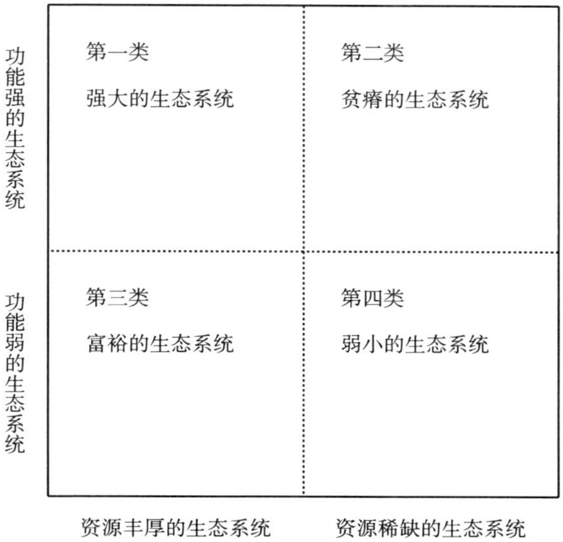

图 3 - 4　创业生态系统的代表性类型划分

资料来源：Spigel B，Harrison R. Toward a process theory of entrepreneurial ecosystems ［J］. *Strategic Entrepreneurship Journal*，2018，12（1）：151 - 168.

表 3 - 4　　　　　　　　软件谷与百家汇构成要素对比分析

构成要素		软件谷	百家汇
内部参与主体	运营管理机构	中国（南京）软件谷管委会	先声药业
	创业企业	龙头企业（独角兽、上市公司）；骨干企业（高企、软企、瞪羚企业）；初创企业	初创企业
	高校及科研机构	南京大学、东南大学等知名高校；企业博士后科研工作站、国家重点实验室等科研机构	南京中医药大学、中国药科大学等知名医药学高校；转化医学与创新药物国家重点实验室等科研机构
	服务支撑平台	人才服务平台、企业孵化平台、基础设施平台、服务设施平台等八大平台；创新创业服务中心	创新药物生物评价平台；生物药物开发平台；化学药物研发平台
	投资机构	政府财政投入；风险投资公司	弘毅投资、挚信资本等风险投资公司

构成要素		软件谷	百家汇
外部创业环境	政治环境	政策扶持力度大；制度建设完善	政策资源稀缺，政策补贴少
	经济环境	金融资金充足；融资渠道较为单一	市场化机制成熟；投融资平台专业化
	社会环境	社会网络功能强大；创业文化氛围浓厚；基础配套设施完善	社会网络功能强大；创业文化氛围浓厚；基础配套设施完善
	自然环境	位于南京市雨花台区；生态环境优美宜居，配套设施完善	位于南京市玄武区徐庄软件园，毗邻苏宁总部

注：本研究根据一、二手资料整理。

从表3-4可以看出，软件谷和百家汇在内部参与主体和外部创业环境两个方面都存在较大差异。其中软件谷以政府作为运营管理机构，而百家汇则是企业；软件谷的创业企业具有一定的层次性，而百家汇则多为初创企业；二者的专业人才资源和市场化投资机构实力相当；软件谷的服务支撑平台，以创业服务为主，而百家汇更侧重于研发。在外部创业环境方面，软件谷具有较大的政策环境优势，但融资渠道较之百家汇缺乏灵活性，二者的社会环境和自然环境都较为有利。

预调研启示，创业生态系统是创业企业的栖息地与聚集地，也是创业理论研究的前沿问题。对创业生态系统进行深入研究既是学术理论的迫切要求，更是促进我国区域经济发展的实践诉求。预调研以软件谷和百家汇两个创业生态系统为例，对创业生态系统的构建模式和构成要素进行了分析。研究发现，按照不同的运营管理和投资主体来分类，创业生态系统大体上可分为两类，一类是政府主导、财政投入的创业生态系统，例如，软件谷就是由政府主导、政府与投资机构共同投资，由软件谷管委会运营管理，遵循政府扶持发展的构建模式。另一类是大企业和投资机构主导投资的创业生态系统，例如，百家汇就是由其股东先声药业主导、企业与投资机构共同投资，遵循市场导向发展的构建模式。创业生态系统的主旨在于促进创业企业不断成长，因此采取合适的构建策略优化整个系统，不断提升创业生态系统的竞争能力和可持续发展能力，是所有平台支撑体系和政策安排的出发点和落脚点。

软件谷和百家汇都是南京市创业生态系统中典型的成功案例，尤其是软件谷，已成功孵化出多家独角兽、瞪羚企业，因此它们的构建与发展模式值得区域内其他创业生态系统学习借鉴。预研究的结果显示，第一，构建创业生态系统不需要涉足过多的行业和领域，而应根据自身的优势特点和资源禀赋构筑细分产业集群，并建设专业化的服务支撑平台进行创业服务，打造专业化的创业生态系统，提高初创企业成功率，帮助企业孵化成功，以促进区域经济发展。第二，创业生态系统应通过整合系统内外部的各种资源和能力，合理配置其构成要素，管控和协调内部各参与主体的共创意愿，营造良好的外部创业氛围，提升创业活力和潜力，合力推动创业生态系统快速形成与发展。

三、关于众创社区型创业生态系统的测量研究

从以往文献研究看，对于众创社区或类似创业小镇创业生态系统的测评研究缺乏。布拉德·菲尔德（2016）认为每个成功创业园的秘诀是创业公司，除此之外，还涉及九个指标。

（1）领导层：在适合发展公司的地区，领导层应当由有实力、有存在感、易接触并且有责任心的企业家组成。

（2）中间人：许多受人尊重的导师和顾问在任何发展阶段、部门、人群和地理位置当中都能回馈创业园；园区内存在有效、组织严密的加速器和孵化器。

（3）网络密度：涵盖关系密切的创业公司和企业家、参与度较

高的投资人、顾问、导师和支持者。这些人群最好来自不同的部门、群体和文化背景。每个人都乐于回馈自己的群体。

（4）政府：政府大力支持创业公司发展，并且理解创业公司对于经济发展的重要性。另外，政府要制定支持性政策，涵盖经济发展、税收和投资工具等方面。

（5）人才：建立起不同部门、不同专业领域、不同级别的广泛而深入的人才库。大学为园区输送创业人才，并与园区保持紧密联系。

（6）辅助服务：专业服务（法律、会计、房地产、保险、资讯等）内容完整、方便可得、能够发挥作用而且价格合理。

（7）参与度：举办大量活动以方便企业家和园区之间的交往，活动的参与者数量较多，且属于目标人群。活动内容包括聚会、宣传、会议、休闲、创业周末、培训、黑客马拉松、庆典和比赛等。

（8）公司：作为城市支柱产业的大公司应该有具体的部门和活动，促进与迅速崛起的创业公司之间的合作。

（9）资本：对于所有部门、群体和地段而言，都有可行的、实力雄厚的、密集的、有帮助的风险投资人、天使投资人、种子投资人社群或其他融资形式。

从项目申报开始到立项初期，从 2019 年 3 月到 2020 年 4 月，研究团队对于南京市的中国（南京）软件谷、江宁高新区生命科学集聚区、建邺高新区数字经济集聚区、南京珠江路信息服务集聚区、南京鼓楼物联网集聚区、南京江北新区集成电路设计等创业生态系统，对于常州市的科教城人工智能制造集聚区、常州高新区智能传感集聚区、常州天宁新能源材料集聚区、常州钟楼大数据产业服务及应用集聚区等创业生态系统，对于苏州市的苏州工业园区云计算集聚区、苏州相城机器人及智能装备集聚区等创业生态系统，对于镇江市的扬中智慧电气集聚区、丹阳高性能合金材料集聚区等创业生态系统，进行了较为系统、全面的了解。同时，对北京中关村创业大街、杭州梦想小镇等进行了对比调研。

对每个创业生态集聚区调研大约半天的时间，提前发公函预约。调研对象包括集聚区运营管理机构、专业化众创空间和科技企业孵化器、高校和产学研平台、龙头骨干企业、创业服务机构、典型公共服务平台及典型创新创业者等。

调研的半结构化访谈问题包括集聚区的建设亮点、经验（含社区规划、扶持政策等），介绍可复制和可推广的模式；分析集聚区在建设过程中存在的问题，并对原因进行剖析；提炼创业生态系统构建中应遵循的原则、可行路径；提出构建创业生态集聚区绩效评价指标体系的建议；提出进一步推动集聚区建设的创新举措与政策建议。众创社区调研函见附录 A，众创空间的调研半结构访谈见附录 B，江苏省众创社区的完整备案名单见附录 C。

首先，在借鉴大量国内外创业生态系统理论文献和评价指标体系的基础上，结合江苏省众创社区建设的政策初衷，拟定了原始的指标体系设计原则（理论基础主要来源于创业生态系统的研究成果和实践成果；要符合江苏省众创社区的政策初衷，体现宜创宜业宜居等设计要求；定量与定性相结合，以定量为主；体现投入，更体现产出），其次提出一个涵盖 9 个一级指标（众创社区业绩、资金支持、双创人才、创新联结、市场规模、基础设施、双创政策、创业经验、宜居程度）、36 个二级指标体系（新创企业估值、创投机构的数量、省级以上人才数量、专利数量、当地市场规模、科技企业孵化器数量、公共研发支出、创业导师数量与质量、宜居城市排名等）的征求意见稿。根据众创社区运营机构管理者或者科技企业孵化器管理者的修改意见，最终拟定了以下测量指标的原则：产业定位的专业度、创新资源的密集度、新创企业的成功度、研发资源的前沿度、政策资源的有效度、平台资源的适配度、双创文化的融合度。再次，通过江苏省高新技术创业服务中心于 2020 年 4 月 29 至 5 月 14 日集中发放问卷，通过问卷星的形式一对一发给各市科技局负责众创社区问卷的回收工作，经过两周的填报，最终回收问卷 38 份。除了问卷题项之外，还包含了填报人的基本信息等数据。回收的 38 份问卷信息如下。

南京市 4 家：包括建邺高新区数字经济众创社区、新港高新园光电激光众创社区、江北新区集成电路设计众创社区、栖霞高新区工业设计众创社区。

苏州市 6 家：包括苏州工业园区云计算众创社区、苏州高铁新城人工智能众创社区、苏州相城机器人及智能装备众创社区、苏州高新区医疗器械众创社区、常熟高新区先进制造众创社区、昆山两岸青年增材制造众创社区。

常州市 7 家：包括常州西夏墅智能制造工具众创社区、常州天宁新能源材料众创社区、常州科教城人工智能制造众创社区、中关村高新区储能产业众创社区、常州横林新型纤维及复合材料众创社区、常州高新区智能传感众创社区、常州钟楼大数据产业服务及应用众创社区。

镇江市 1 家：丹阳高性能合金材料众创社区。

扬州市 4 家：包括扬州邗江软件信息众创社区、扬州高新区数控装备众创社区、扬州广陵软件信息服务众创社区、高邮高新区智慧照明众创社区。

泰州市 3 家：包括泰州医药高新区生物医药众创社区、泰州医药高新区电力装备众创社区、泰州高港汽车零部件众创社区。

南通市 4 家：包括海安功能新材料众创社区、市北高新区汽车电子众创社区、启东精准医学众创社区、如皋开源软件与服务外包众创社区。

淮安市 1 家：淮安软件园众创社区。

连云港市2家：包括赣榆教育机器人众创社区、东海水晶产业众创社区。

宿迁市6家：包括宿迁宿豫数字电商众创社区、宿迁高新区先进复合材料众创社区、泗阳家居制造产业众创社区、沭阳健康医疗众创社区、宿迁宿城激光产业众创社区、泗阳功能纤维产业众创社区。

从以往研究看，缺乏对城市内部创业集聚区（江苏省实践为众创社区）的测量，而这正是本项目的重要跟踪样本，也是组成城市创业生态系统的重要组成部分。最后本研究形成了由众创社区业绩、双创平台、科技金融支撑、协同创新发展、双创政策、创业经验、宜居程度7个一级指标，以及众创社区的规划面积、国家级科技企业孵化器数量、备案以来获得外部投资（不含政府资金、注册基金和投资机构）超500万元的企业与社区企业之比、社区与世界500强企业建立战略合作关系的数量、当地政府对社区有无专门的扶持政策、社区拥有创业导师的数量、有无系列配套的人才和创业者居住设施等57个二级指标体系。

进一步分析反映众创社区的核心要义，具有辨识度高的关键核心测量指标有以下16项指标：（1）每平方公里GDP；（2）国家高新技术企业数；（3）新创企业增加数；（4）上市企业数；（5）A轮以上获得融资企业数；（6）独角兽企业数；（7）省级以上人才数；（8）发明专利与海外专利数；（9）社区与世界500强企业联结；（10）社区与知名高等院校、科研院所联结；（11）国家级科技企业孵化器；（12）省级科技企业孵化器；（13）国家级众创空间数；（14）国家级专业化众创空间数；（15）省级以上科技企业加速器；（16）省级以上公共服务平台数。

其中，指标（1）～指标（6）主要测量众创社区的产出业绩；指标（7）～指标（10）主要测量众创社区的创新创业人才、知识产权资源和众创社区的开放度和与国际创新资源的关系网络密度；指标

（11）~指标（16）主要测量创新创业的支持度。以上 16 个核心测量指标的调研情况见表 3 - 5 所示。

表 3 - 5　　　众创社区核心指标的调研情况（截至 2019 年年底）

序号	核心指标	最大值	最小值	均值	最大值所在众创社区
1	每平方公里 GDP	300.36 亿元/平方公里	3.79 亿元/平方公里	32.54 亿元/平方公里	南京新港高新园光电激光众创社区
2	国家高新技术企业数	398 家	1 家	32.54 家	常州科教城人工智能制造众创社区
3	新创企业增加数	464 家	10 家	145 家	常州西夏墅智能制造工具众创社区
4	上市企业数	22 家	0 家	4 家	南京新港高新园光电激光众创社区
5	A 轮以上获得融资企业数	51 家	0 家	7.4 家	南京新港高新园光电激光众创社区
6	独角兽企业数	15 家	0 家	2 家	苏州工业园区云计算众创社区
7	省级以上人才数	223 人	0 人	36.2 人	南京新港高新园光电激光众创社区
8	发明专利与海外专利数	3800 个	1 个	306.83 个	常州科教城人工智能制造众创社区
9	与世界 500 强企业联结	81 家	0 家	1 家	南京新港高新园光电激光众创社区
10	与知名高等院校、科研院所联结	18 家	0 家	1 家	常州西夏墅智能制造工具众创社区
11	国家级科技企业孵化器	3 家	0 家	1.4 家	常州科教城人工智能制造众创社区以及江北新区集成电路设计众创社区
12	省级科技企业孵化器	7 家	0 家	1.8 家	南京新港高新园光电激光众创社区

序号	核心指标	最大值	最小值	均值	最大值所在众创社区
13	国家级众创空间数	5家	0家	2.6家	南京新港高新园光电激光众创社区及苏州工业园区云计算众创社区
14	国家级专业化众创空间数	2家	0家	0家	南通市汽车电子众创社区
15	省级以上科技企业加速器	3家	0家	0.6家	苏州高铁新城人工智能众创社区及南通市汽车电子众创社区
16	省级以上公共服务平台数	20家	0家	6家	扬州广陵软件信息服务众创社区

对回收的 38 份问卷进行分析发现，10 家众创社区的以上核心指标得分相对较高，分别是南京新港高新园光电激光众创社区、常州科教城人工智能制造众创社区、常州西夏墅智能制造工具众创社区、江北新区集成电路设计众创社区、苏州工业园区云计算众创社区、苏州高铁新城人工智能众创社区、昆山两岸青年制造众创社区、海安功能新材料众创社区、常熟高新区先进制造众创社区、南通市汽车电子众创社区。

进一步聚类分析发现，南京新港高新园光电激光众创社区在多项指标上表现出了领先优势，特别是在众创社区的业绩表现、创业孵化的全链条成熟度和创新资源的占有度方面；南通市汽车电子众创社区在创业孵化全链条成熟度上表现突出；苏州高铁新城人工智能众创社区在创新资源占有度上表现较好。图 3 - 5 反映了众创社区的创新资源占有度和创业孵化全链条的成熟度与众创社区可能业绩表现的差异。

从这样的分析视角看，众创社区一般会有三条发展路径：第一条广泛集聚创新资源（人才等）基础上的产业突破（比如苏州高铁新城人工智能众创社区），第二条是已有优势产业基础上的产业提升发展（比如南通市汽车电子众创社区），第三条同时在创新资源和产业布局上的发展（比如南京新港高新园光电激光众创社区）。

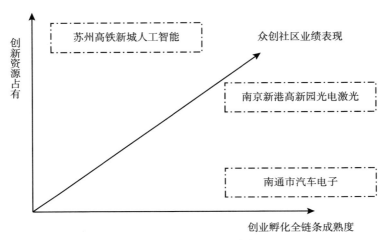

图 3-5　众创社区分类

第四章

典型高成长独角兽企业满帮集团的
成长模式探索性研究[*]

从前面的研究框架看，高成长的新创企业是全世界各地竞相期盼的对象，也是创业生态系统圈层的核心，独角兽企业无疑是其中的佼佼者。在新经济时代，出现了一批具有高科技、高爆发和高成长等特性的"独角兽企业"，它们往往在短短几年之内就可以从创业公司成长为行业巨头，形成独特的"独角兽现象"。高成长的独角兽企业也是引领新质生产力的典型代表，一个国家或地区有多少"独角兽"、能培育多少"独角兽"甚至成为评判区域经济发展水平和创新能力高低的标志之一。本阶段研究以独角兽运满满为典型案例，在对案例资料充分收集和整理的基础上，运用扎根理论方法对其成长过程展开探索性研究，从中提炼出价值生成、资源拼凑、业务成长、组织演化和技术创新五个主范畴，并通过理清主范畴间的关系，揭示了平台型独角兽企业的内在成长机理，构建了平台型独角兽企业成长理论模型，为后续创新创业生态研究激发独角兽企业的内在机理打下了深入

* 满帮集团（又称运满满），本项目研究时仍是独角兽企业身份，后来 2021 年在美国上市，代码 YMM。本阶段实证部分主要来自团队成员诸国华的硕士论文《基于扎根理论的我国平台型独角兽企业成长要素和内在机制研究》。

研究的基础。

一、文献回顾

根据主要研究对象和研究问题，本阶段研究将从独角兽企业的发展要素、平台商业模式以及企业成长理论三个方面对相关文献进行梳理和评述。

（一）独角兽企业的发展要素

"独角兽企业"的概念是 2013 年由美国风险投资家艾琳·李（Aileen Lee）首先提出的，它是指那些创立时间在 10 年以内且估值超过 10 亿美金的创业企业。学者们往往从不同研究视角出发，但基本上可以总结为区位生态、技术创新、商业模式以及创业家实力四个方面，主要观点和代表性文献如表 4-1 所示。

表 4-1　　　　　　　　　独角兽企业发展要素

发展要素	主要观点	代表学者
区位生态	经济发展水平、人口规模和素质、政策环境、平台的衍生效应、企业之间的相互支持等要素都会影响独角兽企业的创建和成长，其中融资环境尤其重要；经济技术发展程度高的城市，高科技人才集中，给企业带来了良好的创业氛围，同时也延伸到细分产业和下游产业。城市完善的财政补贴、税收优惠政策也为独角兽企业成长提供了有利的条件。	楚天骄和宋韬（2017）；刘刚和王宇（2018）；孟韬和徐广林（2020）；陈强等（2018）等
技术创新	独角兽企业大都非常重视通过技术创新形成行业壁垒；颠覆性创新促进了独角兽企业的快速成长；大数据技术是互联网独角兽公司创业成长的重要推动力量。互联网公司以大数据技术为核心资产，通过数据协同培育机会土壤，通过数据价值再生构建创业机会，通过挖掘数据组合识别细分需求。	Jensen et al.（1990）；Kogan et al.（2017）；周晓艳等（2020）；刘莎莎等（2020）；余维臻等（2021）等

发展要素	主要观点	代表学者
商业模式	独角兽企业大都采用了平台商业模式；激发快速扩大用户群体、激发企业与利益相关者和用户三者之间平台模式的网络效应，能帮助企业实现飞速发展；为了应对变化的市场环境，需要对商业模式进行针对性创新。"大型合作伙伴生态系统"商业模式配置往往更有利于企业产品及服务的迅速传播和扩散。	周晓艳等（2020）；Hess et al.（2016）；Urbinati（2019）等
创业家	创业家的前期学习和工作经验会影响其创建；创业家的前瞻力和探索精神、创始人的社会资本和工作背景会影响其成长路径；创业家的基因"血统"会影响其估值；创业家在愿景、信仰、终极价值目标等方面的灵性资本积极影响企业的团队创新绩效。	刘刚和王宇（2018）；宋立丰等（2019）；顾建平和邓荣霖（2020）等

注：笔者根据相关文献整理。

（二）平台商业模式

研究各大主流机构关于我国独角兽企业的榜单不难发现，我国很大一部分独角兽企业都基于移动互联网，且主要采用了平台商业模式。平台商业模式是指连接两个及两个以上的特定群体，为它们提供互动机制和交流平台，满足所有人的需求，并从中获利的一种商业模式。由于本阶段研究重点是"独角兽企业的成长管理"，所以不对平台相关概念做严格区分，但为了使研究更具针对性，将"平台型独角兽企业"具体界定为基于互联网且采用平台商业模式的独角兽企业。

陈威如（2013）认为平台商业模式背后实质上反映的是从垂直价值链模式走向双边市场模式，基于客户价值链的平台商业模式是一种新的战略，它是保证客户利益最大化和企业利润最大化的一种平衡，既能为客户带来更多价值，更好地满足客户的价值诉求，又能为企业盈利带来新的路径。其关键在于将客户的价值系统化并实现规模效应。打造一个完善且具有高成长潜力的"生态圈"是平台商业模式的精髓，它应该具有独特精密且规范高效的运行机制，能够有效满足各方群体的需求和利益，从而促进平台企业的快速成长。同时，企业要不断强化共创共享的观念，厘清为平台上多边用户创造价值的逻辑，并深入思考平台网络效应的激发问题。段田田（2017）从利益相关者对平台企业演化的影响视角出发，结合多案例对比分析，将平台企业的发展过程划分为初创、爆发和稳定三个阶段，并从中提炼出了创新、网络效应、用户规模、用户黏性、盈利模式和生态圈六个关键发展要素。江积海和张烁亮（2015）认为平台商业模式的设计和创新应该充分考虑新颖性、锁定性、互补性以及效率性四个重要方面。江积海和李琴（2016）着重探讨了在平台商业模式创新过程中，利益相关者的架构特征和连接属性是如何影响价值共创的，认为富裕度资源丰度、关系强度以及网络密度是关键的三个方面。田剑和徐佳斌（2020）将携程网作为仿真研究案例，研究发现大数据能力、双边市场效益系数以及平台型企业服务质量系数是平台型企业商业模式创新的关键驱动因素。

（三）企业成长理论

从企业成长影响因素研究角度，可以把现有相关理论分为企业外生成长和内生成长两大类，由于意识到企业成长是一个复杂的过程，单方面考虑外生或内生影响因素都不够充分，很多学者尝试将各种因素综合起来，从而更加全面地看待企业成长问题。张玉利（2003）基于对企业的长期调查研究，较为全面地提出了影响企业成长的八大关键因素，分别为企业家精神、成长定位、资源、经营模式、创新、风险、平衡性以及企业家型组织建设，传统上基于生命周期的企业成长理论基本上还是属于线性导向，现实中企业复杂的成长过程对这些理论不断提出挑战。以系统动力学、耗散结构、混沌与分形为代表的复杂性理论的发展和运用，进一步促使对企业成长问题的理论研究开始由线性向非线性过渡，逐渐形成了从"均衡论"到"非均衡论"

的新范式。汤文仙和李攀峰（2005）从规模、知识和制度三个维度对一系列企业成长理论做了划分并建立了规模维度、知识维度和制度维度的三维度模型。吕峰等（2016）对天津市科技创业企业进行了实地调研，认为科技创业企业成长是在市场驱动、技术驱动、关系驱动三种组织原型相互转换基础上实现的动态非线性成长；路江涌（2018）认为不确定性和不连续性是当今商业环境的重要特点，认为应当从系统性和动态性的角度去看待企业的成长，他将企业成长划分为精益创业、专益成长、增益扩张和升益转型四个阶段，并从用户、组织、产品和市场四个方面的"共演"分析了各个阶段企业管理的重点。白景坤等（2021）实证说明，跨界搜索的广度和深度对新创企业成长绩效具有显著的正向影响；学习导向能够正向调节跨界搜寻广度和深度对资源拼凑的关系。王国红和黄昊（2021）研究发现，科技新创企业成长过程伴随着系统价值创造与资源编排的共演化，其成长需要以资源编排为基础，资源构建、资源转化与资源协调所激发出的传递效应、组合效应与匹配效应构成了束集效应的内涵，并成为驱动企业成长的关键环节。

针对平台型互联网企业，刘江鹏（2015）基于价值链和价值网络理论，围绕商业生态系统、供给面、需求面以及平台增长等概念，从关联链和价值形成两个维度构建了平台型互联网企业成长的双元模型。刘仲文（2015）详细比较了互联网平台企业和传统企业的特征，认为要针对互联网平台的不同发展阶段，采取有针对性的措施来实现用户的持续健康成长。

二、研究设计

本阶段研究主要在于探究平台型独角兽企业的成长要素和内在机制，具有较强的探索性，所以选择独角兽满帮集团（运满满）作为典型案例，利用扎根理论方法展开相关研究。满帮集团的前身运满满成立于 2013 年，是国内首家基于云计算、大数据、移动互联网和人工智能技术开发的货运调度平台企业。凭借平台积累的大量用户交易习惯和货运数据，公司为货主和司机提供实时精准的车源信息和货源信息的匹配，大大降低了公路物流的空载率，提高了行业的运行效率，其商业模式简洁高效，曾被业界称为"货运版的滴滴"，具体成长历程如表 4 - 2 所示。

表 4 - 2 　　　　　　　　　独角兽满帮集团成长历程

年份	基本历程与主要事件
2013	运满满成立，App 正式上线运营
2014	组建地推"野战军"，在全国物流园区推广 App，市场占有率飞速提高
2015	新疆、西藏自治区纳入平台服务版图，建立业内首张覆盖全国的服务网络
2016	CEO 受邀参加 G20 全球工商领袖峰会，当选年度互联网＋十大风云人物；在第三届世界互联网大会上发布全球首个公路智能运力调度系统
2017	建立公路货运领域诚信体系；成为国际道路运输联盟（IRU）中国首家企业会员；智能调度系统获中物联科技进步一等奖；满运宝全网上线，成为国内首家实现交易闭环的互联网物流平台；入选 2017 中国互联网企业 100 强；上榜长城 - 火炬中心、胡润百富等机构的独角兽企业榜单；与另一同行企业货车帮合并，成立满帮集团；CEO 入选《财富》中国 40 位商界精英
2018	与平安产险合作推出"闪赔"服务，参与共建未来产业大数据研究院；再次入选所有主流机构独角兽榜单，入选福布斯中国 50 家最具创新力企业；首提"无车·无人·无处不在"战略
2019	满运宝开启 2.0 时代，上线二手车业务，ETC 累计充值额破 1000 亿，部分季度实现盈利；与中国建设银行、中国光大银行达成战略合作，投资巴西车货匹配平台 TruckPad，实现一汽解放合作定义车产销万辆；入围全球科技新领袖 50 强公司，入围 2019 中国产业互联网 B2B 十强，获 2019 年度最具投资价值企业
2020	获得 17 亿美元新一轮融资
2021	6 月 2 日成功在美国纽交所上市

注：笔者根据公司官网等公开资料整理。

　　质性研究的抽样并不是严格遵循从样本出发，进而推断总体的逻辑，而是更看重抽选的样本是否能够更深入、广泛且多层面地反映研究现象。根据该原则，在选取案例样本时，本阶段研究特别重视考察所选样本企业的信息丰富性和理论贡献度，进而确定以满帮集团为典型案例，选择依据如下：运满满 2013 年成立，以车货匹配业务平台起家，2017 年至今连续入选各大主流机构的中国独角兽企业榜单，是我国典型的平台型独角兽企业；现阶段满帮已经上市，满帮的成长经历可以完整反应平台型独角兽企业短时间内从"创建公司—急速发展—合并重组—成功上市"的典型成长过程；研究团队从 2018 年就开始接触满帮，多次去该企业实地参观学习并参加相关现场活动，能够获得比较丰富的内部资料及访谈数据。

贾旭东和衡量（2016）认为，基于"扎根精神"，扎根理论方法主要经过理论构建和理论检验两大阶段，融合了定性和定量研究方法。扎根理论方法并不是简单的事实性描述，其目的在于建立和发展能忠实反映社会现象的理论，这些理论有可能日后成为此类现象的社会行动纲领。鉴于目前有关我国平台型独角兽企业成长的相关理论非常缺乏，现有研究也不能有效阐释其成长过程的核心要素和内在机制，定量研究方法又不太适合解释这一复杂现象，因此本阶段研究决定选用扎根理论方法进行相关探索性研究。资料收集主要分为以下三个渠道。

一是借助互联网工具，围绕我国平台型独角兽企业及其成长过程主题，广泛搜集相关新闻报道，浏览分析后，初步把握与研究问题相关的现实背景和所涉理论。

二是针对满帮集团，到企业实地参观调研、参加相关活动等，获得内部资料和观察数据；通过网络渠道，搜集各大新闻媒体对满帮（运满满）的相关报道，以及企业高管的演讲和访谈视频；通过中国知网，以"运满满""满帮"为关键词进行搜索，获取已有的相关研究成果。

三是对相关人员进行半结构化访谈。为确保访谈质量，在访谈前就设计好半结构化提纲，并向受访者阐明研究意图。访谈过程中，所有问题尽量保持开放，让受访者自由回答，尽可能避免主观诱导或干扰。访谈结束后，及时整理相关信息，并请受访者做确认。根据扎根理论对资料收集和分析的要求，上述三个部分并不是完全分离的，而是随着研究的深入，对相关资料不断进行补充和剔除。具体情况，参见表 4 - 3。

表 4 - 3　　　　　　　　　　资料收集情况

类型	来源	内容
一手数据	3 位满帮企业高管以及 1 位所在科技园区负责人的半结构化访谈（约 3 小时）；3 次公司实地调研、2 次现场活动、部分微信沟通记录等	访谈录音文字稿 4 份、内部宣传及档案资料 3 份、调研活动记录若干
二手数据	网络渠道获得的相关公开资料	企业高管的访谈和演讲视频、新闻报道、期刊论文等

注：笔者根据调研、净数据等资料整理。

为了便于录入数据和后期统一编码，主要借助 Nvivo11 Plus 作为辅助研究工具，事先将视频、音频等多媒体资料转化成了文档，并在资料基本收集完毕后，对其进行分类整理。分类的依据主要是研究视角和具体对象，其中"高管团队"包括公司 CEO、总裁、副总裁兼研究院院长、副总裁兼增值事业部总经理，天使投资人及 Y 集团 CEO；"运营团队"公司行政总监、组织综合部负责人、COO、满帮大学负责人；技术团队包括满帮 CTO、运营平台与技术学院负责人、车辆与地图技术总监、满帮集团高级技术总监等，详细情况参见表 4 - 4。

表 4 - 4 资料分类整理情况

研究视角	具体对象	份数合计	资料明细
满帮集团内部	高管团队	44	现场活动内容转录稿 2 篇；采访视频转录稿 1 篇；活动内容分享报道 41 篇
	运营团队	7	半结构化访谈整理 2 篇；活动内容分享报道 4 篇；视频转录稿 1 篇
	技术团队	7	活动相关报道 6 篇；视频转录稿 1 篇
外部相关者	政府部门	2	半结构化访谈整理 1 篇；政府部门调研报道 1 篇
	投资机构	4	微信沟通记录整理 1 篇；投资机构官方报道 3 篇
	司机货主	2	满帮司机端、货主端用户采访视频转录稿 2 篇
	合作伙伴	4	满帮合作伙伴官方报道 4 篇
	期刊媒体	28	期刊文章 8 篇；相关媒体专题报道 20 篇

注：笔者整理。

为了保证研究的效度和信度，本阶段研究在收集和整理资料的过程中，特别注意就同一问题对不同渠道、不同对象的数据做比对和检验，对其中明显有误的部分进行剔除，对模糊有疑问的部分，通过微信、再次访谈等沟通方式进行持续补充和更正，最终形成"研究资料库"。在此基础上，将所有资料按类别导入 Nvivo 软件中，借助该软件强大的功能进行后续扎根理论分析。

三、基于扎根理论的案例企业研究

（一）案例资料的开放性译码

开放性译码是运用扎根理论方法进行资料分析的第一个阶段，它是指研究者基于所要研究的内容和目的，事先确定一系列原则，然后根据这些原则对初始数据做逐级编码，不断浓缩的过程。该阶段的目的是识别特定现象、界定相关概念、发现所属范畴，具体包括贴标签、概念化和范畴化三个步骤。

第一步，对资料"贴标签"，即在细致阅读初始资料的基础上，用精简贴切的词语或短句，尽量准确地定义资料中反映的特定现象。本阶段研究对资料做逐句及逐段分析，借助 Nvivo 中的编码功能，在每个有特定含义的句子或段落后面用"ai + 标签"做标记，创建一级编码。

第二步，对贴好的标签做"概念化"处理，即整合、归纳反映同一现象的标签。本文在 Nvivo 中用"Ai + 概念"的方式创立二级编码，将所有同类标签归到对应二级编码中。概念的命名要能达到尽量精确揭示现象或事件真实含义的要求，其来源主要是资料中的特定用语、学术文献等，而不仅仅简单提取文中关键词。为了更清楚地表示上述两个步骤的实际操作逻辑和过程，示例如表 4 - 5 所示，限于篇幅，仅作部分展示。

表 4 - 5　　　　　　"贴标签"和"概念化"示例（部分）

满帮（运满满）案例初始资料（部分）	贴标签	概念化
我是 16 年加入运满满的（a1），但其实 14 年那时候，我们就认识，就是和公司的创始人，一直就和他们在一起，因为我是他们的供应商，我原来是在平安的（a2），因为当时涉及业务场景，要完全了解他们的业务场景，接触比较多，就加入了这个团队（a1）。 创业公司它一定是发展很快的（a3），因为平安公司已经足够大，所以它的组织架构，人员管理，其实是非常完善的（a4），说一下我们创业公司，可能就是调整很迅速，比如说今天的汇报对象可能是它，明天我就可能因为业务的调整到另一个方向上去了（a5）。然后还有一个就是它的组织会相对比较扁平，大公司可能层级会多一点，创业公司就会相对扁平（a6），而且大家都是赛马制的（a7）。	a1 加入运满满契机； a2 原来工作背景； a3 创业公司节奏快； a4 原来公司体系比较成熟； a5 业务导向，调整迅速； a6 组织扁平，架构简单； a7 推行赛马制；	A1 核心人才招募（a1）； A2 核心成员工作背景（a2）； A3 公司初始特点（a3、a4、a6）； A4 一切围绕业务（a5、a11）； A5 内部竞争机制（a7）；

满帮（运满满）案例初始资料（部分）	贴标签	概念化

我们的团队搭建，考虑的因素其实还是比较多的（a8），但肯定最终还是围绕业务来展开的（a9），风险肯定是有的，如果发生了，我们会暂时回避掉的，因为是抓大放小，然后回头再根据实际情况慢慢调整（a10）。平时还是以业务和用户发展优先（a11），因为刚开始我们还是需要融资的，或者说很大一部分为了融资，投资机构的话要看这些的，所以主要的精力还是放在开拓平台上面（a12）。
    然后我们的整个组织构建策略，其实是有很重的阿里的影子（a13），像整个铁军，阿里中有铁军，公司里也有铁军（a14），然后整个团队方式也跟阿里很像，我们没有在各地，其实没有办事处，只是租了一个房子，然后大家就是个团队，比如说我南京这边7个人，7个人我想要开拓市场，那这7个人我们就每人给他派一台依维柯的小车，这个团队的话就住在一起，吃在一起，每天回来的话就做汇报，然后每天回来复盘，今天有多少用户，就吃穿住都在一起（a15）。然后技术团队是技术团队，我放在那边，没人用的，还是需要市场的人（a16），所以前期全是地推团队，而且是我们自己建立的。然后这个团队的来源的话，就是社招，最高峰的时候一天可能要招100多个，有可能人员素质都不高，所以市场越来越开拓以后，就出现很多问题，就是大量流失或者转换。最后人员流动的话，第一就是被淘汰，第二就是被调岗，第三就是谈你可能不太适合，就自动离开的，因为他业务不好，他肯定自动被淘汰，我们前线的考核非常严格的（a17）……
    现在其实着组织的发展，我的人员结构其实发生了巨大的变化（a18），在早期的时候，80%都是地推团队，但其实随着组织发展以后，现在前线基本上只有20%的人是做地推的，他其实已经不是做地推了，是做我客户的维持和维系，维护和开发新产品。现在这边的话，大概有一半是技术，一半是平台，就是类似于客服什么的，就是一些行政岗位（a19）。技术团队这边的话，主要还是靠社招，因为互联网公司这边流动性还是比较强的，而且技术的门槛很高，所以技术的薪水我们给得也很高，社会招聘占绝大部分，校招很少，因为需要过来就能上手（a20）。
	a8 考虑因素多；
	a9 围绕业务搭建团队；
	a10 回避风险，抓大放小；
	a11 业务、用户优先；
	a12 刚开始需要拓平台来融资；
	a13 组织构建有阿里影子；
	a14 组建铁军；
	a15 地推团队灵活作战；
	a16 软件需要地推团队推广；
	a17 地推团队来源和去向；
	a18 人员结构发生巨大变化；
	a19 目前人员大致构成；
	a20 技术团队薪资高，主要靠社招。
		A6 团队搭建思路（a8、a9、a10、a13）；
		
		A7 需要资本支持（a12）；
		
		A8 地推团队演变（a14、a15、a16、a17）；
		
		A9 人员构成变化（a18、a19）；
		
		A10 技术团队招聘需求（a20）。

满帮（运满满）案例初始资料（部分）	贴标签	概念化
组织文化就是墙上的北斗七星，也是我们领导一开始就制定的（a21），因为公司成立这几年，所有的员工都有一个愿景，就是让公路物流更美好，就是大家觉得这个事情是可以做的，没有说去考虑说什么（a22），当然其实公司给的薪资也比较高（a23），但是其实基本上所有的前线员工价值观都是植入到骨子里面的，我们每个季度都要有价值观考核的，就是这个"北斗七星"的价值观考核，你符不符合，用具体的事来阐述一下你是怎么符合价值观，我们对这一块是非常非常看重的，都是落到实处的（a24）	a21 很早就制定了北斗七星价值观 a22 所有人都有且相信企业愿景 a23 运满满的薪资待遇好 a24 把企业价值观落到实处	A11 使命愿景价值观（a21、a22） A12 薪资待遇好（a23） A13 落实价值观（a24）

　　第三步，对得到的概念做"范畴化"处理，即继续合并同类项，用一个新提出的范畴统领相应的同类概念。范畴实质上也是概念，但是层次比第二步中得到的概念更高一些。经过"贴标签"和"概念化"，原本庞杂的初始资料已经被大大精简，在本文中，为了避免Nvivo 编码层级过多导致混乱，故选择在 OneNote 工具中用"bi + 范畴"做标记，完成范畴化操作。

　　通过持续比较，不断思考，本文最终得到了 205 个概念、30 个范畴。考虑到需要与下一阶段"主轴译码"中提炼的"范畴"做区分，因此按照国内类似研究的通常做法，将前者命名为"副范畴"，后者命名为"主范畴"。副范畴与概念的具体命名和对应关系见表 4 - 6。

表 4 - 6　　　　　　　　副范畴与概念对应关系

副范畴	概念
b01 团队完善	A1 核心骨干招募、A2 核心成员工作背景
b02 内部演化	A3 公司初始特点、A4 一切围绕业务、A6 团队搭建思路、A8 地推团队演变、A9 人员构成变化
b03 制度激励	A5 内部竞争机制、A14 日常运营管理、A30 组织制度、A33 管理层对团队很信任

续表

副范畴	概念
b04 资本助推	A7 需要资本支持、A17 准备上市、A20 融资顺利、A82 融资能力很强、A112 资本市场投资判断、A137 看重资源、A141 融资去向、A143 科技是风口、A147 HR 特种兵
b05 人才体系	A10 技术团队招聘需求、A12 薪资待遇好、A21 公司大学、A22 晋升机制、A23 高校人才资源储备、A29 组织未来、A37 线上培训系统、A145 人才是最重要资源、A182 立体化培训
b06 文化落实	A11 使命愿景价值观、A13 落实价值观、A28 组织内核、A130 核心价值观决定核心竞争力、A132 阿里价值观和方法论、A135 企业文化发展、A162 文化包容
b07 平台组织	A15 设立政委体系、A25 最核心业务、A26 组织生命力、A27 组织前提
b08 平台模式	A16 围绕平台做增值、A35 业务发展壮大、A36 企业发展思路、A77 互联网化思维、A86 勾勒平台逻辑、A90 打破思维定式、A128 生态思维、A131 盈利模式清晰、A159 共享经济、A186 平台模式特点、A187 网络效应
b09 合并重组	A18 与货车帮合并、A46 合并带来了挑战、A54 合并大于竞争、A70 两强对立、A71 竞争手段升级、A72 艰难谈判、A144 业务划分、A152 并购集中趋势化、A163 行业新例、A165 继续烧钱没意义、A166 尽快变成唯一、A167 达成共识、A168 融合新战略、A169 优势互补
b10 资源集聚	A19 物流行业独角兽、A24 感谢合作伙伴的支持、A116 平台 GMV 迅猛增长、A164 利益复杂、A202 绝对的市场占有率
b11 竞争激烈	A31 赢得竞争的经验、A32 高效执行力、A43 一切围绕用户、A45 面对用户多变需求、A83 货运平台混战、A115 为用户创造真实价值
b12 探索未来	A34 新科技的探索和应用、A41 技术的价值、A44 把握技术浪潮、A103 合作研发、A104 数字驿站、A105 无人驾驶、A123 打造顶尖技术团队、A124 与顶级团队合作、A125 设立硅谷研究中心、A134 为未来买单
b13 研发管理	A38 CTO 的管理工作、A42 研发团队组建、A48 技术管理现状、A49 提高技术研发效率和质量、A50 研发团队工作满意度、A51 构建技术团队能力模型、A58 技术团队如何面对 VUCA 时代挑战、A59 处理技术与产品部门关系、A61 运营平台团队管理、A62 技术学院内部培养体系、A63 技术研发中心工作情况
b14 市场价值	A39 解决物流行业问题、A94 降低空驶率、A95 提高配货效率、A96 优化货运线路、A117 降低制造业成本、A118 提高司机收入
b15 系统架构	A40 用户规模造成系统挑战、A47 系统架构迭代、A56 落地微服务架构、A57 思考服务网络建设、A60 运营平台升级
b16 发现机会	A52 看到公路物流市场潜力、A64 熟悉滴滴模式、A65 聊天受到启发、A76 研判发展趋势

副范畴	概念
b17 形成生态	A53 满帮全产业链布局、A55 进行战略投资、A99 跨境运营、A129 抓住"一带一路"、A150 赋能共生、A153 生态体系、A170 九大事业部、A172 可持续发展、A196 综合金融服务平台、A197 车后服务网络体系
b18 开发应用	A66 打磨产品、A80 双客户端
b19 急速推广	A67 地推野战军、A68 克服实际困难、A69 成都攻坚战、A78 地推经验丰富、A79 形成全国一张网
b20 分析痛点	A73 实地调研、A74 研究货运特点、A75 公路物流行业痛点、A84 细化认知、A113 对比罗宾逊模式
b21 数据驱动	A81 发掘数据价值、A98 积累大量数据、A101 数据算法支撑、A107 新生产资料、A108 算法技术、A138 DT 时代、A140 数据安全、A148 数字经济
b22 能力提升	A85 阿里基因、A156 人才优势、A198 团队优势、A199 明显短板
b23 体系建设	A87 信用体系、A88 服务体系、A89 评价体系、A176 实现标准规范化
b24 智慧物流	A91 新技术改变物流、A102 智能调度系统、A109 机器学习与深度学习、A122 公路物流界的 AlphaGo、A155 赋能物流行业、A204 智慧物流趋势
b25 战略叠进	A92 在不同阶段掌控节奏、A93 跨界协同合作、A97 交易平台、A100 做透信息平台、A106 无车无人无处不在、A111 平台跃迁、A136 三年计划、A139 平台升级、A142 三浪叠加、A151 探索发展路径、A160 无车承运人、A188 发展稳健、A201 平台发展阶段
b26 社会价值	A110 影响每个人生活、A119 解决行业纠纷问题、A120 节能减排、A126 改善司机生存现状、A158 响应国家号召、A161 平台公共化社会化属性、A173 增加税收、A174 优化市场监管、A175 顺应国家发展战略、A183 参与社会公益
b27 政府支持	A114 总部迁回南京、A121 和银川政府合作、A154 数字经济政策、A177 降低税负、A178 财政补贴、A179 减免房租、A180 调和关系、A184 优化营商环境
b28 场景应用	A127 推出系列定制服务、A157 场景优势、A203 试点报价模式遭抗议、A200 云马物流遭到抵制
b29 媒体曝光	A133 获得荣誉表彰、A146 PR 能力、A149 让行业酷炫、A171 得到重视、A181 官媒背书、A185 参加国际性大会、A205 口碑影响力
b30 管理规范	A189 管理遇到挑战、A190 组织人事蓝图设计、A191 薪酬福利方案、A192 员工发展方案、A193 新 eHR 系统、A194 组织管理规范、A195 人事管理规范

注：笔者整理。

总的来说，这三大步骤的操作遵循扎根理论方法自下而上的研究逻辑，将原本信息量巨大且混乱的初始资料进行切分，然后逐级归纳提炼，使研究者能够更容易发现和聚焦核心问题，为后续深入分析提供可能。

（二）案例资料的主轴译码

通过前面的"开放性译码"，本阶段研究从案例资料中提炼出了30个副范畴，但它们之间的关系尚未得到梳理，彼此仍是独立的个体。这时，需要用主轴译码对这些副范畴做进一步提炼，得到更高层次的范畴，即"主范畴"。借鉴主轴译码最常用的典范模型分析思路，依照"条件/原因、行动/互动、结果"三个维度对资料进行探究，其中"条件/原因"是指形成被研究对象结构的环境或情境；"行动/互动"是指研究对象对主题、事件或问题的常规性或策略性的反应；"结果"是指行动/互动的后果。经过对案例资料的循环比对，最终成功识别出副范畴之间的逻辑关系，并提炼出了五个主范畴，分别用"B1 价值生成""B2 资源拼凑""B3 业务成长""B4 组织演化""B5 技术创新"来表示，具体情况参见表 4 − 7。

表 4 − 7 　　　　　　　　　　主轴译码过程和结果

副范畴：经过开放性译码从案例资料中提炼出的范畴			主范畴：由副范畴 进一步归纳出的新范畴
典范模型分析：识别范畴之间的逻辑关系			为五项逻辑关系分别命名
条件/原因	行动/互动	结果	
发现机会 分析痛点	开发应用 急速推广	市场价值 社会价值	价值生成
资本助推 政府支持	团队完善 媒体曝光	能力提升 资源集聚	资源拼凑

续表

副范畴：经过开放性译码从案例资料中提炼出的范畴			主范畴：由副范畴进一步归纳出的新范畴
典范模型分析：识别范畴之间的逻辑关系			为五项逻辑关系分别命名
条件/原因	行动/互动	结果	
平台模式 体系建设	激烈竞争 战略叠进	合并重组 形成生态	业务成长
内部演化 平台组织	文化落实 制度激励	人才体系 管理规范	组织演化
数据驱动 场景应用	系统架构 研发管理	智慧物流 探索未来	技术创新

注：笔者整理。

下面利用典范模型分别介绍五个主范畴的具体内涵。

1. "价值生成"典范模型

本阶段研究将副范畴 b16 发现机会、b20 分析痛点、b18 开发应用、b19 急速推广、b14 市场价值、b26 社会价值按典范模型分析思路建立联系，得到主范畴"B1 价值生成"，参见表 4-8。

表 4-8　　　　　　　　　　"价值生成"典范模型

条件/原因	行动/互动	结果
发现机会 分析痛点	开发应用 急速推广	市场价值 社会价值

条件/原因：满帮集团创始人 2011 年从阿里巴巴离职后，选择了自主创业，但没有取得理想的成就。一次与原阿里老上级的聊天中，他注意到了公路物流市场的巨大潜力，并通过对中国物流园区的实地调研，近距离实际感知了公路物流行业"小、散、乱、差"的现状，并敏锐地抓住了"信息不对称"这一核心痛点。

行动/互动：在看到公路物流市场隐藏的巨大机会并抓住行业痛点后，立刻组织团队开发基于车货匹配模式的运满满 App1.0 版本。应用开发完毕后，CEO 又充分发挥此前在阿里巴巴丰富的市场推广经验，立即组建地推"野战军"在全国范围内进行高效地推，短短两年左右便形成了"全国一张网"的局面。

结果：强力的地推，加上运满满 App 界面简洁、方便高效的特点，使得运满满平台迅速积累了大量用户，由此逐渐生成了巨大的市场和社会价值。

2. "资源拼凑"典范模型

本阶段研究将副范畴 b04 资本助推、b27 政府支持、b01 团队完善、b29 媒体曝光、b22 能力提升及 b10 资源集聚按典范模型分析思路建立联系，得到主范畴"B2 资源拼凑"，参见表 4-9。

表 4-9　　　　　　　　　"资源拼凑"典范模型

条件/原因	行动/互动	结果
资本助推 政府支持	团队完善 媒体曝光	能力提升 资源集聚

条件/原因：运满满在市场上的优异表现和巨大潜力，很快吸引了众多风险投资机构的关注和认可，从而获得了大量的资金支持，为企业的进一步迅速扩张注入了强劲的动力。另外，运满满帮助整个物流行业实现了降本增效、节能减排及规范管理，顺应社会的发展趋势，所以得到了政府的大力支持，进一步加快了企业发展的进程。

行动/互动：在获得风投机构和政府部门的大力支持后，运满满利用丰富的资金和社会关系资源，从相关成熟大企业招募了大量优质人才加入公司核心团队，同时借助"独角兽企业"的光环，有意识地提高媒体曝光度，获得了大量的社会关注。

结果：不同背景优秀骨干人才的加入，弥补了运满满团队的能力短板，使得团队更加多元化，综合能力显著提升。在"流量为王"的时代，媒体的大量曝光又使运满满的资源集聚效应进一步增强。

3. "业务成长"典范模型

本阶段研究将 b08 平台模式、b23 体系建设、b11 激烈竞争、b25 战略叠进、b09 合并重组、b17 形成生态按典范模型分析思路建立联系，得到主范畴"B3 业务成长"，参见表 4 - 10。

表 4 - 10   "业务成长"典范模型

条件/原因	行动/互动	结果
平台模式 体系建设	激烈竞争 战略递进	合并重组 形成生态

条件/原因：满帮集团创始人与滴滴创始人程维曾是阿里同事，都深受阿里"平台思维"的影响，"滴滴模式"的成功更是为运满满的创办提供了大量的经验和借鉴，因此运满满一开始就是一家具有典型平台商业模式特点的公司。基于对平台发展趋势和物流行业现状的深刻理解，运满满特别注重对整个行业的基础体系建设，行业的标准化和规范化是其实现长远发展的关键。

行动/互动：巨大的市场潜力吸引了大量业务类似的货运平台进入公路物流行业，平台模式的特点又决定了必须要快速变成行业前几名，并形成自己的核心竞争力，才有可能获得最后的胜利，因此运满满与对手展开激烈竞争的同时，还特别注重深耕用户真实需求，稳步推动战略递进。

结果：经过激烈的竞争，运满满最终与货车帮形成了两强对立的局面，并在协商谈判后实现合并重组。市场大格局确定以后，运满满集中精力推动全产业链的业务整合，逐步形成生态。

4. "组织演化"典范模型

本阶段研究将副范畴 b02 内部演化、b07 平台组织、b06 文化落实、b03 制度激励、b05 人才体系、b30 管理规范按典范模型分析思路建立联系，得到主范畴"B4 组织演化"，参见表 4 – 11。

表 4 – 11   "组织演化"典范模型

条件/原因	行动/互动	结果
内部演化 平台组织	文化落实 制度激励	人才体系 管理规范

条件/原因：满帮集团创办之初，只是个几十人的小团队，除了少数研发人员，大部分人都负责地推任务。巨大的推广需求使得地推团队迅速扩张到 2000 人规模，成为公司主力军。此后，随着市场推广阶段基本完成，团队开始内部演化，原来的地推人员逐步向服务职能岗位转移，技术研发人员的数量则快速增多。同时，为了应对快速变化的市场和用户需求，满帮以业务和技术为重要前提，结合阿里的"政委体系"，搭建了平台组织结构。

行动/互动：在组织架构的基础上，满帮认为企业文化是组织的内核，所以严格要求所有员工在工作中以实际行动不断贯彻落实企业的愿景、使命和价值观，从而增强企业的凝聚力和执行力。同时，满帮通过内部赛马制、KPI、OKR 制度，结合实时仪表盘，确保工作完成度的同时，极大地激励了员工的工作积极性。

结果：随着企业文化和制度的不断深化落实，满帮从一家创业公司逐步演化成熟。基于此前在组织管理上的经验教训，满帮开始着眼未来，以年轻人为中心搭建自己的人才体系，并同外部专家团队一起，对内部治理不完善的地方进行梳理，上线新 eHR 系统，帮助企业实现管理规范。

5."技术创新"典范模型

本阶段研究将副范畴 b21 数据驱动、b28 场景应用、b15 系统架构、b13 研发管理、b24 智慧物流、b12 探索未来按典范模型分析思路建立联系，得到主范畴"B5 技术创新"，参见表 4-12。

表 4-12 　　　　　　　　　　"技术创新"典范模型

条件/原因	行动/互动	结果
数据驱动 场景应用	系统架构 研发管理	智慧物流 探索未来

条件/原因：基于巨大的用户规模，满帮集团平台每天都要积累海量数据，这是平台型企业的天然优势，满帮集团自然而然地也将数据看作公司的重要资产，通过先进的算法技术，深入挖掘数据的价值，全力打造"数据驱动"型企业。同时，运满满还十分注重技术与场景的结合，而不是单纯地追求技术本身，忽略其实际应用。

行动/互动：在公司"数据驱动"战略的背景下，不断增加的用户规模、快速变化的业务需求对运满满的系统架构和研发管理形成了很大的挑战，提出了更高的要求。为此，Y 技术团队对系统进行了"服务化拆分"以及"稳定性保障体系与业务服务平台化/中台化建设"两次重大迭代升级，同时采取系列措施，着重提高公司研发管理的效率和质量。

结果：凭借稳定高效的系统架构和强大的研发能力，满帮集团成功推出了基于平台大数据的"全国干线物流智能调度系统"，在智慧物流的道路上迈出了坚实的一步，同时还积极探索新科技在物流行业的研发与应用，打造企业未来的竞争优势。

（三）案例资料的选择性译码

选择性译码是对核心范畴的选择过程，主要任务是在主范畴中进一步提炼出核心范畴，其归纳提炼过程与主轴译码相比，差别不大，只不过分析层次更加抽象。通过对已经得到的所有概念和范畴，尤其是主范畴进行反复比对、不断思考，发现可以用"平台型独角兽企业成长"来作为核心概念，统领所有的案例资料，如图4-1所示。

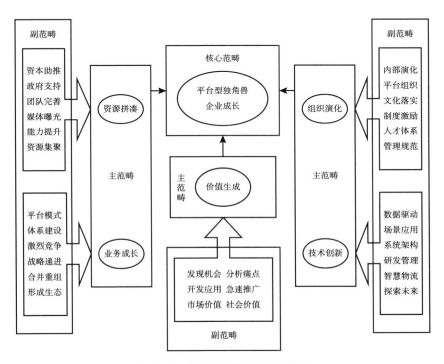

图4-1 选择性译码过程和结果

为实现对所有案例资料的简要串联，同时形成理论雏形，本阶段研究主要借助主轴译码得到的五个主范畴，勾勒出平台型独角兽运满满的企业成长"故事线"，满帮集团起初只是一家采用平台商业模式的普通互联网创业企业，但前期强大的地推能力和优秀的产品体验帮助其迅速占领了市场，快速完成了"价值生成"。在此基础上，满帮集团获得了来自社会各界，尤其是风投机构和政府部门的大量资源支持，并发生了内生性的"资源成长"，继而快速推动了企业的"业务成长""组织成长"和"技术成长"，并发生相互作用，形成巨大的成长势能，使满帮集团创立四年就成为物流行业的独角兽企业，并健康持续成长至今。

四、平台型独角兽企业成长理论模型与管理策略

在前面运用扎根理论对案例资料进行分析的基础上，进一步深入探究，构建了平台型独角兽企业的成长理论模型，围绕"平台型独角兽企业成长"这一核心范畴，本章对价值生成、资源拼凑、业务成长、组织演化和技术创新五个主范畴做了更深入的分析，厘清了其中复杂的逻辑关系，在此基础上，构建了平台型独角兽企业成长理论模型，参见图4-2。

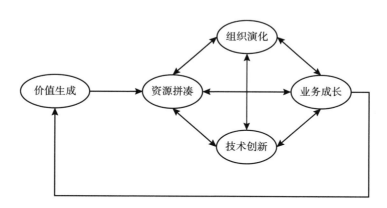

图4-2 平台型独角兽企业成长理论模型

结合对案例资料的整体把握，对模型的进一步解释如下。

价值生成是所有平台型创业企业变成独角兽企业的逻辑起点。在选好创业蓝海后，企业通过快速占领市场并为用户解决实际痛点，完

成了市场价值和社会价值的初步兑现，被投资机构和政府部门进一步认可，从而获得了大量的资金和政策资源支持。在此基础上，企业具备了条件对组织和技术进行升级配套，快速开展相关业务。业务的扩张推动新的价值生成，形成良性循环，从而极大加快了企业的整体发展进程，在短时间内实现超高速成长。在价值生成的基础上，企业的资源、业务、组织和技术之间的关系并不是独立和静态的，而是伴随着企业的发展彼此互动，形成联动成长机制，具体如下。

资源拼凑主要包括风险资本、扶持政策、行业关系以及社会关注度的大量集聚，可以为组织、技术和业务的成长提供充足全面的基本支持。

业务成长主要包括平台基本业务的做深做透以及衍生增值业务的全面布局，巨大的业务进展压力会对企业的资源、组织和技术提出更高的要求，从而推动其快速成长与之匹配。

组织演化主要包括组织架构、人员、文化和制度的完善提升，这些方面可以帮助企业进一步增强投资机构的信心、提高技术研发效率以及支撑业务的快速发展，从而推动资源、技术和业务成长。

技术创新主要包括平台系统架构的迭代、研发效率和质量的提升以及对大数据、人工智能以及无人驾驶等新科技的探索和应用，这些可以帮助企业形成更高的技术壁垒以获得更多的资本和政策支持，使组织实现便捷的线上化管理以及赋能平台业务高效展开，从而推动资源、组织和业务的成长。

而以上因素都需要当地创新创业生态的支撑，第六章进一步进行宏观量化研究，以揭示创业生态系统影响公司创业的机理。

第五章

城市创新生态环境驱动高质量
创业企业的实证研究*

　　创新驱动发展已成为国家层面和区域层面关注的战略重点,对于推进中国式现代化和区域高质量发展具有重要意义。创新生态系统作为国家创新驱动发展战略的重要载体,是提升国家整体创新水平和创新效率的重要保障因素。城市作为区域经济发展的引擎和高质量企业的集聚地,是经济发展的重要增长极,也是创新创业常见的分析单元。在科技、人才、教育一体化推进创新战略的背景下,城市创新环境能否驱动高质量企业的蓬勃发展,如何影响城市的高质量创业企业及如何促进城市间的溢出效应,值得深入研究探索。

　　首先,对相关文献进行了系统梳理和评述,对城市创新生态系统和高质量创业企业的相关概念进行界定,阐述创新生态系统理论、创新驱动发展理论、创业质量等有关理论基础。其次,从城市创新生态系统视角出发,结合文献分析基础,构建出城市创新生态环境与高质量创业企业的评价指标体系并选取产生高质量企业的 61 个城市作为研究样本。最后,采用主成分分析法、层次分析法、面板数据回归分

　　* 本阶段实证部分主要来自团队成员曹佳颖的硕士论文《城市创新生态视角下创新环境驱动高质量创业的实证研究》。

析、空间计量分析等方法进行实证研究，探讨了城市创新生态环境对高质量创业企业的影响，并对结果进行稳健性检验和异质性分析。结果显示，城市创新生态环境驱动高质量创业企业的发展并产生空间溢出效应，研究结果通过了稳健性检验。

一、城市创新生态系统与高质量创业企业的相关概念

（一）城市创新生态系统

本阶段研究聚焦于地区层面，因为创业更多是地区层面的事件（Feldman，2001），在国家内部不同区域间存在重大的差异（Sternberg，2009；Fritsch & Wyrwich，2014）。区域的城市层面一般被作为政策制定的分析层面（Katz & Bradley，2013；Spigel，2017）和创业实践的关注点（Feld，2012；Feldman，2001）。据统计，全球约80%的 GDP 在城市产生，是发达国家高质量创业企业的发源地和创新经济发展的引擎，在区域社会经济的发展中发挥着重要的作用（Tavassoli et al.，2021）。城市创新生态系统作为中观区域层面的创新生态系统，相关研究具有重要价值。国内城市创新生态系统的概念最先由隋映辉（2004）提出，认为城市创新生态系统来源于城市创新资源的聚集，是社会、经济结构的自组织和相互依赖的战略生态系统。随后，学者们从评价指标体系（潘雄锋和马运来，2011）、培育路径（邵安菊，2017）等多方面进行了研究。与其他类型的创新生态系统相比，城市创新生态系统的多样性和综合性更强，任何城市范围都可以看作一个创新生态系统，其构成要素众多、生态功能齐全、创新资源丰富，但成熟度和健康度有所差异，演化阶段也各不相同。

本阶段研究将城市创新生态系统定义为，在城市范围内创新主体、创新协同与创新环境的有机集合体，以企业、高校及科研机构、

中介机构、政府等创新主体为中心，通过个体间的价值共创与创新协同，形成的与创新环境相互依赖、共生演化的创新生态系统。

（二）国际主要创新指数与国内主要创新指数

1. 世界知识产权组织发起的全球创新指数（Global Innovation Index，GII）

全球创新指数（GII）提供了全球 100 多个国家和经济体的有关创新绩效详细指标。该指数是由康奈尔大学，欧洲工商管理学院和世界知识产权组织（WIPO）合作研究的结果。GII 获得了广泛的国际认可，既是衡量一国创新能力的主要参考，又是影响决策者的"实施工具"。它反映出在全球经济越来越以知识为基础的背景下，创新驱动的经济发展与社会增长之间的深入联系。全球创新指数是一个详细的量化工具，有助于全球决策者更好地理解如何激励创新活动，以此推动经济增长和人类发展。全球创新指数根据 80 项指标对 126 个经济体进行排名，这些指标包括知识产权申请率、移动应用开发、教育支出、科技出版物等。该指数提交给欧洲委员会联合研究中心，进行独立统计审计。

2. 欧盟发起的欧洲创新记分牌（European Innovation Scoreboard）

欧洲创新记分牌（European Innovation Scoreboard，EIS）是欧盟委员会为评估和比较成员国创新能力，查找欧盟成员国创新的优势与不足而设立的，EIS 自创立以来，就有很强的权威性，常常被非欧盟国家用来对照参考、学习借鉴。科技创新欧盟组织的《欧洲创新记分牌》从人力资源、优异的研究体系、创新友好型环境、金融支持、企业投资、创新者、创新协作联系、知识资产、就业影响和销售影响十个维度，通过 27 个与研究和创新相关的指标对欧盟国家的创新绩效进行评估。

3. 中国区域创新能力评价报告

《中国区域创新能力评价报告》作为"国家创新调查制度系列报告",在科技部支持下,由中国科技发展战略研究小组联合中国科学院大学中国创新创业管理研究中心编写,已连续发布 23 年,是国内权威的区域发展评价报告。2023 年 11 月 25 日,《中国区域创新能力评价报告 2023》在北京发布。2023 年,广东省区域创新能力综合排名第一,连续 7 年居全国首位;北京、江苏分别排名第二和第三,浙江和上海分别排名第四和第五,前 5 位排名与上一年保持一致。排名前十的地区还有山东、安徽、湖北、湖南和四川。2023 年,广东、北京、江苏、浙江和上海属于创新领先地区。作为创新领先省份,排名第一的广东省坚持创新驱动发展,在引导企业创新投入、促进创新融合发展等方面取得显著成效。排名第二的北京市,培育了一批新型研发机构,突破了一批"卡脖子"技术,涌现出一批世界领先的原创科技成果。

4. 中国区域科技创新评价报告

由中国科学技术发展战略研究院撰写的报告,报告从产业转型、绿色发展、军民融合等多个角度出发,分析各地区在创新驱动发展方面的成效和不足。报告显示,我国综合科技创新水平进一步提升,2023 年,全国综合科技创新水平指数得分为 77.13 分,比 2012 年提高 16.85 分。上海、北京、广东、天津、江苏和浙江 6 省市综合科技创新水平领先全国,中部的安徽、湖北等地区科技创新综合实力提升较快,区域协同创新发展成效进一步显现。

5. 上海科技创新中心指数报告 2020

该报告遵循"创新 3.0"时代科技创新与城市功能发展规律,以创新生态视角,着眼于全球创新资源集聚力、科技成果国际影响力、新兴产业发展引领力、区域创新辐射带动力和创新创业环境吸引力,构建了包括 5 项一级指标、共计 32 项二级指标的上海科创中心指数指标体系，并以 2010 年为基期（基准值为 100），合成了 2010～2019 年的上海科技创新中心指数。

6. 首都科技创新发展指数

首都科技创新发展指数是首都科技发展战略研究院首个以连续、动态方式跟踪和度量北京科技创新发展情况的指数系统，通过 62 个纵向指标和 13 个横向指标在世界范围内将北京科技创新水平进行了定位。首都科技创新发展指数从纵向和横向两个维度建立起比较指标体系，为首都科技创新"画像"，分析影响科技创新发展的主要因素，提出针对重大战略性问题的解决思路和政策建议。首都科技创新发展指数选取"十五"末期的 2005 年为基准年，基准分为 60 分，综合考察创新资源、创新环境、创新服务、创新绩效四大项 62 个小项指标，其中既包括每万人中从事科技研发人员数量、政府采购新技术新产品支出等直接相关指标，又包括人均拥有公园绿地面积、每千人拥有医院床位数等间接指标。

（三）高质量创业企业

20 世纪 70 年代，创业企业在发达国家经济增长、科技创新及就业等方面的积极促进作用日益凸显，得到理论界和实务界的广泛关注，并吸引了来自社会学、心理学、管理学等不同学科学者的目光，扩大了创业研究的影响力。有学者提出，由于创业活动对于经济增长的贡献并不均衡，并非所有的创业活动都会产生积极结果（Szerb et al.，2019），因此仅用创业活动的数量（频率）这一指标并不能衡量创业的影响，而更应关注创业活动的质量。

正如托多罗维奇和麦克诺顿（Todorovic & Mcnaughton，2007）提到的"创建一个高技术企业（如黑莓手机制造商）与一个热狗摊小贩的创业质量肯定是有所差别的"，相比于创业数量，创业活动的影响程度即创业质量更应该作为理解创业与经济增长关系的核心变量，创业质量的高低以创业活动对社会经济贡献的价值大小为衡量标准。此后，随着研究的不断深入，学者们将创业质量的理论追溯到熊彼特的机会创造理论和科兹纳的机会发现理论。齐玮娜（2015）认为创业质量体现了创业导向的领先创业（熊彼特式创业）和市场导向的模仿创业（科兹纳式创业）给区域经济社会带来的创新性绩效和规模性绩效，绩效水平越高，创业质量越高；塞布尔等（Szerb et al.，2019）则发现数量创业（科兹纳式创业）对区域绩效具有负向效应，质量创业（熊彼特式创业）才会对区域绩效产生积极影响，并在定性描述的基础上，对创业质量与区域经济绩效之间的关系进行实证研究，对创业质量的理论加以检验。

直观地看，高质量创业企业就是指质量较高的创业活动，但目前学术界对于创业质量高低的界定尚无统一定论。就创业动机而言，赫斯特和帕格斯利（Hurst & Pugsley，2011）提及大多数创业活动仅以创业者生存需求为导向，相应地，马和托多罗维奇（Ma & Todorovic，2012）指出只有以创业者自身的愿景和创业机会所驱动的创业活动才是高质量创业。就创业绩效而言，众多学者都指出创新才是创业活动的核心价值，是高质量创业的直接体现（Ma & Todorovic，2012；宋正刚等，2019）。就创业企业而言，阿奇等（2017）、谢智敏等（2020）则将独角兽企业、创业板上市企业等发展潜力较大的创业企业作为高质量创业企业的代表。

对于高质量创业企业的相关研究，最初起源于国外学者对实务界创业现象的关注。赫斯特和帕格斯利（2011）发现美国有相当数量的创业企业几乎没有成长的意愿，大部分创业者出于维持生计的需要进行着低质量的创业活动（Venkataraman，2004），不太可能造福社会，因此必须同时考虑创业数量与创业质量，鼓励高质量的创业活动。

此后，国内外学者对高质量创业进行了丰富的研究，主要从内涵界定、影响因素和测度指标三个方面展开。从内涵界定和影响因素的角度，马和托多罗维奇（2012）认为高质量创业是愿景驱动型创业、创新型创业和成长型创业的集合，能改善社会整体福利，扩大创业活动对经济发展的有利关系，其活跃程度受企业创业导向、国家资源基础（基础设施、财务资源）和政府监管环境稳定性三个因素的影响，而这三者又受到国家文化的普遍影响。宋正刚等（2019）强调创新是创业活动的核心要素，企业技术创新与非技术创新的深度融合是高质量创业提升的路径，且其方式因行业、产品、服务和研发能力的差异而有所不同。此外，阿奇等（Acs et al.，2017）关注微观层面的特定企业类型，认为独角兽企业和其他有较大发展潜力的新创企业数量是城市高质量创业的有效反映。乔杜里等（Chowdhury et al.，2019）则对比全球 70 个国家的创业数量与质量，认为信贷和风险投资、商业监管环境、创业认知、人力资本、腐败和政府支持是影响国家创业质量的六个重要因素，且对发展中国家的影响比发达国家更为显著。

相应地，由于学者们对高质量企业的内涵界定尚无统一定论，测度指标也有所不同。索贝尔（Sobel，2008）用净创业生产率（Net Entrepreneurial Productivity）作为创业质量的测度指标，认为专利申请总量是生产性创业活动的衡量标准，与高质量创业之间存在正相关关系。类似地，古斯曼和斯特恩（Guzman & Stern，2020）采用创业质量指数（Entrepreneurship Quality Index）、区域创业群体潜力指数（Regional Entrepreneurship Cohort Potential Index）和区域创业加速指数（Regional Entrepreneurial Acceleration Index）三个指标来测度高质量创业，塔瓦索利等（Tavassoli et al.，2021）在该指标的基础上又增加了对过程因素的考虑，用一段时间内的平均价值来测度创业质量。谢智敏等（2020）、则借鉴阿奇等（2017）的研究，用独角兽企业数量、创业板上市公司数量与常住人口的比值来测度高质量创业。

本阶段研究在综合现有国内外学者研究的基础之上，将高质量创业企业定义为在城市范围内，由创业者主动追求的、具有创新属性的，成长性较好，为区域经济社会创造较多就业机会和创新绩效，促进城市经济高质量发展的代表性企业。

基于创新生态系统驱动创业机制研究的扩展，创新生态系统与创业企业的互动关系成为创新生态系统的另一个研究领域。在两者系统性交互机理作用下，部分学者将创业活动引向了一个更高的层次，即高质量创业，主要原因在于实务界基于对创业质量的考虑，低质量的创业活动对社会的溢出效应不高。从当前各城市的高质量创业中寻找其与创新生态系统的联系及规律，总结城市创新生态系统驱动高质量创业的内在逻辑具有较强的理论和现实意义。

对于早期阶段的创业企业来说，价值创造是首先要考虑的问题，创新生态系统的构建可以帮助创业企业整合资源、实现价值共创，促进创业企业创建、生存、演化和发展（Zahra & Nambisan，2011）。同时创业企业也可以参与到创新生态系统的发展过程中来，引领创新生态系统的发展（Feng et al.，2019；Benitez et al.，2020）。因此，创新生态系统与创业者和创业企业之间相关关系的研究一直受到学术界的广泛关注。

从创业企业的视角出发，戈梅斯等（Gomes et al.，2018）采用多案例研究方法，指出创业者在关注个体不确定性（创业机会的选择等影响企业自身的不确定性）的基础上，还应关注对创新生态系统中集体不确定性（利益相关者之间共同的技术和市场不确定性）的感知和管理，从生态系统层面去促进其在不确定环境下的生存与成长。冯等（Feng et al.，2019）选取中国典型汽车创业企业奇瑞汽车为案例，发现该创业企业作为创新生态系统的发起者和领导者，其市场和技术动态能力在创新生态系统的演化过程中起到了关键作用，同时它的资源基础和创新能力也在这一过程中得到增强，从而推动创新生态系统向下一阶段演化。库拉纳和杜塔（Khurana & Dutta，2021）则强调创业学习的重要性，创新生态系统中的创业学习产生于创业者、企业组织内、企业组织间和生态系统中的各个层次，强大的社交网络可以促进创业者与其利益相关者之间的竞争与合作，进而改善整个创新生态系统。

从创新生态系统的视角出发，扎赫拉和南比桑（Zahra & Nambisan，2011）关注全球视角下创新生态系统和创业企业的互补关系，认为创新生态系统及其组织方式可以催生新创企业、激发创业活动，与此同时，创业企业创造并重塑了创新生态系统，二者之间的关系使生态系统保持可持续发展的活力。怀特等（Witte et al.，2018）以蒙特利尔和鹿特丹两个港口城市为例，分析了城市创新生态系统中促进和鼓励创业企业发展的影响因素，指出城市创新生态系统中资本、合作和空间邻近是比创业企业地理位置更有价值的驱动因素，政府应给予制度支持和开放监管而不是自上而下的条例来管理创新生态系统。梅等（Mei et al.，2019）实证研究了创新生态系统中利益相关者之间的联系对企业创新绩效的影响，提出中小型创业企业与其利益相关者间的联系可以分为与龙头企业的联系和与服务中介的联系两种类型，二者对创业企业创新绩效都有显著的积极影响。此外，陈强等（2018）针对独角兽企业这一特定类型的高质量创业，指出城市创新生态系统的表现与其独角兽企业数量相吻合，高质量创业往往集聚于拥有良好创新生态的城市之中，在资金、人才、政策、文化等多方面为其提供支持。

具体到城市创新环境层面，已有文献基本对"创新环境是各创新行为主体之间形成的动态网络关系"这一观点达成了较为一致的结论。在城市创新生态系统的整体视角下，创新环境可视为创新生态系统的一个组成部分，创新生态系统的三个研究视角"要素系统视角""组织网络视角""资源环境视角"也与创新环境的研究视角高度吻合。对城市层面创新环境的相关研究从来都不是孤立的，而是与城市创新生态系统内外部的各创新主体的创新能力、创新绩效广泛联系的。综上所述，本阶段研究从城市创新生态系统视角出发，试图挖掘出构成城市创新生态环境的创新环境与高质量创业活动之间可能存在的内在联系和相关关系，并将空间上的溢出效应纳入研究范围。城市创新生态环境驱动高质量创业的作用关系如图 5 - 1 所示。

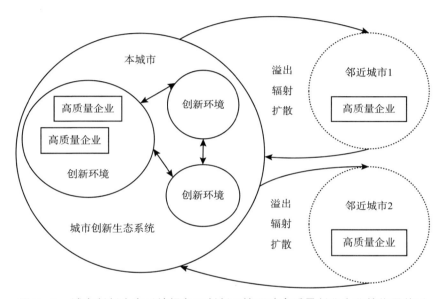

图 5 - 1　城市创新生态系统视角下创新环境驱动高质量创业企业的作用关系

　　图 5 - 1 不但展示了本城市生态系统内高质量创业企业与创新环境的互动关系，也展示了通过创新的辐射、扩散等溢出效应，与邻近城市的互动关系。

二、城市创新生态环境与高质量创业企业的评价指标构建

（一）PSR 模型概念框架与机理分析

　　PSR 模型，即"压力（pressure）—状态（state）—响应（response）"模型，最初由经济合作与发展组织（OECD）在环境政策报告中正式提出，是用于研究环境问题指标体系的一个动态结构模型，能够很好地解释环境变化的原因（why）、影响因素（what）及应对方法（how）。其中，压力指标表示人类在区域经济和社会发展等方面的活动对环境所产生的影响，状态指标是指在压力指标的作用下环境所发生的变化及其发展状况，响应指标则反映了在相应的状态下相关人群、政府部门及社会组织所采取的反应和行动。三者相互作用，共同对环境产生积极或消极的影响，其模型机理如图5-2所示。

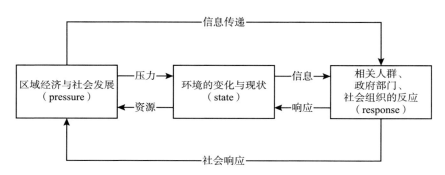

图 5 - 2 PSR 模型机理

PSR 模型概念框架被广泛应用于许多国际组织与机构，是目前国际上最常用的发展指标框架之一，不仅适用于对自然环境质量的评价，而且可以拓展至城市发展等经济管理领域（黄经南等，2019）。针对创新创业环境这一特定问题，谢小青和黄晶晶（2017）认为PSR 模型对城市创业环境的评价问题具有很好的适用性，率先基于PSR 模型构建了城市层面创业环境的评价指标体系，具有一定的借鉴意义。而本阶段研究则从城市创新生态系统视角出发研究城市创新环境，城市创新生态系统内部的创新活动中所涉及的各方创新主体与创新环境之间相互作用形成一个有机整体，处于一个动态平衡的状态。

具体而言，区域经济与社会发展会对城市层面创新环境的现状产生压力和影响，相关人群、政府部门、社会组织等在受到压力作用后会采取一系列应对措施，继而对创新环境产生重要的影响，形成一个动态循环系统。因此，PSR 模型同样也适用于本书对城市创新环境的相关研究，其作用机理如图 5 - 3 所示。

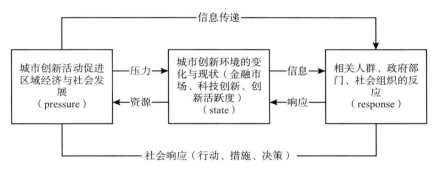

图 5 - 3 城市创新环境的 PSR 模型作用机理

（二）指标选取与体系构建

本阶段研究参考高斌和段鑫星（2021）的研究成果，基于 PSR 模型的概念框架，遵循可量化性、系统性、综合性等原则，并考虑数据的可得性，构建城市创新生态系统视角下创新环境的评价指标体系，包括压力、状态、响应三个一级指标。

1. 压力指标（P）

从城市居民视角出发，城市常住人口和居民人均可支配收入是正向压力指标，常住人口反映所在城市劳动力资源的富集程度，人口越多，投入创新活动中的劳动力也越多。居民人均可支配收入则反映了城市居民的购买力，购买力越强，越有可能开展创新活动。从政府视角来看，地区生产总值和公共财政收入对创新环境而言也是正向压力指标。地区生产总值是衡量区域经济发展水平的重要指标之一，是改善城市创新环境的经济源泉。公共财政收入越高，地方政府可用于支持创新活动、改善创新环境的资金越多。此外，第二产业和第三产业的增加值是所在区域城市化发展水平的重要体现，城市化水平越高，城市创新环境越有可能得到改善，因此也是正向压力指标。

2. 状态指标（S）

金融市场环境和科技创新活跃度的变化能较好地反映城市创新环境的变化状态。金融机构人民币各项贷款余额越多，金融市场环境越活跃，企业融资机会就越多，也就越有利于城市创新活动的发展。专利申请数和专利授权数是衡量科技创新活跃度的关键指标，专利申请授权数量越多，城市创新活跃度越高。而城镇私营和个体从业人员作为创新活动的主体，其在常住人口中所占比例越高，城市创新氛围也就越好。

3. 响应指标（R）

政府部门用于科学技术、教育、研发等方面的财政支出以及相应的公共基础设施、硬件设施等的投入可以反映出其对优化城市创新环境的响应程度，响应程度越高，表明政府对城市创新环境的优化工作越重视。具体的评价指标体系如表5－1所示。

表5－1　　　　　　　　城市创新环境评价指标体系

指标类别	指标序号	具体指标	指标单位	指标性质
压力指标（P）共6个	1	常住人口	万人	正（+）
	2	地区生产总值	万元	正（+）
	3	公共财政收入	万元	正（+）
	4	城镇居民人均可支配收入	元	正（+）
	5	第二产业增加值	亿元	正（+）
	6	第三产业增加值	亿元	正（+）

续表

指标类别	指标序号	具体指标	指标单位	指标性质
状态指标（S）共4个	7	金融机构人民币各项贷款余额	万元	正（+）
	8	每万人专利申请数	件/万人	正（+）
	9	每万人专利授权数	件/万人	正（+）
	10	城镇私营和个体从业人员/常住人口	%	正（+）
响应指标（R）共12个	11	科学研究和技术服务业就业人员数	人	正（+）
	12	科学技术支出	万元	正（+）
	13	教育支出	万元	正（+）
	14	固定资产投资	万元	正（+）
	15	移动电话用户数/常住人口	/	正（+）
	16	互联网宽带接入用户数/常住人口	/	正（+）
	17	货运总量	万吨	正（+）
	18	博物馆数量	家	正（+）
	19	每万人拥有医院床位数	张/万人	正（+）
	20	人均图书拥有量	册/人	正（+）
	21	人均城市道路面积	平方米/人	正（+）
	22	众创空间数量	家	正（+）

（三）基于层次分析法的高质量创业评价指标体系构建

层次分析法（Analytic Hierarchy Process，AHP）的概念，在20世纪70年代初由美国运筹学家萨蒂首次提出，它是一种层次权重决策分析方法，将定性与定量分析的研究方法相结合，具有系统性、层次性的特点。具体而言，层次分析法可以把一些复杂决策问题的总目标分解为准则层和指标层的子目标，根据所有子目标的单独评价，计算出各个判断矩阵的特征向量，最终求解出各个指标所对应的权重值大小。

层次分析法包括四个步骤：（1）建立层次结构模型。将需要解决的总目标设置为最高目标层，依次对最高层的问题进行分解，经过分析后的具体备选方案措施为最低指标层。（2）建立判断（成对比较）矩阵。采用9级评分法，对所有指标的重要性两两成对进行比较，得出各因素的相对重要性，越重要值就越大，反之则越小，两两之间的重要性互为倒数，由此得出判断矩阵。（3）进行一致性检验。为保证打分结果前后逻辑的一致性，将判断误差控制在允许的范围内，需要进行一致性检验，当 $CR < 0.1$ 时，即通过一致性检验；如不通过则需要重新调整判断矩阵，直至符合一致性检验。（4）计算指标权重。计算出各个层次指标的权重值。

在对"高质量创业企业"这一总目标进行指标选取过程中，本阶段研究借鉴了阿奇等（Acs et al.，2017）和谢等（Xie et al.，2021）的研究成果，将独角兽企业的数量作为城市高质量创业的重要指标。在此基础上，结合中国情境下城市高质量创业具有"高成长性"和"高创新性"的两大特性（赵向阳等，2012），构建了城市高质量创业企业评价指标体系，其层次结构模型如图5-4所示。其中，独角兽企业、瞪羚企业、创业板上市公司、A轮及以上融资企业是高成长性企业的代表，而科创板上市公司、新三板上市公司、高新技术企业、科技型中小企业则是高创新性企业的代表。同时，考虑到创业企业的相关特点，上述选取的所有企业均为10年内新成立的企业，指标的具体定义见附录D。

建立判断矩阵的过程采用9级评分法，对各个指标因素的重要性进行两两比较、赋值，如表5-2所示。

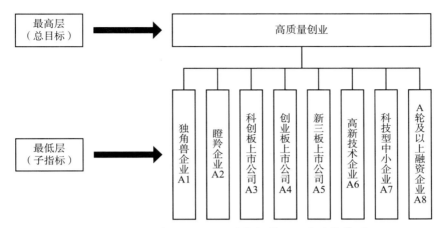

图 5-4　城市高质量企业评价指标体系层次结构模型

表 5-2　　　　　　　　　　　　　　重要性标度

相对重要性程度	含义
1	因素 A 与因素 B 同等重要
3	因素 A 比因素 B 稍微重要
5	因素 A 比因素 B 明显重要
7	因素 A 比因素 B 重要得多
9	因素 A 比因素 B 绝对重要
1/3	因素 A 比因素 B 稍微不重要
1/5	因素 A 比因素 B 明显不重要
1/7	因素 A 比因素 B 不重要得多
1/9	因素 A 比因素 B 绝对不重要
2、4、6、8、1/2、1/4、1/6、1/8	因素 A 与因素 B 的重要性介于上述两个相邻等级之间

　　为了使判断矩阵的构建更加科学合理，本研究采用德尔菲法，共征询了 12 名来自所在区域政府、高校和企业创新创业相关学科领域专家学者的意见，发放的调查问卷见附录 D。征询办法为面对面访谈、微信沟通和发送电子邮件等方式，征询时间为 2021 年 8 月 1 日至 8 月 6 日，对收集到的专家学者的意见进行汇总、整理，并最终确

定判断矩阵。

建立好判断矩阵后，需要进行一致性检验，其计算公式为：

$$CR = CI/RI$$
$$CI = (\lambda_{max} - n)/(n - 1) \tag{5.1}$$

其中，CR 是一致性比例，n 是判断矩阵的阶数，λmax 是最大特征值，RI 是平均随机一致性指标。RI 值如表 5 - 3 所示。

表 5 - 3　　　　　　　　平均随机一致性指标 *RI* 值

n	1	2	3	4	5	6	7	8	9
RI	0	0.0001	0.52	0.89	1.12	1.26	1.36	1.41	1.46

通过 MATLAB 2019a 软件将具体数值代入计算，依次使用算术平均法（W1）、几何平均法（W2）和特征值法（W3）求出权重，并取三者的均值（Wa）作为最终确定的权重，以保证结果的科学性。具体的判断矩阵、权重确定及一致性检验结果如表 5 - 4 所示。

表 5 - 4　　　　　　判断矩阵、权重确定及一致性检验结果

因素	A1	A2	A3	A4	A5	A6	A7	A8	W1	W2	W3	Wa
A1	1	2	3	3	5	5	5	5	0.2929	0.3022	0.2953	0.2968
A2	1/2	1	3	4	4	4	4	5	0.2377	0.2423	0.2453	0.2418
A3	1/3	1/3	1	1	2	3	3	4	0.1222	0.1266	0.1213	0.1234
A4	1/3	1/4	1	1	3	4	4	3	0.1291	0.1285	0.1309	0.1295
A5	1/5	1/4	1/2	1/3	1	2	2	2	0.0660	0.0671	0.0657	0.0663
A6	1/5	1/4	1/3	1/4	1/2	1	5	4	0.0768	0.0633	0.0708	0.0703
A7	1/5	1/4	1/4	1/4	1/2	1/5	1	2	0.0413	0.0374	0.0382	0.0390
A8	1/5	1/5	1/4	1/3	1/2	1/4	1/2	1	0.0340	0.0326	0.0326	0.0331

一致性比例 *CR* = 0.0742 < 0.1，通过一致性检验

三、城市创新环境与高质量创业企业的样本和数据

在确定所要研究的样本城市时，本阶段研究根据上述层次分析法的权重确定结果，首先，选取了孕育出独角兽企业的地级及以上城市，以保证"高质量创业企业"这一研究对象的同质性。其次，结合所在城市的地理位置和行政区划，选取的样本城市覆盖不同区域的省级行政区，并包含所有的直辖市、省会城市和自治区首府城市，以保证研究对象的差异性和多样性。最后，考虑到数据的可获得性和缺失程度，将拉萨市剔除出样本城市。最终，样本城市的确定结果共计61个，其中包括直辖市4个、省会城市（自治区首府城市）26个，其他城市31个，如表5-5所示。

表5-5　　　　　　　　　　样本城市的基本情况

序号	城市	级别	省级行政区	序号	城市	级别	省级行政区
1	北京	Z	北京市	15	南京	F + S	江苏省
2	天津	Z	天津市	16	无锡	D	江苏省
3	石家庄	S	河北省	17	常州	D	江苏省
4	唐山	D	河北省	18	苏州	D	江苏省
5	保定	D	河北省	19	南通	D	江苏省
6	张家口	D	河北省	20	镇江	D	江苏省
7	太原	S	山西省	21	杭州	F + S	浙江省
8	呼和浩特	S	内蒙古自治区	22	宁波	F + J	浙江省
9	包头	D	内蒙古自治区	23	温州	D	浙江省
10	沈阳	F + S	辽宁省	24	嘉兴	D	浙江省
11	大连	F + J	辽宁省	25	绍兴	D	浙江省
12	长春	F + S	吉林省	26	金华	D	浙江省
13	哈尔滨	F + S	黑龙江省	27	合肥	S	安徽省
14	上海	Z	上海市	28	芜湖	D	安徽省

序号	城市	级别	省级行政区	序号	城市	级别	省级行政区
29	铜陵	D	安徽省	46	珠海	D	广东省
30	福州	S	福建省	47	佛山	D	广东省
31	厦门	F + J	福建省	48	东莞	D	广东省
32	泉州	D	福建省	49	南宁	S	广西壮族自治区
33	宁德	D	福建省	50	海口	S	海南省
34	南昌	S	江西省	51	重庆	Z	重庆市
35	赣州	D	江西省	52	成都	F + S	四川省
36	上饶	D	江西省	53	贵阳	S	贵州省
37	济南	F + S	山东省	54	昆明	S	云南省
38	青岛	F + J	山东省	55	西安	F + S	陕西省
39	烟台	D	山东省	56	渭南	D	陕西省
40	郑州	S	河南省	57	延安	D	陕西省
41	洛阳	D	河南省	58	兰州	S	甘肃省
42	武汉	F + S	湖北省	59	西宁	S	青海省
43	长沙	S	湖南省	60	银川	S	宁夏回族自治区
44	广州	F + S	广东省	61	乌鲁木齐	S	新疆维吾尔自治区
45	深圳	F + J	广东省				

注：Z 为直辖市，F 为副省级城市，S 为省会城市或自治区首府，J 为计划单列市，D 为地级市。

此外，考虑到城市创新环境对高质量创业企业的作用在时间上具有一定的滞后性，本研究将高质量创业企业的数据设定为比城市创新环境滞后 1 年，即城市创新生态环境选取的是 2014～2019 年共 6 年的面板数据，高质量创业企业选取的是 2015～2020 年共 6 年的面板数据。城市创新环境的各评价指标数据主要来源于《中国城市统计年鉴》和各城市统计公报，高质量创业企业的各评价指标中，独角兽企业的数据来源于 2015～2020 年胡润全球独角兽榜单，科创板、创业板、新三板上市公司数据来源于 Wind 咨讯金融终端数据库，10

年内新成立的瞪羚企业、高新技术企业、科技型中小企业、A 轮及以上融资企业数据来源于企查查企业信息查询数据库。

四、城市创新环境驱动高质量创业企业的实证研究

（一）模型构建与变量测度

1. 空间计量模型设定

基于上述的理论分析可知，城市创新生态系统视角下创新环境与高质量创业企业之间不仅存在着直接效应，还可能存在着空间溢出效应。因此，本阶段研究使用空间计量模型对创新环境的驱动效应进行研究，构建一般嵌套空间模型（GNS）为基准回归模型，如（公式5.2）所示：

$$y_{it} = \alpha + \rho \sum_{j=1,j\neq i}^{N} w_{ij}y_{jt} + x_{it}\beta_0 + X\beta + \theta_0 \sum_{j=1}^{N} w_{ij}x_{jt} + WX\theta + \mu_i + \nu_t + \varepsilon_{it}$$

$$\varepsilon = \lambda \sum_{j=1,j\neq i}^{N} w_{ij}\varepsilon_{jt} + \xi_{it} \qquad (5.2)$$

其中，y 为被解释变量；x 为核心解释变量；X 为影响被解释变量的其他控制变量；μ_i 和 ν_t 分别表示城市特定效应和时间特定效应；W 为空间权重矩阵；w_{ij} 为空间权重矩阵中的元素；ρ 为空间自回归系数，反映内生空间交互效应；θ 为解释变量空间交互项的弹性系数，反映外生空间交互效应；λ 表示误差项空间交互效应。

在一般嵌套空间模型（GNS）的基础之上，可以延伸出空间自回归模型（SAR）、空间误差模型（SEM）、空间滞后解释变量模型（SLX）和空间杜宾模型（SDM）等，需要根据埃尔霍斯特（Elhorst，2014）的检验方法进一步判断，对具体使用的空间计量模型进行选取。

2. 变量测度、数据说明与描述性统计

（1）被解释变量。本阶段研究选取高质量创业企业指数作为被解释变量。由表5-4中确定的权重，对高质量创业企业的基础数据进行线性加权处理，得到高质量创业企业指数，记为 *entrepreneurship*。

（2）核心解释变量。本阶段研究选取城市创新生态环境指数作为核心解释变量。借鉴高斌和段鑫星（2021）的研究，为消除指标量纲与性质的影响，先对表5-1中基于PSR模型确定的22个指标的原始数据进行标准化处理，然后通过主成分分析法对其进行降维处理，得到城市创新环境指数，记为 *innovation*。

（3）其他控制变量。为了更全面地研究城市创新生态环境对高质量创业的驱动效应，本阶段研究同时设定了其他一些可能对高质量创业企业产生影响的控制变量。①人口密度，用各城市常住人口总数占行政区域土地面积的比重来表示，数据来自《中国城市统计年鉴》和各城市统计公报，记为 *population*。②需求结构，用社会消费品零售总额占GDP的比重来表示，数据来自《中国城市统计年鉴》，记为 *demand*。③居民消费水平，用城镇居民人均消费性支出来表示，数据来自各省市统计年鉴和各城市统计公报，记为 *consumption*。④数字金融发展水平，用中国数字普惠金融指数来表示，该指数由北京大学数字金融研究中心和蚂蚁金服集团共同编制（郭峰等，2020），记为 *digit*。⑤对外贸易开放水平，用进出口总额来表示，数据来自各城市统计公报，记为 *trade*。

考虑到数据的平稳性，对上述的部分变量进行对数化处理，表5-6报告了各变量的描述性统计结果。结果显示，高质量创业企业指数的均值为4.8208，最大值为8.0427，最小值为1.7588，标准差为1.3408，表明不同城市之间创业质量的发展水平差异较大，值得进一步深入探索。

表 5 - 6　　　　　　　　　　　变量描述性统计结果

变量类别	变量	观测数	均值	标准差	最小值	最大值
被解释变量	*entrepreneurship*	366	4.8208	1.3408	1.7588	8.0427
解释变量	*innovation*	366	0.0000	0.5686	-0.8281	2.6025
控制变量	*population*	366	6.4492	0.8488	4.0908	8.7831
	demand	366	8.3337	0.2339	7.2397	9.2539
	consumption	366	26829.36	6720.58	12500	48272
	digit	366	5.4173	0.2020	4.8217	6.0168
	trade	366	14.3812	1.9298	0.6932	18.3631

（二）空间计量检验与实证结果分析

在分析城市创新环境的驱动效应及其空间溢出效应之前，必须先确定空间权重矩阵。鉴于样本城市的空间分布状况，本阶段研究使用地理距离矩阵进行空间计量分析，矩阵中的元素为使用经纬度数据计算的各城市间距离的倒数，具体计算公式如下：

$$W_{d_{ij}} = 1/dist_{ij}, \ i \neq j; \ W_{ij} = 0, \ i = j \qquad (5.3)$$

基于地理距离矩阵，计算莫兰指数 Moran's I 值为 0.0469，伴随矩阵为 0.1329，因此内生空间交互效应 ρ 不显著存在，选择不包含内生交互效应的空间滞后解释变量模型（SLX）最为合适。其次，参考埃尔霍斯特（2014）与韦加和埃尔霍斯特（Vega & Elhorst, 2015）"从具体到一般""从一般到具体"的检验方法，LM - Lag 和 Robust - LM - Lag 检验都在 1% 的置信水平下通过显著性检验，即可以采用空间自回归模型（SAR），而 LM - Error 和 Robust - LM - Error 检验未通过显著性检验，即不可以采用空间误差模型（SEM）。此外，Wald 检验通过显著性检验，说明空间杜宾模型（SDM）不能简化为 SAR 模型和 SEM 模型，与 LM 检验结果相矛盾，因此选择两者的一般化形式，即 SDM 模型。最后，由 Hausman 检验等一系列检验结果可知，应采用时空双重固定效应的 SDM 模型。综上所述，本文选取 SLX 模型对城市创新环境驱动高质量创业企业的作用效果进行估计，如式（5.4）所示，并用时空双重固定效应 SDM 模型对估计结果进行稳健性检验。

$$entrepreneurship_{it} = \alpha + \beta_1 innovation + \beta_2 Winnovation + \theta X_{it} + \mu_i + \nu_t + \varepsilon_{it}$$

$$(5.4)$$

式（5.4）中，i 和 t 分别表示城市和年份；$entrepreneurship$ 为高质量创业企业；α 为截距项；$innovation$ 和 $Winnovation$ 是本研究的核心解释变量，分别表示本城市和邻近城市的创新生态环境；W 为空间权重矩阵；β_1 和 β_2 为解释变量的估计系数，表示本城市和邻近城市创新生态环境对高质量创业企业的影响效应；X_{it} 为其他可能对高质量创业企业产生影响的控制变量，θ 为控制变量的估计系数；μ_i 和 ν_t 分别为个体固定效应和时间固定效应；ε_{it} 为随机扰动项。SLX 模型结构精练，不仅可以直接估计解释变量的直接效应与空间溢出效应，不需要进一步进行分解，且不存在被解释变量空间滞后项所导致的内生性问题，适用于本阶段研究的实证研究。

本阶段研究使用 MATLAB 2019a 软件对 SLX 模型进行估计，由于 SLX 模型不包含被解释变量的空间滞后项，因此变量的系数即为直接效应，变量空间滞后项的系数即为空间溢出效应。与此同时，本研究还报告了 OLS 模型的估计结果，如表 5-7 所示。

表 5-7　城市创新生态环境对高质量创业企业的空间效应基准回归结果

变量	OLS	SLX
innovation	1.3493 *** (15.6432)	0.0784 * (1.7595)
population	0.5358 *** (10.0335)	0.1902 *** (3.1774)

续表

变量	OLS	SLX
demand	0.4881 *** (3.9188)	− 0.0917 ** (− 2.3296)
consumption	− 0.0000 *** (− 5.9732)	− 0.0000 *** (− 3.7572)
digit	− 0.2532 (− 1.2246)	0.1543 (1.1304)
trade	0.2106 *** (8.0004)	0.0330 *** (4.7053)
$W \times innovation$		− 0.7096 *** (− 2.7514)
$W \times population$		− 0.3640 (− 0.7769)
$W \times demand$		0.5452 (1.5659)
$W \times consumption$		− 0.0000 (− 1.4276)
$W \times digit$		0.3795 (0.4231)
$W \times trade$		0.0365 (0.4994)
intercept	− 3.1410 ** (− 2.2306)	
城市固定	否	是
年份固定	否	是
N	366	366

注：*、**、***分别表示在10%、5%和1%水平下通过显著性检验，括号内为 t 值。

由表5-7中的回归结果可以发现：从直接效应来看，*innovation* 的系数在10%的置信水平下显著为正，说明城市创新环境对高质量创业企业具有正向驱动作用；从间接效应来看，$W \times innovation$ 的系数在 1% 的置信水平下显著为负，说明城市创新生态环境对高质量创业企业产生了负的空间溢出效应；从控制变量来看，*population* 和 *trade* 的系数显著为正，*demand* 和 *consumption* 的系数显著为负，即人口密度和对外贸易开放水平正向影响本城市的高质量创业企业水平，需求结构和居民消费水平则负向影响本城市的高质量创业企业水平。下面对结果作进一步的分析。

首先，城市创新生态环境正向驱动本城市高质量创业企业的水平，这一结果验证了本阶段研究的理论基础。创新是引领经济社会创业活动发展的核心驱动力，城市创新生态系统视角下的创新环境更是其重要支撑，良好的城市创新环境可以使大量的人才、资金、技术等创新要素聚集起来，从而为高质量创业活动提供源源不断的动力，有利于创业组织开展各种创新活动、提升创业质量。其次，城市创新环境的间接效应估计结果显著为负，说明城市创新生态环境驱动高质量创业企业的作用具有空间上的局限性，很难对区域整体创业质量的提升产生示范效应。这可能是因为本城市创新环境不断优化会吸引大量人才、资金和先进的技术从邻近城市向本城市聚集，从而减少邻近城市高质量创业的有利因素，同时在同行业相互竞争的作用下，一些低质量的创业企业因竞争失败甚至会转移至邻近城市，进一步抑制其高质量创业企业水平的提升。最后，分析控制变量的参数估计结果。人口密度（population）的增加能提高本城市的高质量创业企业水平，说明促进高质量创业企业仍然需要城市化水平的发展，大量的劳动力为创业活动提供人力资源，进而促进高质量创业企业的产生。对外贸易开放水平（trade）的提升能提高本城市的高质量创业企业水平，可能是因为对外开放的过程中引进了许多外资，资本的流入自然能助推高质量创业活动。而需求结构（demand）和居民消费水平（consumption）负向影响本城市的高质量创业水平，这可能与居民的消费观念有关，居民用于消费的支出越多，储蓄的金额就相对越少，可用于进行创业活动的投资资本也就越少,从而抑制了高质量创业活动的发展。此外,所有控制变量的空间溢出效应都不显著,原因可能在于控制变量的作用是长期、连续的过程,对高质量创业企业的影响在时间上具有较长的滞后性。

(三)稳健性检验与异质性分析

为探讨城市创新生态环境驱动高质量创业企业效果的稳健性,本研究拟从替换控制变量、替换空间权重矩阵和替换空间计量模型三个方面对表 5 - 7 的结果进行稳健性检验。

1. 替换控制变量

现有文献在探讨对外贸易开放水平时,常使用外商投资总额作为进出口总额的代理变量。因此,本研究使用当年实际使用外资金额(FDI)作为进出口总额的替代指标,对城市创新环境驱动高质量创业企业的效果进行稳健性检验。结果如表 5 - 8 第(1)列所示,城市创新生态环境对高质量创业企业的直接效应在 10% 的置信水平下显著为正,间接效应在 1% 的置信水平下显著为负,参数估计结果与表 5 - 7 高度一致。

2. 替换空间权重矩阵

考虑到城市间经济发展水平上的邻近性,经济发展水平接近的城市可能在发展策略和生产模式上也具有一定的相似性。因此,本研究构建以人均 GDP 为元素的经济距离矩阵来替换地理距离矩阵,对城市创新生态环境驱动高质量创业企业的效果进行稳健性检验。结果如表 5 - 8 第(2)列所示,城市创新环境的直接效应和间接效应分别在 5% 和 1% 的置信水平下显著为正和显著为负,与表 5 - 7 中的估计结果基本一致。

3. 替换空间计量模型

基于空间计量模型选取时的一系列检验结果,本研究采用时空双

重固定效应的 SDM 模型替换 SLX 模型，对城市创新环境驱动高质量
创业企业的效果进行稳健性检验。结果如表 5 - 8 第（3）列所示，
城市创新生态环境对高质量创业企业的直接效应在 10% 的置信水平
下显著为正，间接效应在 5% 的置信水平下显著为负，表 5 - 7 中的
估计结果进一步得到验证，本阶段的研究结论具有较好的稳健性。

表 5 - 8   稳健性检验结果

变量	稳健性检验 1 （1）		稳健性检验 2 （2）		稳健性检验 3 （3）	
	直接效应	间接效应	直接效应	间接效应	直接效应	间接效应
innovation	0.0790 * (1.6807)	- 0.7537 *** (- 2.6238)	0.0965 ** (2.1110)	- 0.3199 *** (- 3.7234)	0.0807 * (1.6641)	- 0.7584 ** (- 2.3603)
控制变量	是	是	是	是	是	是
城市固定	是	是	是	是	是	是
年份固定	是	是	是	是	是	是
N	366	366	366	366	366	366

注：* 、** 、*** 分别表示在 10%、5% 和 1% 水平下通过显著性检验，括号内为 t 值。

    城市创新生态环境对高质量创业企业的影响可能因为时间和空间
上的不同而表现出一定的差异性。由表 5 - 9 中第（1）、第（2）列
的估计结果可知，就时间异质性而言，2014 ~ 2016 年，创新环境对
本城市高质量企业有显著的正向影响，但对邻近城市的影响效应不显
著；2017 ~ 2019 年，创新环境对本城市和邻近城市的高质量创业企
业均有显著的正向影响。其原因可能在于，随着时间的推移，城市基
础设施的不断完善，资金、人才、技术等创新要素在邻近城市间的流
动速度不断加快、效率不断提高，创新环境日益优化，从而对城市高
质量创业企业产生了正向的空间溢出效应。

表 5 - 9 时间和空间异质性估计结果

变量	时间异质性		空间异质性	
	2014 ~ 2016 （1）	2017 ~ 2019 （2）	超大城市 （3）	其他城市 （4）
innovation	1. 7567 *** （15. 4623）	1. 2598 *** （11. 9461）	- 0. 2570 *** （ - 6. 9560）	0. 1241 ** （2. 1734）
$W \times innovation$	0. 5114 （0. 9025）	1. 7223 *** （3. 2449）	0. 3586 ** （2. 0275）	- 1. 8049 *** （ - 4. 7648）
控制变量	是	是	是	是
城市固定	是	是	是	是
年份固定	是	是	是	是
N	183	183	42	324

注：* 、** 、*** 分别表示在 10% 、5% 和 1% 水平下通过显著性检验，括号内为 t 值。

就空间异质性而言，本阶段研究依据国务院 2014 年颁布的《关于调整城市规模划分标准的通知》，按城区常住人口将 61 个样本城市分为超大城市（城区常住人口在 1000 万以上的城市）和其他城市，其中超大城市包括北京、天津、上海、重庆、广州、深圳、成都 7 个，其他城市共 54 个。由表 5 - 9 中第（3）、第（4）列的估计结果可知，超大城市创新环境的直接效应参数估计显著为负，间接效应显著为正；其他城市创新环境的直接效应参数估计显著为正，而间接效应显著为负。说明超大城市创新环境的优化抑制了本城市高质量创业活动的发展，但能促进邻近城市的高质量创业活动，而其他城市的情况恰好相反。这可能是因为，超大城市经济发展水平较高，开展创业活动的相关人力、场地成本也较高，在一定程度上限制了本城市高质量创业活动的发展，且近年来许多高质量创业企业为应对该问题，在邻近城市投资建厂，开设分支机构，转移部分产业链，带动了邻近城市高质量创业活动的发展。而其他城市由于人口相对较少，城市化进程相对较慢，创新创业活动的基础自然也较弱，创新环境的优化对本城市高质量创业活动的发展有很强的促进作用，且由于开放程度有限，与邻近城市的竞争作用较为明显，因此产生了负向的空间溢出效应。

五、结论与政策建议

（一）主要结论

本阶段研究基于城市创新生态系统、创新环境和高质量创业企业领域的相关理论和实践问题，以创新生态系统理论、创新驱动理论和创业质量相关理论的研究成果为基础，构建了城市创新生态系统视角下创新生态环境和高质量创业企业的评价指标体系，深入分析了二者之间的关系，并采用61个样本城市的数据进行空间计量模型的实证检验和分析讨论，得出以下研究结论。

（1）城市创新生态环境能够正向驱动本城市高质量创业企业的水平。这充分反映出城市创新生态环境对城市创业企业发展的重要促进作用。本阶段研究的城市创新生态环境评价指标包括三个方面：压力指标、状态指标和响应指标，共22个。这22个指标是基于PSR模型的概念框架，遵循可量化性、系统性、综合性等原则，并考虑数据的可得性所构建的，具有一定的科学依据。

（2）现阶段，城市创新生态环境的驱动效应存在负的空间溢出效应。但是从本阶段研究结果来看，这种溢出效应的方向显著为负，说明当前国内城市创新环境在区域间驱动高质量创业方面还存在较大的提升空间，很难与周围的邻近城市产生高效的协同效应，相互之间竞争大于协作，创新资源在区域层面浪费较为严重。

（3）城市人口密集度、对外开放度、居民消费水平等因素对城市高质量创业企业发展具有重要影响。本阶段研究结果反映出人口密度对城市高质量创业水平的积极影响，城市中人口的密集程度往往反映了城市化水平的发展状况，说明城市化水平的不断发展有助于城市提升自身的高质量创业水平；城市对外贸易开放是城市引进外资，获得创新思想、理念的窗口，提升城市对外开放水平有助于提升本城市的高质量创业水平；居民消费水平由于消费观念及储蓄等因素的影响阻碍了城市高质量创业的发展、壮大。

（4）中国城市创新生态环境对本城市高质量企业的影响随着时间的推移逐渐优化。其中2014～2016年，创新环境对本城市高质量创业企业有显著的正向影响，但对邻近城市的影响效应不显著。但是，到了2017～2019年，创新环境对本城市和邻近城市的高质量创业均有显著的正向影响；中国超大城市在创新环境影响高质量创业方面，存在着对外影响大于对内影响的情况，城市高质量创业的辐射效果明显。其他城市则正好相反，创新环境更多的是提升了自身的高质量创业水平，但难以对邻近城市产生影响。

（二）政策启示

本阶段研究的主要结论在实践层面可以为政府部门提供一定的政策启示。

（1）政府应当积极发挥61个高质量企业城市在创新创业领域的引领和指导作用，带动邻近城市高质量创业的发展，孕育出更多的独角兽企业、瞪羚企业等高质量创业企业。

（2）城市创新生态环境能够正向驱动本城市高质量创业，因此政府在制定创业政策时应着重考虑如何优化本城市的创新环境水平。加大对诸如众创空间、图书馆、医院等基础设施的建设，以及科学技术支出、教育支出、固定资产投资等投入。

（3）城市创新生态环境对高质量企业的驱动效应存在空间溢出

效应，但是溢出效应的方向显著为负。因此，政府在优化本城市创新生态环境，提升高质量企业水平的同时，应当注意避免与邻近城市产生同质化竞争。

（4）人口密度对城市高质量创业企业水平有着重要的影响，在当前出生率不断放缓的情况下，城市应当积极出台各种鼓励生育的政策，加大生育宣传力度，为年轻的家庭创造良好的生育环境，优化落户手续，降低落户门槛，进一步提升城市化水平。同时，应积极引进年轻的人才和劳动力，不断增强城市的吸引力和创造力。此外，政府还应当加大改革开放的力度和水平，积极引进外资扩大与国际合作。加强对居民创业活动的鼓励和宣传政策，简化创业的手续流程，提升创业融资的扶持力度。

第六章

城市创新创业生态系统
与高质量创业企业的实证研究

第五章实证了城市创新生态环境对于高质量创业企业的正向效应和对于邻近城市的溢出效应。但是，创新生态环境只是影响城市高质量创业企业产生和发展的影响链条之一，创业生态系统的链条日益引起理论和实践界的关注，前面的文献分析和理论构建部分也做过分析，本章进一步把城市创业生态系统的分析纳入其中，综合分析城市创新创业生态系统对于高质量创业企业的影响。同时，把更多的非独角兽企业诞生城市也纳入，借鉴苏州创新研究院发布的"中国100城市"城市创新生态指数，考虑到创业生态系统数据的可得性，选取了主要分析指标比较齐全的84个城市作为本阶段的研究样本。

一、构建城市创新创业生态系统一体化研究的必要性

（一）创新驱动创业的时代背景

当前，科技创新加速进步带来新发展机遇，为共享经济、智能制造、生物医药、数字经济、新一代信息技术的创新驱动创业提供了广

阔空间，促进了经济社会高质量发展。加之，数字技术的日新月异，极大地压缩了创新与创业之间的时间空间、组织空间和产业空间，创新与创业由此而日渐融为一体。创新与创业两者概念具有逻辑上的一致性，因为没有创业的实现就没有创新的成功，创业是建立在创新基础上的（魏江等，2023）。在实践中，我国要突破高水平科技自立自强，就必须走科技型创业之路，以创新驱动创业。

创业的类型很多，从发展新质生产力的时代而言，创新导向型的创业是时代追求的目标，符合新质生产力的基本含义。关于新质生产力，习近平总书记在中央政治局第十一次集体学习时对新质生产力作出系统性阐释，指出："概括地说，新质生产力是创新起主导作用，摆脱传统经济增长方式、生产力发展路径，具有高科技、高效能、高质量特征，符合新发展理念的先进生产力质态。它由技术革命性突破、生产要素创新性配置、产业深度转型升级而催生，以劳动者、劳动资料、劳动对象及其优化组合的跃升为基本内涵，以全要素生产率大幅提升为核心标志，特点是创新，关键在质优，本质是先进生产力。"

以往研究或者单独考虑创新生态系统，或者单独考虑创业生态系统，但创业生态系统内往往以激发创新为发展的基本动力。蔡莉等（2021）将创新驱动创业提炼为一个独立的学术概念，将其界定为"在技术创新、制度创新、商业模式创新等的触发下，通过多要素迭代互动，实现多主体共同开发机会、创造价值的过程"，并将创新驱动创业划分为触发、催化和聚变三个阶段。

扎赫拉（Zahra，2023）指出创新驱动创业相较于传统创业的突出特征：需要不同的资源与技能组合，它面临较大的资金挑战，其过程极为复杂。并从创新要素出发，将创新驱动创业划分为创新要素的选择、创新要素的获取与创新向创业活动的转化三个过程。创新驱动创业的三个过程共同构成了一个循环，通过这一循环，创业社区可以不断地进行创新和创业，实现持续的增长和发展。

党的二十届中央委员会第三次全会通过的《中共中央关于进一步全面深化改革、推进中国式现代化的决定》，提出"推进科技创新央地协同，统筹各类科创平台建设，鼓励和规范发展新型研发机构，发挥我国超大规模市场引领作用，加强创新资源统筹和力量组织，推动科技创新和产业创新融合发展"，也对创新驱动创业提出了明确要求。

创业是建立新企业或更新已有商业的行动（Ferreira et al.，2019；Llanos–Contreras et al.，2020），而创新是创造或介绍新事物的过程，经常以产品的形态出现（Sun，2021；Thornton et al.，2019），或服务（Ommen et al.，2016），或商业模式（Kulins et al.，2016），或战略（Cheng & Wang，2021；Ciampi et al.，2021）。创新能够产生新事物（Barbosa et al.，2021；Huarng & Roig–Tierno，2016），但创新不一定导致商业机会出现（Huang et al.，2020；Latif et al.，2020；Waldkirch et al.，2021）。创业被认为是通过突出的创新，产生机会，增加价值，带来未来财富的增长（Du & Kim，2021）。这成为企业促进销售，建立战略导向和增加市场份额的前提条件。

面对今天快速变化的商业环境，持续创新成为创业和企业成功的关键因素（Pinelli et al.，2021），这也是复杂性理论越来越被重要的原因，强调 fsQCA 技术用来分析创业者的组态成分，如何在不同的功能结构方面（比如技术、资源管理等）进行有效组织，以便在竞争性环境中保持持续、生存甚至优胜而出（Andrews et al.，2021；Del Sarto et al.，2020；Du & Kim，2021）。从宏观经济的视角理解特定国家在什么样的商业环境下通过研究不同的宏观经济变量组态来激发创业努力，促进经济竞争力（Estevao et al.，2022）。

张玉利（2023）认为中国正在发生第五次创业浪潮，更多的是大企业参与（支持、鼓励甚至保育）的创业，不同于个体创业，也不同于以往的公司创业。这次浪潮涉及的范围更广，创业者群体更加大众化，多与由大企业或政府主导的平台、生态有关，与前面的个体创业为主的创业活动明显不同，创业与就业并非泾渭分明，甚至融合在一起，这也是创新驱动大公司创业的典型背景。

（二）创新创业生态系统的构成体系

夏尔马和迈耶（Sharma & Meyer，2019）认为完整的创新创业生态系统必须有三个构成要素：一是存在一群创新者，包括大学的创新者、产业界的发明人，或者只是拥有特定行业知识或能力希望解决问题的人群。二是存在创业服务中心。这是对支持创业者建立他们新创企业必备基础条件的广义描述，创业服务中心不是单一的要素，是一系列包含延展了创投企业、大学、孵化器或加速器等服务设施和社区建设的内容。创业服务中心可以建在大学或产业园区旁边，利用地理上的优势。三是存在创投资本。创投资本可以用来支持新创企业和创业服务中心，想要获得创业投资的成功，就不能远离这些新创企业，要发挥它们的邻近优势。创新生态这些要素的存在不一定能导致生态系统成功或使之有活力，但是要素的缺乏或不完整会导致系统内的新创企业更难产生，也会降低新企业的成长能力。创业服务中心可以发挥便利者、教育者、投资者和商人的角色。

创业服务中心发挥便利者的作用，不像传统的加速器功能，它是由一系列要素组成的，和创新生态系统内的要素一起发挥作用，来帮助新创企业适应或成功。对于任何创业服务中心而言，都绝对需要维持一个物理的和虚拟的空间。物理空间为新创企业提供了低租金或免租金的加速空间，这有利于新创企业的市场感知和证实过程。

创业服务作为教育者，能够给创新环境带来至关重要的新的技术和技能，但并不替代大学、学院或其他教育机构所扮演的角色。为了完成这一使命，创业服务中心需要接触更多虚拟的情境，例如，区域或区域外的技术专业网络是影响创新型新创企业的重要因素，需要创新中心有效组织。再如，当地产业领袖所感知到的，需要通过一定的网络，传递到当地的政府和产业界，以培育特定产业的创业文化。此外，还要促进与当地教育机构比如大学的合作。

创业服务中心作为投资者，对于创新生态系统作用重大。创新生态系统和创新中心成熟与否的一个关键指标是否有能力为新创企业获得投资提供帮助。作为早期发展阶段的投资者，创新中心能够带来专业能力方面的帮助，然而，中心由于其强大的虚拟整合外部资源的优势，可以从更广泛的地理区域和更大的投资专家库来提供投资帮助。同时，通过一定的方法和支持程序，能将创业风险控制在可控的范围内。

除了通过运营收费覆盖运营成本，创业服务中心作为商人的角色，也可以通过投资收入覆盖投资。创业服务中心财务模式的关键概念是允许中心的部分收入资助中心的正常运行。

世界经济论坛认为，创业者依赖四种主要赋能者的组合：个人的赋能者，比如，导师和教育；融资赋能者，比如，银行投资者和小额融资；商业赋能者，比如孵化器和网络化的联盟；环境赋能者，比如管制框架、设施和文化。百森商学院创业生态系统项目把创业生态系统框架分成六大领域：政策，就是政府管制和创业支持；融资，所有对创业者服务的金融机构；文化，社会规范和创业的成功故事展示；支持，比如，物理设施；非政府机构和专家支持，比如，律师、会计和投资银行家；人力资本，作为高等教育系统和劳动力的技能层面。最后，市场强调创业网络和早期客户的出现。另外，竞争资产路线图委员会把创业生态系统构成要素分为八类：人力资本、研发机构、金融资本、产业基础、联结性的机构、法律和管制环境，物理设施和生活质量。

莱德茨、斯赫雷弗斯和斯塔姆（Leendertse，Schrijvers，& Stam，2022）使用网络显示了十大要素间的相互依赖性。物理设施和融资在相互依赖的网络最中心位置，二者各自有 8 个和 6 个联结，相关系数大于 0.5，正式制度和人才分别是 5 个。为了进一步探索相互依赖性，使用了十个个体因素的主成分分析法（PCA）。这一方法不是假定所有的因素同等重要，而是赋予不同的权重。第一个主成分解释了44.9%的变异、0.21 的载荷，高于其他所有成分。四个要素中，载荷从高到低分别为：融资（0.40）、物理设施（0.38）、人才（0.36）和正式制度（0.35）。关于创业型经济的要素是如何相互影响并在多大程度上相互影响的，有学者（Leendertse，Schrijvers， & Stam，2022）在论文中使用相关分析、主成分分析、集群和网络分析来可视化要素间的相互依赖性。这些分析揭示出创业经济间的要素是高度相互联结的系统。这些分析显示物理设施、融资、正式制度和人才处于相互联系网络的中心位置，构成了创业生态系统基本条件的第一组重要因素。

里根斯韦（Van Rijnsoever，2020）使用理论和仿真模型说明了孵化器对于新创企业的支持是通过相遇和匹配两种机制起作用的，如表 6 - 1 所示。

表 6 - 1　　　　孵化器对于新创企业的支持机理

支持机理	过程	生态系统要素
构建社区	相遇	在孵新创企业群
行业构建	相遇	不在孵的新创企业群
伙伴匹配	匹配	新创企业群
基础支持	相遇	新创企业群，新创企业群—风投圈
风投网络	相遇	新创企业群—风投圈
创造交易	相遇	新创企业群—风投圈
商业学习	匹配	新创企业群—风投圈

（1）构建社区。孵化器精心地链接孵化器内的新创企业，扮演

了外部网络中介的作用。这样的做法会增加孵化器内新创企业的相遇机会。构建社区的活动包括众创活动、主持孵化器内的社会活动、对于新成员的精心选择、积极介绍孵化器内的已有成员。这些活动能够促进孵化器的社区构建，引致同伴学习，使新创企业获得社区归属感等。

（2）行业构建。这个与构建社区紧密联系，就是孵化器精心地把孵化器外的企业介绍给在孵企业，这样的介绍增加了在孵企业和非在孵企业潜在网络关系的构建。与行业构建相关的活动包括积极的推介、网络会议，或是其他与生态系统外新创企业的社会活动，这些活动能够增加在孵企业与行业内其他相似的新组织以及关键利益相关者链接的机会，以便寻找合作机会、分享知识，促进这些新创企业组织的合法性。

（3）伙伴匹配。指的是有助于增加新创企业间匹配机会的所有活动，包括工作坊、导师训练或是其他有助于帮助新创企业创业者提高内外组织能力的活动。另外一些活动则有助于增进新创企业间的信任关系。

（4）基础支持。指的是创造规模效益，比如对于办公场地、设施和停车场等有形资产的共享，以及有限资金的支持。共享资源减少了新创企业的运行成本，能够让新企业把更多时间和精力聚焦于发展和搜索对企业发展更有利的关键资源。类似地，提供适度的资金可以让在孵企业有更多精力用来寻找网络伙伴，以增加新创企业之间，或是新创企业和风投之间的合作机会。

（5）风投网络。指的是孵化器作为新创企业和风投之间的一个网络中介，能够增加两个群体的相遇机会。风投网络组织两类群体在场，通过路演或推介，吸引教练、导师或是孵化器管理者的重点关注。

（6）创造交易。孵化器能够提供融资和法律知识，帮助新创企业构建信任。对于复杂的交易，孵化器能够通过有利于谈判过程或是贡献顾问能力，来缩短会见期。

（7）商业学习。指的是直接的支持，特别是提供与新创企业相关的知识体系。是否具有足够的商业知识和经验，对于基于科技为基础的新创企业来说特别重要。孵化器通过提供专业的咨询服务、教练和导师服务，促进资源得到更好利用，获得有利于构建网络、改善商业模式，或使组织发展得更好的技能。从理论视角来看，商业学习能够让新创企业对资源提供者更有吸引力，从而激发创新。商业学习机制能够增加新创企业群和风投间的见面机遇。

科技企业孵化器（简称"孵化器"）是包括各种类型的孵化器、留学人员创业园、大学科技园、众创空间等在内的创业孵化机构的统称。孵化器有效地促进了中国创新创业文化的发展。孵化器是中国科技创业者的乐园，改革开放之初许多科技人员下海，20 世纪 90 年代开始，大批留学人员归国创业，互联网时代大量草根青年创业，这些都离不开对孵化器的依赖。孵化器在科技成果转化、科研院所改革、科技人事制度改革等方面，已经发挥了独特作用，培育了一大批创业者和创业企业，孵化器中的科技创业者也创造了大量的科技成果，不断诞生新的知识产权、技术标准、新产品、新服务和新的商业模式。孵化器通过赋能科技创业企业高增值、高引领性、高战略价值的新产品或新项目，为经济持续发展注入新鲜血液。一批批新产业在孵化器中得到产生和发展的机会。

众创空间是近年来兴起的一种新型创业创新公共服务平台，服务对象是有意向入驻的处于创业初期的创客等新型创业者。众创空间为其提供工商注册、创业辅导、科技咨询、法律政策、财务管理等基本服务，及资本、技术、人才、市场等全要素增值保值服务，降低创业风险和创业成本，提升企业成活率和成长性。而科技企业孵化器、科技企业加速器等传统科技创业服务平台，主要孵育对象为已经创立的科技型中小企业。众创空间能够充分发挥早期介入、超前服务的优势，与传统创业服务平台无缝对接、有机融合，构成完整的"众创空间—孵化器—加速器"科技创业孵化链条，从而为不同成长时期的创新创业者提供具有针对性、阶段性、专业性的孵化服务。

众创空间是顺应新一轮科技革命和产业变革新趋势、有效满足网络时代大众创新创业需求的新型创业服务平台。众创空间作为针对早期创业的重要服务载体，与科技企业孵化器、加速器、产业园区等共同组成创业孵化链条。众创空间通过市场化机制、专业化服务和资本化途径，构建低成本、便利化、全要素、开放式的服务平台，实现创新与创业相结合、线上与线下相结合、孵化与投资相结合，为广大创新创业者提供良好的工作空间、网络空间、社交空间和资源共享空间，推动新技术、新模式、新服务和新业态的发展。

2015年3月，国办印发《关于发展众创空间推进大众创新创业的指导意见》，系统、全面地提出发展众创空间的总体要求、重点任务，强调坚持市场导向、加强政策集成、强化开放共享、创新服务模式，构建发展众创空间等新型创业服务平台，营造良好创新创业生态环境，激发创新创造活力，打造经济发展新引擎。2016年2月，国办印发《关于加快众创空间发展服务实体经济转型升级的指导意见》，明确了加快众创空间发展的总体要求和基本原则，提出发展的重点任务，要求加大政策支持力度、加强组织实施，推动众创空间向纵深发展，以充分发挥创新主体的积极性、创造性以及科技创新的引领驱动作用，助力经济结构调整和产业转型升级。

我国众创空间模式丰富多彩，主要包括以下四种类型：一是活动举办型。通过定期开展各式创业活动，实现交流合作的目的。二是投资驱动型。融资难一直是初创期的创业者最关心也是最普遍的问题，投资驱动型众创空间可以通过聚集资本，吸引一部分优质的天使投资人、投资机构，在入驻团队或企业中挖掘潜力项目，并提供优质的融资服务，大大提升了项目成功率。三是地产思维型。近年来地产商也在发展一种新型的众创空间，通常称为联合办公空间。四是产业链服务型。这种类型的众创空间主要依托龙头骨干企业建立，借助于在产业链上下游的资源整合优势，提供覆盖企业成长全流程的服务。

综合以上对孵化器和众创空间的分析，我国引进创新了"创业苗圃—孵化器—加速器"全链条孵化服务体系，如图 6-1 所示。针对不同发展阶段的科技企业提供差异化服务，进一步将孵化服务覆盖到企业孕育期和青春期。众创空间的发展，还进一步将孵化活动的触角发展到激励新想法、新创意，进而创造新企业上，即孵化更早期的创业活动，针对性地扮演启蒙教练角色，助力科技创业者敏锐发现市场机会，提出创新产品与服务概念，完善设计方案，确定战略战术，寻找合作伙伴，寻找资金支持，辅之相关资源，最终帮助那些潜在的创业者达成创立企业的目标，启动实际创业。

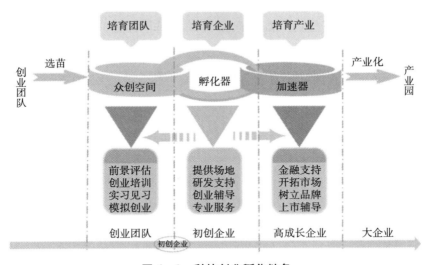

图 6-1　科技创业孵化链条

从创业苗圃选拔创业团队，众创空间的主要功能是通过前景评估、创业培训、实习见习、模拟创业等方式培育创业团队；孵化器通过提供场地、研发支持、创业辅导、专业服务等方式培育初创企业；

加速器通过金融支持、开拓市场、树立品牌、上市辅导等方式，培育高成长企业甚至是培育新产业，为进一步的产业化培育成熟大企业创造条件。

（三）创新创业生态系统的测量

国际上与创新创业系统比较相似的测量体系有世界经济论坛发起的全球竞争力报告（The Global Competitiveness Report）和世界银行发起的营商环境报告（经历了从 Doing Business，再到 Business Ready）。

世界经济论坛从 1979 年开始就对每个国家的竞争力进行评判，是国际上从事竞争力评价最著名的机构之一，它对一个国家或者地区进行综合因素考评，推出一年一度的《全球竞争力报告》。这一指数包括制度、基础设施和宏观经济稳定性等 12 个竞争力因素。其数据采集于联合国、世界银行、国际货币基金组织以及世界经济论坛等在全球进行的相关调查。评价指标包括创新能力、市场规模、金融市场状况、基础设施、技术水平、教育水平等。报告指出，领先经济体具有的一个共同特征就是开发、吸引并利用现有的人才，在促进创新方面进行较大的投资。

在世界经济论坛的全球竞争力报告中，评估了 144 个经济体的竞争力，对发展动力提供了洞见，这些组成部分把生态系统的竞争力区分为 12 个影响因素：机构、设施、宏观环境、基础教育、高等教育和培训、货物市场的效率、劳动力市场效率、金融市场发展、技术成熟度、市场大小、商业复杂性、创新。这 12 个测量指标可以分别报告，也可以整合成单一的指标。

世界银行于 2002 年提出"营商环境"（Doing Business）概念后，对全球超过 190 个国家和地区的营商环境进行持续跟踪，开展年度评估与排序。其先后发布了 17 份《营商环境报告》，分析各个国家与地区对投资者和经营者的吸引力，为各类投资决策提供了重要的参考依据。世界银行《营商环境报告》十大评估维度聚焦在企业运营的微观层面：企业开办、施工许可、登记财产、获得电力、获得信贷、跨境贸易、纳税、合同执行、保护中小投资者及办理破产。

随着营商环境改革工作的深化，世界银行以流程评估为导向的评价结果难以全面、准确地反映企业的真实诉求，难以更深一步地指导政府制定出台优化营商环境的政策。因此，世界银行于 2021 年 9 月中止"DB 营商环境评价项目"，2022 年提出"利商环境 BEE"（Business Enabling Environment），开始向世界银行的各个成员国、智库及学者广泛征求意见。后于 2023 年正式发布了一套全新的评估体系——"营商环境成熟度 B－ready"。

安德鲁、法西奥和古兹曼等（Andrews，Fazio & Guzman et al.，2022）指出，对于创业生态系统的测量要注意面对三个相互联系的问题：偏态、滞后的绩效和多重的地理分析。

第一，地区经济发展和新创企业、新企业的成长相联系，但往往是非正态分布的。占少数的成功新创企业影响了整个经济绩效的很大部分。创业生态系统的测量需要把这些潜在的偏态的产出测量出来。或者换另一种说法，在评估创业生态系统的潜力时，不光要测量新创企业当时的数量，还要考虑它们的增长潜力（比如创业质量）。

第二，创业生态系统的影响往往是在新创企业创建多年以后才会产生效益（至少 5 年甚至 10～20 年）。偏态的产出和长时间的滞后效应，使得评估创业生态系统，以及对促进它的政策和项目带来挑战，特别是生态系统正变得强大和项目正在运行时。

第三，生态系统发生在多层面的地理空间，从小的个体空间的少数企业（比如围绕大学校园的生态系统）到更大的区域层面（比如城市、县域、省甚至是国家）。

安德鲁、法西奥和古兹曼等（2022）探讨了四个经济统计指标来测量一创业生态系统的创业活动：新创企业的形成率（SFR）、创

业质量指标（EQI）、地区创业群体潜在指标（RECPI）和地区生态
系统的加速指标（REAI）。SFR 是指一个特定区域和特定时间的一组
创业企业数量；EQI 是对特定新创企业数量的成长产出率的平均质量
进行测量；RECPI 是把特定区域的 SFR 和 EQI 相乘量，是指整个省
市州的创业企业数量和质量；最后，REAI 是对区域企业期望成长计
划的实现比率，是对初创企业进行加速器加速后生态绩效的测量。从
区域创业的影响结果来看，与创业数量比，区域 GDP 的增长与创业
质量呈现更多相关性。

尼科达和罗马尼等（Nicotra & Romano et al.，2018）探讨了创业
生态系统与生产性创业的问题。创业支持机构包括孵化器、新创企业
中心、众创空间、科技园、加速器等，都对区域内的制度资本的累积
有贡献（Romano et al.，2014；Schillaci et al.，2008）。这些创业支
持机构都是系统化催化创业过程的加速工具，能够和风险投资一起支
持高成长创业企业成长（Hansen et al.，2000）。研究发现，这些创
业支持机构可以促进创业企业存活率（Allen & Rahman，1985），改
善它们的成长路径，提高它们的生产效率。尼科达和罗马尼等
（2018）发展了创业生态产出的测量工具，区分为三大类：总体创业
活动指标、基于消费的生产性创业指标和基于绩效的生产性创业指
标，如表 6 - 2 所示。

表 6 - 2　　　　　　　　　　　创业生态产出和指标

生态产出	指标体系
总体创业	净增量：一段时间商业主的数量变化 净增量除以地区或国家的大小（雇员或劳动力的数量，包括失业及处于劳动阶段的人口） 行业调整的净增量

生态产出	指标体系
基于消费的生产性创业	改善与机会驱动型创业 创新型的新创企业 风险投资支持的新创企业
基于绩效的生产性创业	高成长新创企业 瞪羚企业 独角兽企业

注：本研究也参考了此研究的结论，采用了第三种基于绩效的生产性创业的分析。

谢恩（Shane，2009）建议聚焦于有成长潜力的商业集合，特别是少数高成长的企业而非大量的典型新创企业。高成长的或具有远大抱负的创业面对经济衰退更有韧性，构成了经济发展的重要驱动力量（Fritsch & Schroeter，2009；Autio & Acs，2010；Henrekson & Johansson，2010）。

还有很多研究关注高成长企业，往往考虑一些相互替代的概念，例如抱负型创业（Stam et al.，2009；Stam et al.，2011；Hermans et al.，2015），高期望型创业（Valliere & Peterson，2009），高渴望型创业（Delmar & Wiklund，2008），高潜力型创业（Wong et al.，2005），高影响型创业（Acs，2010）和战略创业计划（Levie & Autio，2011）。斯塔姆等（Stam et al.，2012）把抱负型创业定义为"一些从事创业过程的目标是带来尽可能多的价值"，这一价值创造包含了成长、创新或其他绩效指标（Hermans et al.，2015）。机会和成长导向型的创业比自我雇佣和贫穷推动型的创业更有利于经济增长（Fritsch et al.，2013；Stam et al.，2011）。

本阶段研究采用的是第三类基于绩效的生产性创业指标，主要是高成长新创企业，包括独角兽企业、瞪羚企业，本阶段研究也包含了上市 10 年以内的科创板企业和创业板企业以及新三板的精选层和创新层企业。

二、本阶段城市研究样本及变量定义

（一）纳入本阶段研究分析的84个中国地级及以上城市

考虑到相关研究纳入分析的城市，以及本研究数据的可得性，选取84个城市样本，如表6-3所示。

表6-3 本阶段研究的样本城市

城市编号	城市名称	城市编号	城市名称	城市编号	城市名称
C1	北京	C20	常州	C39	昆明
C2	上海	C21	郑州	C40	大连
C3	深圳	C22	佛山	C41	沈阳
C4	苏州	C23	福州	C42	哈尔滨
C5	杭州	C24	南通	C43	太原
C6	广州	C25	嘉兴	C44	潍坊
C7	成都	C26	珠海	C45	中山
C8	南京	C27	淄博	C46	芜湖
C9	无锡	C28	重庆	C47	徐州
C10	武汉	C29	台州	C48	扬州
C11	长沙	C30	惠州	C49	新乡
C12	合肥	C31	长春	C50	洛阳
C13	宁波	C32	镇江	C51	唐山
C14	天津	C33	绍兴	C52	连云港
C15	西安	C34	湖州	C53	金华
C16	东莞	C35	石家庄	C54	江门
C17	济南	C36	温州	C55	株洲
C18	青岛	C37	烟台	C56	德州
C19	厦门	C38	泰州	C57	威海

城市编号	城市名称	城市编号	城市名称	城市编号	城市名称
C58	赣州	C67	乌鲁木齐	C76	枣庄
C59	南昌	C68	兰州	C77	邯郸
C60	贵阳	C69	漳州	C78	湛江
C61	保定	C70	呼和浩特	C79	岳阳
C62	泉州	C71	宿迁	C80	沧州
C63	襄阳	C72	南宁	C81	聊城
C64	济宁	C73	南阳	C82	菏泽
C65	包头	C74	东营	C83	常德
C66	廊坊	C75	泰安	C84	周口

注：相对于第五章的城市选择，本阶段研究的城市样本有所扩大，一是把没有独角兽企业的城市也纳入其中，二是以苏州创新研究院发布的"中国100城市"城市创新生态指数城市样本为基础，缩减了创新创业核心指标缺失比较多的城市，最终选择了84个城市。

（二）变量定义及标准化数据处理

自变量采用创新创业生态系统2018年的数据，因变量采用滞后两年2020年的数据。因变量高质量创业的构成指标由以下因素组成：2020城市科创板数量①（编码 STARN2020，来源：上海证券交易所）、2020城市创业板数量（编码 EB2020，来源：深圳证券交易所）、2020城市独角兽企业数量（编码 UNICN2020，来源：长城咨询公司研究报告）、2020城市新三板精选层和创新层的数量（编码 NOTCL3N2020，截至2020年）（来源：北京证券交易所）。84个主

① 科创板，坚持面向世界科技前沿、面向经济主战场、面向国家重大需求、面向人民生命健康，主要服务于符合国家战略、突破关键核心技术、市场认可度高的科技创新企业。重点支持新一代信息技术、高端装备、新材料、新能源、节能环保以及生物医药等高新技术产业和战略性新兴产业，推动互联网、大数据、云计算、人工智能和制造业深度融合，引领中高端消费，推动质量变革、效率变革、动力变革。2019年6月13日，科创板正式开板，7月22日，科创板首批公司上市。

要样本城市高质量创业的核心指标见附录 E。

1. 因变量高质量创业数据的标准化处理

（1）2020 城市科创板数量（STARN2020），使用常见的标准化处理方法，将数据中最大值作为分母，每一个数据值与之相除得到计算结果（第一名就是 1），排在前列的城市依次为上海市、北京市、深圳市、苏州市、合肥市、成都市、无锡市、广州市、武汉市、长沙市、东莞市。

（2）2020 城市创业板数量（EB2020），进行类似标准化处理后，得到标准化数据值，排在前列的城市依次为深圳市、北京市、上海市、杭州市、苏州市、广州市、成都市、南京市、无锡市、宁波市。

（3）2020 城市独角兽企业数量（UNICN2020），进行标准化处理后，得到标准化数据值，排在前列的城市依次为北京市、上海市、杭州市、深圳市、广州市、南京市、天津市、青岛市、成都市、武汉市。

（4）2020 城市新三板精选层和创新层的数量（NOTCL3N2020），进行标准化处理后，得到标准化数据值，排在前列的城市依次为北京市、上海市、深圳市、苏州市、广州市、杭州市、武汉市、南京市、成都市、郑州市。

以上四项标准化得分相加得到本阶段研究因变量高质量创业的研究值，排在前列的城市依次为北京市、上海市、深圳市、苏州市、杭州市、广州市、成都市、南京市、无锡市、武汉市。

（5）如果加上第五个高质量创业的变量，就是专精特新企业（ZJTXN2020），进行标准化处理后，得到标准化数据值，排在前列的城市依次为北京市、上海市、宁波市、深圳市、天津市、成都市、青岛市、东莞市、厦门市、长沙市。由于专精特新企业的权重明显小于前面几类企业的分量，这里权重做减半处理。专精特新权重减半处理后，将五个高质量创业的分数加总（HQE5SH2020），排在前列的城市依次为北京市、上海市、深圳市、苏州市、杭州市、广州市、成都市、宁波市、南京市、武汉市。

2. 自变量城市创新创业生态系统的标准化处理

梳理国内外比较有影响力的指标体系，团队成员采集了相关数据，经过初步论证，遴选三级指标体系。

自变量创新创业生态系统由以下要素组成：国家级科技企业孵化器（截至 2018 年）（来源：科技部网站）、国家级备案众创空间（权重减半）（截至 2018 年）（来源：科技部网站）；创新环境（截至 2018 年，创新投资环境 + 创新生活环境）、创新主体投入（截至 2018 年）、创新协同互动（截至 2018 年）。[①] 84 个主要样本城市创新创业生态的核心指标见附录 F。

对创新创业生态系统指标进行标准化处理。

（1）国家级科技企业孵化器（编码 SI2018），使用常见的标准化处理方法，将数据中最大值作为分母，每一个数据值与之相除得到计算结果，第一名就是 1，排在前列的城市依次为北京市、上海市、苏州市、杭州市、天津市、武汉市、南京市、广州市、深圳市、西安市、常州市。

（2）国家级备案众创空间（编码 MS2018），根据专家建议，与国家级科技企业孵化器的重要性相比，国家级备案众创空间的权重减半处理，因此将国家级备案众创空间的标准化数据值进行减半处理，排在前列的城市依次为北京市、深圳市、天津市、上海市、青岛市、西安市、杭州市、南京市、广州市、苏州市。

以上两项得分相加得到城市创业生态的重要支持环境的研究值，排在前列的城市依次为北京市、上海市、天津市、苏州市、杭州市、深圳市、武汉市、南京市、广州市、青岛市。

---

① 创新环境、创新主体投入和创新协同互动来自苏州创新研究院发布的"中国 100 城市"城市创新生态指数。创新环境包括创新投资环境和创新生活环境的平均值。

创新环境、创新主体投入和创新协同互动来自团队成员参加的苏州创新研究院发布的"中国 100 城市"城市创新生态指数，指标来源如表 6 - 4 所示。

表 6 - 4　　　　　　　　　　　**创新生态环境的指标及其来源**

创新生态环境指标	指标	单位	数据
创新投资环境	VC/PE 的数量	家	Wind 数据库
	五星级酒店数量	个	携程网
	国家级自贸区数量	个	国务院网站文件
	海关特殊监管区域数量	个	国务院网站文件
	当年实际使用外资金额	万美元	中国城市统计年鉴
	全员劳动生产率	万元/人	中国城市统计年鉴
创新生活环境	优良天气数量	天	中国研究数据服务平台
	建成区绿化覆盖率	%	中国城市统计年鉴
	博物馆数量	家	中国城市统计年鉴
	每万人拥有公共汽车数	辆	中国城市统计年鉴
	每万人拥有图书数	万册	中国城市统计年鉴
	每万人拥有医院床位数	张	中国城市统计年鉴
	居民消费价格指数		各城市统计年鉴
	平均房屋销售价格	元/平方米	中国房价行情网
	平均房屋出租价格	元/月/平方米	中国房价行情网
	教育支出占地方一般公共预算支出比例	%	中国城市统计网
	年平均人口	万人	中国城市统计年鉴
创新主体投入	R&D 人员	名	中国城市统计年鉴
	R&D 内部经费支出	万元	中国城市统计年鉴
	科学技术支出占地方一般公共预算支出比例	%	中国城市统计年鉴
	知识密集型产业从业人员数	人	中国城市统计年鉴

创新生态环境指标	指标	单位	数据
创新协同互动	高校与企业合办研究机构数量	家	教育部数据汇总
	高校经费来自企事业单位比例	%	教育部数据汇总
	高校技术转移收入	万元	教育部数据汇总
	产业集群数量	个	科技部与国家发展和改革委员会网站文件

（3）创新环境（IE2018）（包括创新投资环境 IE12018 和创新生活环境 IE22018 的平均值），排在前列的城市依次为上海市、北京市、深圳市、苏州市、重庆市、广州市、武汉市、成都市、天津市、青岛市。

（4）创新主体投入（ISI2018），排在前列的城市依次为北京市、深圳市、上海市、苏州市、广州市、杭州市、成都市、天津市、合肥市、西安市。

（5）创新协同互动（ISA2018），排在前列的城市依次为北京市、上海市、广州市、南京市、成都市、西安市、青岛市、杭州市、重庆市、武汉市。

以上三项得分相加得到城市创新生态（IEE2018）的重要支持环境的研究值，排在前列的城市依次为北京市、上海市、深圳市、广州市、成都市、苏州市、南京市、天津市、重庆市、杭州市。

创新创业生态系统环境（IES2018）的得分为以上五项相加，排在前列的城市依次为北京市、上海市、深圳市、苏州市、天津市、广州市、杭州市、南京市、武汉市、成都市。

三、本阶段城市研究样本的实证分析

（一）研究样本变量分析

表 6-5 展示了研究变量的均值、标准差及相关系数。

表6-5 研究变量的均值、标准差及相关系数

变量	1	2	3	4	5	6	7	8	9	10	11	12	13
投资环境	1												
生活环境	0.233*	1											
主体投入	0.758**	0.368**	1										
协同互动	0.787**	0.206	0.720**	1									
科技孵化	0.803**	0.349**	0.836**	0.826**	1								
众创空间	0.808**	0.306**	0.851**	0.800**	0.857**	1							
科创板	0.739**	0.306**	0.889**	0.655**	0.838**	0.774**	1						
创业板	0.702**	0.374**	0.917**	0.606**	0.757**	0.807**	0.886**	1					
独角兽	0.623**	0.146	0.820**	0.674**	0.729**	0.795**	0.826**	0.793**	1				
新三板	0.774**	0.251**	0.900**	0.773**	0.862**	0.870**	0.902**	0.862**	0.930**	1			
专精特新	0.779**	0.320**	0.837**	0.714**	0.735**	0.830**	0.767**	0.763**	0.744**	0.800**	1		
四因素	0.751**	0.294**	0.932**	0.708**	0.842**	0.852**	0.960**	0.940**	0.924**	0.968**	0.810**	1	
五因素	0.773**	0.304**	0.941**	0.726**	0.847**	0.869**	0.956**	0.937**	0.920**	0.967**	0.856**	0.997**	1
均值	0.2715	0.5385	0.1422	0.1470	0.1712	0.0609	0.0798	0.0868	0.0312	0.0791	0.0786	0.2770	0.3556
标准差	0.1572	0.2757	0.1348	0.1225	0.1927	0.0798	0.1828	0.1627	0.1260	0.1368	0.0927	0.5774	0.6547

注：*，**分别表示在10%和5%水平下通过显著性检验。

84 个研究城市各项指标中，均值最高的是创新生活环境（0.5385），说明各个城市在创新生活环境上都有较大的投入，包括城市绿化覆盖率、优良天气数量等自然环境，再到公共汽车数量、医院数量、博物馆数量、居民消费价格指数、房屋出租价格、教育一般支出等，这些都反映了各地近年来加大了以人为中心的投入，各地差距小。其次是城市创新投资环境（0.2715），说明各地的创新投资环境得到很大的改善，但均值要大大低于创新生活环境，标准差也大于创新生活环境；创新协同互动（0.1470）和创新主体投入（0.1422）均低于创新生活环境和创新投资环境。

从创业生态系统的两个核心指标来看，国家科技企业孵化器（0.1712）要高于国家众创空间（0.0609）的均值，标准差也高，说明国家科技企业孵化器在研究样本城市间的建设成果存在明显差距。

从高质量创业结果看，创业板上市公司数量（0.0868）、科创板上市公司数量（0.0798）、新三板精选层和创新层（0.0791）、专精特新数量（0.0786）均值很接近，但标准差有差异，标准差最大的是科创板数量。独角兽数量（0.0312）的均值最小，反映了独角兽企业不愧是奇缺现象，是高成长企业的典型案例，集中于少数创新和创业综合条件都好的超大城市或特大城市。

从自变量与因变量间的关系来看，普遍存在较高的显著相关性，只是在独角兽企业一项上不显著（创新生活环境）。至于自变量的综合影响效应则需要通过下面的层级回归等做进一步的深入分析。

（二）层级回归分析

下面先通过单个的因变量分别进行层级回归分析。表 6 - 6 展示了城市科创板的层级回归分析结果。

表6-6 层级回归分析（城市科创板数量）结果

变量	城市科创板上市公司数量		
	模型 1	模型 2	模型 3
常量	—	—	—
解释变量	—	—	—
创新主体投入	0.889**	0.627**	0.645**
国家级科技企业孵化器	—	0.313**	0.445**
创新协同互动	—	—	-0.177*
F	309.970	184.870	130.392
R^2	0.791	0.820	0.830
ΔR^2	—	0.029	0.010

注：*、**分别表示在10%和5%水平下通过显著性检验；ΔR^2与前一模型相比较的R^2变化；回归方法：逐步进入法。

从表6-6可以看出，对城市科创板上市公司数量影响最为显著的是创新主体投入，其次是国家级科技企业孵化器的数量。这些结论与以往的相关研究结论相符，说明研发人员的数量与投入等直接导致更多的创新涌现，而创业型新创企业的出现则受益于产品创新等的贡献。国家级科技企业孵化器相关统计说明，当地最具活力的增长点往往集中了新兴行业、优势行业或者特色行业的新创企业。创新协同互动显示了弱的负相关，可能的原因是高校与企业间的互动可以体现为课题、项目等，但是互动成果是否能真正助力产生科创板上市公司还存在疑问，甚至存在负效应。模型2、模型3都体现了更高的解释力，R^2得到逐步改善。

从表6-7可以看出，与城市创业板上市公司数量显著相关的只有创新主体投入一个指标。

中国城市创新创业生态系统促进高质量创业的实证研究

表6-7   层级回归分析（城市创业板数量）结果

变量	城市创业板上市公司数量
	模型
常量	—
解释变量	—
创新主体投入	0.917 **
F	434.231
R^2	0.841

注：** 表示在5%水平下通过显著性检验；回归方法：逐步进入法。

从表6-8可以看出，与城市独角兽企业数量显著相关的是创新主体投入和国家级备案众创空间，独角兽企业往往都是新兴行业领域的平台企业或者颠覆性技术创新的引领者，离不开研发人员和研发经费的大量投入，也与不断孕育新创企业的众创空间有一定关联。但创新生活环境的弱负相关性则需要一定的解释，因为拥有独角兽企业的城市数量很少，集中在几个超大城市，与创新生活环境的关系也会受制于样本数量较少的问题，结论还需要进一步深入研究。模型2、模型3都体现了更高的解释力，R^2得到逐步改善。

表6-8   层级回归分析（城市独角兽企业数量）结果

变量	城市独角兽企业数量		
	模型1	模型2	模型3
常量	—	—	—
解释变量	—	—	—
创新主体投入	0.820 **	0.519 **	0.588 **
国家级备案众创空间	—	0.354 **	0.349 **
创新生活环境	—	—	-0.177 **
F	168.450	97.844	73.679

续表

变量	城市独角兽企业数量		
	模型 1	模型 2	模型 3
R^2	0.673	0.707	0.724
ΔR^2	—	0.034	0.017

注：** 表示在 5% 水平下通过显著性检验；ΔR^2 与前一模型相比较的 R^2 变化；回归方法：逐步进入法。

从表 6-9 可以看出，与城市新三板精选层和创新层企业数量显著相关的因素是创新主体投入、国家级科技企业孵化器数量、国家级备案众创空间数量，反映了新三板企业与创业孵化链条的更大相关性，众创空间更有利于孕育初创企业，科技企业孵化器更有利于赋能新创企业发展壮大。但是，创新生活环境显示出弱的负相关性，需要通过案例研究等进行更精细的因果分析。模型 2、模型 3、模型 4 都体现了更高的解释力，R^2 得到逐步改善。

表 6-9　层级回归分析（城市新三板精选与创新层企业数量）结果

变量	城市新三板精选与创新层企业数量			
	模型 1	模型 2	模型 3	模型 4
常量	—	—	—	—
解释变量				
创新主体投入	0.900 **	0.598 **	0.488 **	0.520 **
国家级科技企业孵化器	—	0.362 **	0.241 **	0.262 **
国家级备案众创空间	—	—	0.248 **	0.235 *
创新生活环境	—	—	—	-0.103 *
	351.372	229.696	167.677	134.485
R^2	0.811	0.850	0.863	0.872
ΔR^2	—	0.039	0.013	0.009

注：*、** 分别表示在 10% 和 5% 水平下通过显著性检验；ΔR^2 与前一模型相比较的 R^2 变化；回归方法：逐步进入法。

从表 6 - 10 可以看出，与城市专精特新企业数量显著相关的因素是创新主体投入、国家级备案众创空间和创新投资环境。模型 2、模型 3 都体现了更高的解释力，R^2 得到逐步改善。

表 6 - 10　　　　层级回归分析（城市专精特新企业数量）结果

变量	城市专精特新企业数量		
	模型 1	模型 2	模型 3
常量	—	—	—
解释变量			
创新主体投入	0.837 **	0.473 **	0.415 **
国家级备案众创空间	—	0.428 **	0.293 *
创新投资环境	—	—	0.227 *
F	191.939	122.316	88.388
R^2	0.701	0.751	0.768
ΔR^2	—	0.050	0.017

注：*、** 分别表示在 10% 和 5% 水平下通过显著性检验；ΔR^2 与前一模型相比较的 R^2 变化；回归方法：逐步进入法。

下面进行因变量综合因素的分析，首先检验高质量创业的四因素模型。

从表 6 - 11 可以看出，与高质量创业（四因素）显著相关的因素是创新主体投入和国家级科技企业孵化器数量。从高质量创业的综合结果考量，对创新生态系统影响最显著的因素是创新主体投入，研发人才的竞争和研发投入的多少直接影响创新的产出，再进一步影响到创新型的新创企业的涌现。创业生态系统中最显著的影响因素是所在城市国家级科技孵化器的数量。模型 2 体现了更高的解释力，R^2 得到改善。

表6-11   层级回归分析（高质量创业四因素）结果

变量	城市高质量创业（四因素）	
	模型1	模型2
常量	—	—
解释变量	—	—
创新主体投入	0.932**	0.759**
国家级科技企业孵化器	—	0.208**
F	545.961	303.816
R^2	0.869	0.882
ΔR^2	—	0.013

注：** 表示在5%水平下通过显著性检验；ΔR^2 与前一模型相比较的 R^2 变化；回归方法：逐步进入法。

其次进行五因素自变量模型的检验，这里增加了专精特新企业数量这一自变量。

专精特新企业指的是具有专业化、精细化、特色化、新颖化特征的工业中小企业，因此，一般的专精特新企业都有较好的盈利能力、成长空间等。专精特新"小巨人"主要指代那些集中于新一代信息技术、高端装备制造、新能源、新材料、生物医药等中高端产业领域的尚处发展早期的小型企业，它们始终坚持专业化发展战略，普遍具有经营业绩良好、科技含量高、设备工艺先进、管理体系完善、市场竞争力强等特点，并且极具发展潜力与成长性，有望在未来成为相关领域国际领先的企业。特别是专精特新"小巨人"的专业化程度很重要，企业从事特定细分市场时间要达到3年及以上，其主营业务收入占本企业营业收入的70%以上，主导产品享有较高知名度。且细分市场占有率在全国名列前茅或全省前3位（如有多个主要产品，产品之间应有直接关联性）。

截至2021年年底，工信部已经选出三批专精特新企业，一共有

4922 家"小巨人"企业，其中有 311 家企业在 A 股上市（4611 家非上市公司）。专精特新企业第一批企业共有 248 家，A 股上市公司 35 家，第二批企业 1744 家，A 股上市公司 157 家，第三批企业 2930 家，A 股上市公司 119 家。从其板块分布来看，专精特新"小巨人"上市公司都集中在双创板块，主板、创业板、科创板分别有 88 家、133 家、90 家。而从行业分布来看，专精特新企业主要集中在信息技术、高端装备制造、新能源、新材料、生物医药等产业中。

根据工信部的数据，专精特新"小巨人"有以下特点：超过五成研发投入在 1000 万元以上（小巨人的研发投入超过销售额的 7%，而中国规模以上工业企业的平均数是 1.41%，民营企业 1000 强的平均数是 2.57%），超过六成属于工业基础领域，超过七成深耕 10 年以上，超过八成居自身细分市场首位。

考虑到与一般的科创板、创业板、独角兽企业等相比，专精特新"小巨人"企业的规模都较小，在高质量创业中的权重也不宜过大，本研究采取了权重折半的处理办法。

从表 6–12 中可以看出，与高质量创业（五因素）显著相关的因素是创新主体投入和国家级备案众创空间数量，因变量增加了专精特新企业的数量，营造新创企业初期创业环境的众创空间更有利于激发更多专精特新企业出现。模型 2 体现了更高的解释力，R^2 得到改善。

表 6–12　　　　层级回归分析（高质量创业五因素）结果

变量	城市高质量创业（五因素）	
	模型 1	模型 2
常量	—	—
解释变量	—	—
创新主体投入	0.941 **	0.729 **
国家级备案众创空间	—	0.249 **

续表

变量	城市高质量创业（五因素）	
	模型 1	模型 2
F	631.698	374.005
R^2	0.885	0.902
ΔR^2	—	0.017

注：** 表示在 5% 水平下通过显著性检验；ΔR^2 与前一模型相比较的 R^2 变化；回归方法：逐步进入法。

四、本阶段实证分析结论总结

从以上实证分析来看，可以把得到正向实证检验的结果总结如表 6–13 所示。

表 6–13 实证检验的结论总结

被解释变量（因变量）	正向证实的解释变量（自变量）（括号内为回归系数）	负向证实的解释变量（自变量）
（1）城市科创板数量	创新主体投入（0.645 **）	创新协同互动（−0.177 *）
	国家级科技企业孵化器（0.445 **）	
（2）城市创业板数量	创新主体投入（0.917 **）	
（3）城市独角兽企业数量	创新主体投入（0.588 **）	创新生活环境（−0.177 **）
	国家级备案众创空间（0.349 **）	
（4）城市新三板精选与创新层企业数量	创新主体投入（0.520 **）	创新生活环境（−0.103 *）
	国家级科技企业孵化器（0.262 **）	
	国家级备案众创空间（0.235 *）	
（5）城市专精特新企业数量	创新主体投入（0.415 **）	
	国家级备案众创空间（0.293 *）	
	创新投资环境（0.227 *）	

续表

被解释变量（因变量）	正向证实的解释变量（自变量）（括号内为回归系数）	负向证实的解释变量（自变量）
（6）高质量创业四因素	创新主体投入（0.759**）	
	国家级科技企业孵化器（0.208**）	
（7）高质量创业五因素	创新主体投入（0.729**）	
	国家级备案众创空间（249**）	

注：*、**分别表示在10%和5%水平下通过显著性检验。

从本章的研究结论来看，创新主体投入（研发投入，知识型员工的数量等）是影响所有高质量创业的最主要影响因素，国家级科技孵化器是影响科创板、新三板和创新层企业的重要影响因素，国家级备案众创空间则是影响独角兽企业、新三板和创新层企业、专精特新企业的重要影响因素。说明发展高质量的创业，各地有些共同的规律，比如创新主体的投入，需要根据各地已有的产业基础和双创建设情况，因地制宜地确定高质量创业的发展目标，进而营造适宜的双创生态系统。而出现两类负向回归效应的可能解释是创新协同效应的出现或许需要具备一些先决条件，才能把高校与产业界的创新协同转化为现实的生产力，否则就会争夺有限的创新资源和其他有形资源。创新生活环境产生负向效应的可能解释是，一定程度城市生活环境的改善都占用了投资资源，一方面会与企业占用生产资源间存在相互挤出效应；另一方面，生活资源的改善有可能反而降低创业精神，特别是对"创二代"守业的生态系统企业来说，这些还需要后续进一步深入研究。其他结论会在第八章中具体阐述。

第七章

众创社区型创业生态系统
与独角兽企业的组态分析[*]

　　第五章和第六章的研究对象都是城市，但事实上，城市的规模有很大区别，有些特大城市，比如，北上杭广深，无论经济总量还是人口总量，和一些中小地级城市相比，许多指标都不在一个量级上。同时，一些中等城市由于准确的定位和产业积累，仍然可以培育出有影响力的高成长企业，比如独角兽企业或者瞪羚企业。特别是在预调研中，团队对江苏省在 2016 年开始大力推进的众创社区建设极有感悟，这和产业集群的研究思路很类似，一些城市可以发展孕育出数个有竞争力的产业集群生态系统，因此对创新创业生态系统的研究，仅仅把城市作为一个整体来进行研究是不够的，需要细化研究的颗粒，本研究团队借助江苏省软科学委托项目，对城市内部的众创社区型创业生态系统进行了系统的跟踪研究，对众创社区型创业生态系统的指标体系进行了预研究，在此基础上，本阶段研究抽丝剥茧，进一步细化到城市内部的众创社区型创业生态系统。比如，北京市中关村的创业大街引领了全国双创的发展；苏州工业园区是中新产业合作的典范，同

---

　　[*] 本阶段实证部分主要来自团队成员董知政的硕士论文《组态视角下创业生态系统驱动独角兽企业形成研究》。

时，苏州云计算众创社区等发挥了极大作用，推动了苏州工业园区不断孕育新的产业机会；南京市软件谷创业生态从无到有，从小到大，在软件产业的创新创业生态发展上树立了新的典型区域标杆。另外，独角兽企业的出现是新时代新兴经济体最为典型的特征之一，本阶段的细粒度研究聚焦于众创社区型创业生态系统与独角兽企业出现和成长的关系。

独角兽企业作为创新型企业的典型代表，往往是新技术、新模式、新产业新质生产力的开拓者，具有高科技水平与爆发式成长的特征，成为衡量城市创新环境（楚天骄等，2017）、创业质量（谢智敏等，2020）等的重要指标。据国际风险投资数据公司 CB Insights 所公布数据，我国自 2014 年开始，多年间独角兽企业数量持续快速增长，不断缩小与美国领军地位间的差距，并大幅领先印度、英国等国家，形成中美为首"两超多强"的全球独角兽企业分布格局。

本阶段研究以长城战略咨询 2020 年所评定的 249 家位于中国大陆的独角兽企业注册地址为中心，参考江苏省众创社区的设计理念，划定半径 3 公里的圆形范围，结合天眼查的企业征信信息数据库进行数据收集。主要使用组态理论与定性比较分析法（QCA），探究了不同类型的创业生态系统与可能产生的独角兽企业数量这一结果间的关系，试图回答以下三个问题：（1）什么样的创业生态系统产生了独角兽企业数量高的结果？（2）什么样的创业生态系统产生了非高独角兽企业数量结果？（3）非高结果组态如何向高结果组态转变？并结合必要条件分析法（NCA）等对研究形成的必要性、充分性结果进行了稳健性检验。

陈强等（2018）发现，我国独角兽企业大多集聚在融资便利、人才聚集、政策优惠、基础设施完善以及创业文化浓厚的有良好创新创业生态的城市，其中典型的便是"北上杭广深"几座城市。这与已有研究所发现的人才（Lversen et al.，2010）、金融资本（Gompers et al.，2005）、政策支持（Korosteleva et al.，2017）等要素对创业结果的促进作用一致，造成了对创业生态系统高产出结果溯因时各要素"越多越好"的片面归纳，也进一步造成了实践指导中"面面俱到"引致的盲目竞争，削弱了理论研究的实践指导效果。福建宁德、镇江丹阳等中小城市出现具有当地特色的独角兽企业，使存在要素不完整的创业生态系统得到重视（任声策等，2019），已有要素间如何协同使其能够释放更大的能量成为众学者关注的热点，也让更多城市有了构建创业生态的可能与可供参考的案例。

本阶段研究的技术路线如图 7-1 所示。

一、关于众创社区型创业生态系统

众创社区是江苏省人民政府于 2016 年率先提出并推动建设的双创支持平台，并非行政管理意义上的社区概念（康亚飞等，2021），而是围绕某一细分的产业领域，组合人才、技术、资本等创新创业要素，集成专业化众创空间、科技企业孵化器、科技服务机构等载体平台，实现创业功能、产业功能、文化功能与社区功能有机融合的创业生态系统。当前围绕众创社区的研究成果稀少，参考江苏省政府所发布的《江苏省政府办公厅关于推进众创社区建设的实施意见》[①] 中对众创社区建设目标的表述，将其特征概括如下（曹争鸣，2017）。

第一，创新资源富集。众创社区通常将规划面积控制在较小的范围内，在该范围内集聚了各行业顶尖专家、高水平创业人才，并与地方高校、科研院所、研发企业等密切合作，对区域内的创新创业资源进行高效整合。第二，创业服务完善。众创社区配套有专业的众创空间、孵化器、加速器等创业支持机构，为研发创新、科研成果转化及

---

① http：//www.jiangsu.gov.cn/art/2016/12/21/art_46144_2545484.html。

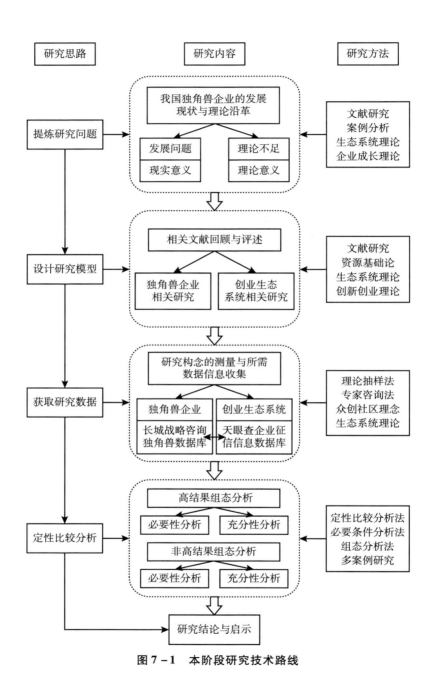

研究思路 研究内容 研究方法

提炼研究问题 → 我国独角兽企业的发展现状与理论沿革 / 发展问题 现实意义 / 理论不足 理论意义 ← 文献研究 案例分析 生态系统理论 企业成长理论

设计研究模型 → 相关文献回顾与评述 / 独角兽企业相关研究 / 创业生态系统相关研究 ← 文献研究 资源基础论 生态系统理论 创新创业理论

获取研究数据 → 研究构念的测量与所需数据信息收集 / 独角兽企业 长城战略咨询独角兽数据库 / 创业生态系统 天眼查企业征信信息数据库 ← 理论抽样法 专家咨询法 众创社区理念 生态系统理论

定性比较分析 → 高结果组态分析 / 必要性分析 充分性分析 / 非高结果组态分析 / 必要性分析 充分性分析 ← 定性比较分析法 必要条件分析法 组态分析法 多案例研究

研究结论与启示

图 7-1 本阶段研究技术路线

产业化提供了必要条件支持，为创新创业人员提供高水平、专业化的"一揽子"服务。第三，产业特色鲜明。众创社区充分考虑了地方的资源禀赋，发展地方最有特色、最具优势的战略产业，催生新技术、新模式、新业态，成为高新技术产业与区域特色战略产业的策源地。第四，人居环境适宜。众创社区依据城乡规划划定社区边界，充分利用现有建筑资源进行科学合理布局，统筹区域内空间布局与周边自然环境相协调，充分满足创新创业者的工作生活需求。第五，管理体制科学。众创社区建有专业的区域管理及运营机构，配套出台了支持区域发展的相关政策，坚持政府引导、企业主体与市场化运作相结合的创新协同机制，开展形式多样的创新创业支持活动，为创新创业成果的涌现提供有力保障。

本阶段研究试图讨论不同创业生态系统与独角兽企业这一产出之间的关系，此外，还试图为创业生态系统进行优化升级提供路径参考。因此，相较于静态地枚举各创业生态系统已有的构成要素，使用创业生态系统不同的运行模式对各类创业生态系统进行刻画有一定的优势，运行模式既包括了所需的各要素基础，又包括这些要素的组织形式。知识作为创新的基础，在高质量创业成果的形成中具有关键作用，在知识溢出视角中，本地知识来源与外来知识来源的区分不仅体现在知识溢出和转移的过程与方式上，也体现在不同区域知识发展、积累的方向或侧重上，这导致了本地知识与外来知识的差异化。在制度视角中，创业企业将面对两种主导的指导逻辑：创业市场逻辑与社区逻辑（Roundy，2017）。这两种逻辑一方面形成了一种对立，创业市场逻辑希望企业选择"利己"，优先考虑自身发展，而社区逻辑希望企业选择"利他"，优先考虑集体发展，而在另一方面又是一种统一，即复合逻辑，创业企业在参与集体发展的"利他"过程中可能获得发展资源，在个人发展的"利己"过程中也可能为集体发展做出了贡献，两者均被认为是创业生态系统构建所需的必要条件。科隆博等（Colombo et al.，2019）、张哲（2021）在研究创业生态系统时又提供了一种重要的区分角度，即类自然生态系统或人工生态系统，不仅体现了演化路径的差异，也体现了生态系统中主导力量的不同。以上内容为划分创业生态系统的类型提供了鲜明且有现实意义的角度。

众创社区这一理念的出现，推动了研究的开展落地。不同创业生态系统受边界模糊影响，难以形成便于比较的样本，不同规模的创业生态系统所包含的要素体量与运行模式、演化过程也不尽相同。而众创社区主张将创业生态系统的设计规模控制在半径 3 公里的范围内，大小适宜，且不仅包含创业相关要素，更包含"宜居""宜业"的理念，扩大了创业生态系统的要素构成范围，具有长远的指导意义。

二、关于独角兽企业的相关研究

（一）独角兽企业的概念

独角兽（unicorn）是一种传说中的生物，核心特点是额头上拥有一只螺旋式的长角，常有高贵、纯洁等寓意，其形象在东西方神话中均有出现，但具体形态不尽相同。独角兽企业[①]的概念最早由美国的风险投资公司牛仔基金（Cowboy Ventures）的创始人艾琳·李（Aileen Lee）最早于 2013 年提出，其在德·克朗奇（Tech Crunch）所发表的文章 Welcome To The Unicorn Club：Learning From Billion - Dollar Startups 中第一次公开使用了"unicorn"来代表一类企业[②]。按照艾琳·李的定义，独角兽企业应同时具备三个关键标准：一是接受

---

① 无特别说明时本研究中所说的独角兽亦为独角兽企业之意。
② 该文章原链接为 https：//techcrunch. com/2013/11/02/welcome - to - the - unicorn - club/，受我国相关政策影响，亦可参考翻译后内容 https：//wiki. mbalib. com/wiki/% E7% 8B% AC% E8% A7% 92% E5% 85% BD% E4% BC% 81% E4% B8% 9A。

过风险投资但尚未上市；二是公司成立时间少于 10 年；三是公司估值超过 10 亿美元。对于以上条件，艾琳·李做出了详细的解释，认为从历史经验来看，投资者十分希望能够在 10 亿美元的融资节点上完成退出，该节点也是外部的私募资本在能够负担起的条件下将独角兽企业在资本市场上进行收购的最佳估值点，而这种节点的出现往往需要等待七年以上的时间。

独角兽企业的概念一经提出便受到了广泛关注与认同，在此基础上衍生出了多个新的概念，如超级独角兽指的是估值超过 100 亿美元的公司[①]，毕业独角兽指的是已完成上市的独角兽企业，若符合独角兽规模但超过十年仍未能上市则称为超龄独角兽，虽然当前不符合独角兽标准但很可能成为新一批独角兽的称为准独角兽等。由于独角兽企业的评定标准较高，虽然近几年独角兽企业数量有了快速增长，但仍无法改变其"凤毛麟角"的特性，因此也有研究对样本扩大化，将准独角兽企业、瞪羚企业、专精特新"小巨人"等概念[②]一同纳入研究。

（二）独角兽企业的发展研究

围绕独角兽企业发展的研究主要包含两种视角，一是讨论哪些因素促进了独角兽企业发展，二是讨论多个因素构成的复杂系统对独角兽企业发展的影响。围绕第一种视角的研究主要集中在技术创新、商业模式与企业家三个要素（诸国华，2018）。首先，詹森等（Jensen et al.，1990）认为，技术创新是促使新公司诞生并产生突破式发展的重要因素，独角兽企业通常具有高度的科技优势，其对特定技术的

[①] 亦有说法为估值 1000 亿美元的公司，随着头部独角兽企业的估值规模不断扩大，可预见对"超级独角兽"的理解也将不断改变。

[②] 瞪羚企业指成功跨越创业死亡谷后，进入高质量和爆发式增长阶段的成长型中小企业，其核心特征是高成长性；专精特新"小巨人"指具有"专业化、精细化、特色化、新颖化"特征的中小工业企业。

创新更加敏感，从中获得增长的机会也更大（Kogan et al.，2017）。已有研究发现，企业高研发投资（Lu et al.，2018）、专利布局力度（蒋师等，2018）等均促进了其在技术领域的竞争力，进而促进了企业发展。其次，赫斯等（Hess et al.，2016）发现，独角兽企业均有着独特的商业模式设计，以实现企业内、外部利益相关者与用户间的网络效应。戴尔等（Dyer et al.，2006）认为，平台型的商业模式能够集聚网络资源，获得高速增长的机会，在我国数字化背景下，平台网络是独角兽企业在竞争中脱颖而出的重要依托（周乐婧等，2019）。最后，德鲁克（1989）与张维迎等（2019）均强调，企业家是企业发展的宝贵财富，优秀的企业更是离不开优秀的企业团队。车运景（2018）认为，独角兽企业能够爆发式增长的根源便是企业家精神，企业家凭借其个人资本、社会资本为企业的发展注入动力（陈辉发等，2019）。

第二种视角的研究主要集中在创业生态系统与独角兽企业之间的关系。陈强等（2019）认为，独角兽企业具有规模大、爆发式成长和颠覆式创新的特点，大多是自身行业领域的龙头企业，它们的诞生与区域政策制度、人力资本、金融资本和支持系统等因素息息相关，是各方面要素相互作用、共同促进的结果。因此一个区域内独角兽企业的数量与规模，也被用以反映该地区创业生态系统的质量与水平，阿奇等（2017）与陈强等（2019）发现，独角兽仅出现在创业资源丰富、创业政策便利、创业文化浓厚的地区。同时，项国鹏等（2016）与蔡莉等研究（2016）发现，创业生态系统在动态运行过程中，独角兽企业与创业生态系统间能够形成良性互动，以创业网络的形式不断汇聚创业资源，实现创业生态系统内各要素间的高效协同，以此提高区域的创业绩效。

本阶段研究参考创业生态系统研究中常用的"隐喻"方法（张哲，2021），认为独角兽企业与创业生态系统的关系正如蓝鲸与海洋的关系。独角兽企业的形成与优秀的创业生态系统支持密不可分，但仅有优秀的创业生态系统支持并不足以形成独角兽企业，即优秀的创业生态系统仅是形成独角兽企业的必要不充分条件，除此之外，企业本身的"基因"同样重要，再好的环境也无法让河鱼成长为蓝鲸。[①]因此，本阶段研究紧扣研究主题，从创业生态系统对独角兽企业形成的必要性关系出发，主要围绕组织理论展开，阐述了优秀的创业生态系统与高产出绩效的关系，作为其与独角兽企业形成关系的参考。具体来说，本阶段研究从参与者网络、治理体系与共享逻辑三个角度展开阐述（Thomas et al.，2014）。

1. 参与者网络

创业生态系统是由相互依存的参与者组成的网络（Adner，2012），不同的参与者间是异质、互补的，能够协同、互动以促进价值的创造，并随着创业生态系统的演化而成长与发展。现代组织的一个重要特征是专业化（Nelson et al.，1982），即不同的企业可以向创业生态系统中提供特定的投入要素，通过要素间的整合，实现协同效应与价值创造。专业化还使企业明确自身在创业生态系统中的角色与分工，能够在参与创业生态系统时发挥自身优势（Bresnahan et al.，1999），降低创业生态系统的运行成本，提高其经济可行性。进一步地，异质性的参与者间可能存在互补性（Iansiti et al.，2004），处于参与者网络的任何一方对最终协同效应的产生都十分重要（Mouzas et al.，2009）。参与者间的互补性通常体现在产业链条、市场竞争或技术合作等方面（Pagani et al.，2008），互补性导致的协同效应使各参与者具有产生共创价值的基础（Adner et al.，2010），各参与者间避免了重复劳动，共同努力得以获得更多的成果。最后，随着市场环境与技术水平等的改变，创业生态系统需要不断优化调整投入主体，以

---

① 此处所指的企业"基因"，如企业所处的行业、商业模式等（Urbinati et al.，2019）。

保证专业化、互补性的要素持续投入。因此，处在网络中的参与者也将随着创业生态系统的变化而不断调整，当其无法满足与网络中其他参与者协同的要求时，整个创业生态系统的产出绩效也将随之降低（Afuah，2000）。这也就意味着，在创业生态系统不断演化的过程中，能够产生协同效应的参与者将不断淘汰无法产生协同效应的参与者（Pierce，2009）。

2. 治理体系

创业生态系统的治理即协调参与者的活动（Gulati et al.，2012），通常包括制定决策与分配任务的权力结构、创业生态系统成员间的边界设定以及创业生态系统运行过程中有关参与方的有效的协调。尽管创业生态系统中参与者之间具有相互依存的复杂关系，但企业所具有的权力是有差异的（Beckert，2010），这导致了权力结构的形成，以及不同参与者在权力结构中的层级差异。较高的权力层级可以在一定程度上制定相关的规范性准则，但当权力结构趋于扁平时，更加依赖企业的自我治理能力（Dyer，1998）。创业生态系统的边界通常是模糊、可变的，既允许已有成员从创业生态系统中离开，也允许新的成员加入网络（Lawrence，1999）。在一些具有较高权力层级的中心参与者所在的创业生态系统中，中心参与者将基于专业化与互补性的考量来决定允许哪些参与者成为网络中新的一员（Boudreau et al.，2009）。但通常而言，创业生态系统往往保持良好的开放性，允许网络中的参与者推动新的参与者不断加入（Eisenmann et al.，2009），使创业生态系统的组成部分更加多样化（Boudreau，2010），增加参与者间协同效应的产生机会。为了保障各参与者能够在创业生态系统中顺利完成互动，创业生态系统存在着一套针对性的协调机制（Nambisan et al.，2011），既可以是自上而下的基于权力层级差异的指示，又可以是平级间横向的非正式协调（Garud et al.，2006）。协调机制的存在为创业生态系统的运行提供了一种规则，该规则降低了各参与者间互动的复杂性，促进了其间的网络关系有序运行（Stabell et al.，1998）。

3. 共享逻辑

创业生态系统的共享逻辑指处在网络中的各参与者彼此共享技术、物质等企业资源，通过彼此的信任降低不同参与者相处时所产生的摩擦，并通过共创意识实现不同参与者的合作以及创业生态系统的额外产出（Battilana et al.，2009）。共享逻辑的基础即合法性，指某一个体的行为在社会规范、价值观或信仰等体系中是适当或普遍的（Suchman，1995），反映了其与既定的规则或法律等的一致性（Scott，2008）。创业生态系统需要同时管理系统内部的合法性与外部的合法性（Gawer et al.，2013），在创业生态系统内部，中心参与者需要合法保持其领导地位，从而有效协调创业生态系统运行（Adner et al.，2010），而在创业生态系统外部，创业生态系统作为一个整体，不仅需要物质资源、技术资源等要素的投入，也需要获得所处的社会环境的认可度以及合法性（Scott et al.，2000）。具体地，社会政治合法性促进了创业生态系统获得社会环境的接受与支持，如被关键的外部利益参与者所接受，包括政府监管（Holm，1995）、大企业的特定要求（Tushman et al.，1992）等。认知合法性吸引了新的参与者进入创业生态系统，在不断地沟通与适应过程中，减少争议，增加理解，最终促进其与其他参与者间的协调（Aldrich et al.，1994）。不同参与者在对集体目标的共同理解的基础上，才能进一步深入为对组织价值逻辑的共同理解，即对集体创造价值的内容与方法的共识（Adner，2012）。在创业生态系统中，组织之间的对话将从以企业为中心，转变为创业生态系统的整体视角，因为单个参与者将不断面对来自参与者网络的、超出自身直接责任范围的挑战，需要去主动考虑如何应对这种组织风险。因此，共同企业的相互意识并不是参与者间合作的简单意识，而是以一种集体身份的共享逻辑嵌入参与者网络之中，共同推动集体价值的创造以及更深度的共享逻辑（Gawer et al.，2002），在网络中处于枢纽地位的参与者也可以通过其权力来引导创业生态系统的发展与走向（Weick，1995）。

三、本阶段研究构念界定及理论模型构建

基于前述研究中对创业生态系统与独角兽企业的研究回顾，本阶段研究进一步选择或提炼了以下6个研究构念或概念，共包含1个结果与5个条件。将"独角兽企业数量"作为结果，将"本地知识来源""外来知识来源""创业市场逻辑""社区逻辑"与"初创企业占比"作为前因条件，对各构念或概念的定义、内涵的阐述说明如下。

（一）独角兽企业数量

本阶段研究中"独角兽企业数量"指一个区域内预期可能产生的独角兽企业的数量。基于前述对独角兽企业相关研究的回顾与述评，从三个角度评估这种可能性，一是该公司需接受过风险资本投资（高投资），二是爆发性成长能力（短时间），三是具有较大的发展规模（高估值）。需要说明的是，此处所指的"可能数"仅是一种用以比较的可能性大小，受诸多不可控因素，如宏观经济、政治政策等的影响，许多企业最终无法成长为独角兽企业。

（二）本地知识来源

本阶段研究中"本地知识来源"指该区域内部，或周边相近范围内的知识溢出来源，如当地的大学、科研机构等。创业知识溢出理论认为，知识溢出能够产生新的创业机会（Qian et al.，2013），主要是科研院所通过知识转移实现知识增值，大学通过培养知识人才从而为新企业的形成与发展提供机会，科研院所或大学科研人员将自有

研究项目进行商业开发以实现知识增值，并在创业生态系统的运作中促进了溢出知识的转化和价值的创造（张炜等，2018）。

（三）外来知识来源

本阶段研究中"外来知识来源"指外资企业等国际的知识流动方式。巴韦等（Bhawe et al.，2019）认为跨国公司等外来知识来源能够为当地企业带来新的资源、技能和知识，激励企业创新和技术开发，有利于当地企业吸收学习外来知识，促进不同类型新企业的出现与演化，从而增强创业活动的异质性。

（四）创业市场逻辑

本阶段研究中"创业市场逻辑"（entrepreneurial-market logic）沿用了坎宁安等（Cunningham et al.，2002）的定义，将其描述为企业的目标与行为侧重于创新、创造新市场、商业模式和技术等，在发展困难时仍不放弃寻找机会。创业市场逻辑通过驱动企业家形成共同的目标（Krueger et al.，2000）、采用相似的商业模式、使用相同的技术方案（Holcomb et al.，2009）等，使企业家的行为产生相关性，进而使松散、无关、自由的参与者集合，成为一个系统（Roundy，2017）。

（五）社区逻辑

本阶段研究中"社区逻辑"沿用了马奎斯等（Marquis et al.，2011）的定义，将其描述为企业关注社区的需求、发展、繁荣、信任和价值创造。社区逻辑驱动的个人和组织旨在通过合作和帮助他人来增加社区价值，社会成员的总效用在考虑了该活动中使用的所有资源的机会成本后所增加部分便是创造的价值（Santos，2012）。合作、利他主义和先予后取等价值观有助于促进创业生态系统进一步的协同发展（Feld，2012；Krueger et al.，2013），这些价值观进一步传播并成为指导越来越多的生态系统参与者行为的共同准则和简单规则，能够促进创业生态社区的发展与活动。

（六）初创企业占比

本阶段研究中"初创企业占比"描述了该区域在"自然生态系统"与"人工设计系统"两者间的偏向。参考科隆博等（2019）的划分，将由政府部门等主导的自上而下的演化路径所形成的创业生态系统称为"人工设计系统"，与将自下而上的演化路径，即一种非正式的、自然的演化路径所形成的创业生态系统称为"自然生态系统"。由于"自然生态系统"的自然演化往往需要较长的时间，且整个过程更加平缓，因此，与"人工设计系统"在企业年龄构成上存在差异，"人工设计系统"的初创企业占比将更高。

综上所述，本阶段研究基于组态视角，所构建的研究模型如图 7 - 2 所示。该模型中，结果是独角兽企业的可能数，本阶段研究分别对高结果与非高结果两种情形进行了分析。前因条件组态由本地知识来源、外来知识来源、创业市场逻辑、社区逻辑、初创企业占比共 5 个前因条件组成，各前因条件间相互影响、匹配，探索不同前因条件组态与结果间的复杂关系。

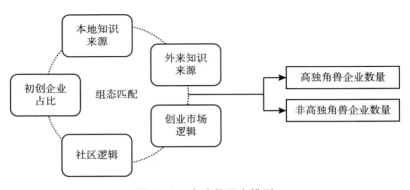

图 7 - 2　本阶段研究模型

四、本阶段的研究设计

本阶段研究主要使用定性比较分析方法对研究样本进行处理，以形成多种待分析的组态结果，后结合具体案例情况对各组态进行定性研究与阐述，使用定性比较分析与必要条件分析两种方法相结合的方式，对相关研究结果进行稳健性检验。为了更好地展示本阶段研究分析过程的设计与执行过程，现将上述两种研究方法围绕其概念、用途与优势、依托工具、分析流程与常用标准（阈值）等简介如下。

（一）定性比较分析

定性比较分析（qualitative comparative analysis，QCA）于 20 世纪 80 年代末由美国社会学家拉金（Ragin，1987）提出，目前在社会学、政治学、管理学等多个学科及研究领域均有广泛应用并取得诸多成果。其基本思想是，将集合论与布尔运算作为方法论的基础，通过条件的组合来探索和解释结果的可观测变化。与传统方法相比，其核心的区别或优势主要包括以下三点（杜运周等，2017）。

第一，QCA 能够处理因果复杂性问题。迈耶等（Meyer et al.，1993）与拉金（Ragin，2000）指出，社会现象的发生是诸多维度的因素共同作用的结果，这些前因条件并不彼此独立，而是互相影响、互相依赖的。这将导致传统回归分析方法所期望的单个变量对结果影响的净效应被多个变量间的协同效应所掩盖（Rihoux et al.，2009）。而 QCA 采用整体视角（组态视角），将每个案例视作多个前因条件组成的组态，通过多个案例间比较，回答何种组态实现了所期望结果的问题。

第二，QCA 能够处理因果非对称性问题。因果对称性即自变量与因变量间的统一对称关系，如通常认为商品价格与销量成反比，该结论既说明了高价则低量，也说明了低价则高量。但现实情况并非如此，如高创新绩效导致高企业利润，但这并不能说明低创新绩效导致低企业利润（杜运周等，2017），需要结合其他前因条件再进行分析，如环境不确定性较强时，低创新绩效反而帮助企业减少了研发投入风险。因果非对称性问题也是导致已有研究成果被新研究发现所否定的重要原因，而这一问题在集合理论与 QCA 方法的发展中逐渐得到解决（Fiss，2007）。

第三，QCA 能够处理殊途同归性的问题。殊途同归即实现某一结果可以同时存在多个方案（路径），如多种不同类型的营商环境均可能促成高创业活跃度的结果（杜运周等，2020）等。现实问题的复杂性是殊途同归现象产生的重要成因，无论是"山重水复疑无路，柳暗花明又一村"，还是"车到山前必有路，船到桥头自然直"，都说明了仍有尚未被发现的，可实现同一结果的等效路径。而 QCA 的溯因推理有效地识别了多种等效路径，为理论上路径间的差异分析提供了比较分析的基础，也为实践上的路径选择提供了更多样化的备选方案。

目前 QCA 分析主要依托的工具是 fsQCA，最新版本为 fsQCA3.0，虽然 R 语言中也有对 QCA 相关模块进行的开发（Dusa，2019），但其与 fsQCA 工具在一致性等结果上可能存在千分之几的偏差，因此本阶段研究选用较为传统且主流的 fsQCA3.0 开展 QCA 分析。

QCA 分析通常包括前因条件（组态）的必要性分析、前因条件组态的充分性分析，研究结果的稳健性分析三个部分（张明等，2019）①，其中充分性分析又包括案例频数设置、一致性阈值设置、

---

① 参考张明等（2019）的观点，QCA 方法可分为前 QCA 阶段、QCA 分析阶段与后 QCA 阶段，分别对应理论准备、程序操作与组态阐述三个环节，本部分仅对 QCA 分析阶段进行说明。

三种解的形成三个环节，具体执行过程如下。

（1）必要性分析。里胡克斯等（Rihoux et al.，2009）指出，如果必要条件出现在了真值表中，那么执行布尔最小化后，该条件可能被简约解所消除。因此，应事先对各必要条件进行识别与保留，在后续分析得出的简约解中再进行补充。一般对必要条件的判定标准（阈值）为 0.9（Schneider et al.，2012；张明等，2019b），若一致性结果超过 0.9 则认为该前因条件构成了结果的必要条件，此外如果有明确的理论或经验说明了多个条件构成的条件组态具有特殊意义，也应对该前因条件组态的必要性进行分析（Du et al.，2021）。

（2）案例频数设置。充分性分析过程中，首先需要保留希望进入后续分析的真值表行，参考拉金（Ragin，2008）与杜运周等（2017）的建议，应删除无案例支持或无同质样本支持，即案例数小于等于 1 的真值表行，当研究样本规模扩大时也可适当提高该案例频数，但应保证至少保留 75% 的研究样本进入后续环节（Rihoux et al.，2009）。当研究样本规模明显小于条件组合的可能数时，也应结合具体理论与经验指导对特定真值表行予以保留。

（3）一致性阈值设置。充分性分析需要通过原始一致性与 PRI 一致性对所保留的真值表行进行判定，并使用"1"与"0"对其赋值。其中原始一致性（raw consist）阈值通常选择 0.75（Schneider et al.，2012）或 0.8（Rihoux et al.，2009），或者使用样本分布所存在具有特殊意义的自然间断（natural break）作为阈值（Schneider et al.，2010；Chen et al.，2018）。PRI 一致性（Proportional Reduction in Inconsistency）是描述前因条件组态在结果与结果非集间同时存在子集关系的可能性，PRI 一致性越高，则存在"同因异果"问题可能性越低（Rihoux et al.，2009）。PRI 一致性阈值通常选择 0.75，0.7 也可以接受（杜运周等，2017）。

（4）三种解的形成。充分性分析将生成三种解，复杂解、中间解与简约解，复杂解（complex solution）中不使用任何的逻辑余项，中间解（intermediate solution）仅采用符合理论或经验的逻辑余项，简约解（parsimonious solution）采用所有有助于简化组态的逻辑余项，但不评价其合理性（Rihoux et al.，2009）。设定相关阈值后选择执行标准进行分析，在形成具体的解之前需要根据理论或经验指导，对各条件是否出现（present/absent）与结果发生间进行反事实判断，当无明确的理论或经验支持时，应默认"present or absent"（Schneider et al.，2013），此时中间解中将不包含任何逻辑余项，造成中间解与复杂解完全相同（Fainshmidt et al.，2019）。三种解形成后，如果前因条件同时出现在中间解与简约解中称为核心条件，如果只出现在中间解中则称为边缘条件（杜运周等，2017），并根据核心条件间的区别对解进行类型的划分。

（5）稳健性检验。QCA 分析包含必要性分析结果与充分性分析结果，需要分别进行结果的稳健性检验。杜运周等（2020）引入必要条件分析（NCA）方法，对 fsQCA3.0 所得出的必要性分析结果进行稳健性检验。施奈德等（Schneider et al.，2012）与张明等（2019）提出了多种充分性分析结果的稳健性检验方法，如增删研究案例、调整校准锚点、调教案例频数或一致性阈值等，观察新的结果与原结果间差异，如果并未形成质的区别则应认为该结果是稳健的。

（二）必要条件分析

必要条件分析（necessary condition analysis，NCA）顾名思义是一种对必要条件进行识别与分析的研究方法，是对现有研究方法的重要补充（Dul，2016）。如前文所示，QCA 分析过程中也包含必要性分析的能力与内容，NCA 与 QCA 相比，主要区别如下。

第一，QCA 仅能识别是否构成必要条件关系，而 NCA 能够定量描述在多大程度上构成必要条件关系。

第二，QCA 支持对条件组态与结果间的必要性进行分析，而 NCA 目前仅能对单个条件与结果间的必要性进行分析。

目前 NCA 分析主要依托的工具是 R 语言中的 NCA 分析模块，最新版本为 NCA3.2.0（基于 R4.1.3 构造），本阶段研究使用该工具开展相关 NCA 分析。

NCA 分析通常包括绘制散点图（scatter plot）、绘制上限包络线、计算各参数三个部分，该过程可通过 NCA3.2.0 直接完成，因此本阶段研究中仅对最终计算所得各参数结果进行展示。NCA 分析过程中，关键性的参数或概念介绍如表 7 - 1 所示。

表 7 - 1　　　　　　　　　　NCA 分析所涉概念释义

概念	含义
包络上限	"Ceiling Envelopment"（CE），一种上限技术，特征为采用分段线制作（Goertz et al. , 2013）
回归上限	"Ceiling Regression"（CR），一种上限技术，特征为采用连续线制作（Goertz et al. , 2013）
精确度	上限包络线或其下方的观测数除以观测总数乘以 100%
上限区域	"Ceiling Zone"，使用上限包络线从完整区域中分离出的空白区域，上限包络线的绘制存在权衡过程，因此空白区域不意味着无观测值
范围	"Scope"，具有观察值的潜在区域大小
效应量	"Effect Size"，上限区域对结果的约束大小，上限区域的面积越大，必要条件的影响越强（Dul et al. , 2010）。记作 d，由上限区域大小与潜在区域大小相除获得
瓶颈分析	指对于给定水平的结果，所需要的条件必需水平，对于识别条件组态的必要性具有重要价值

（三）研究样本

对独角兽企业的评定主要由各研究机构、政府部门独立或联合完成。较为知名的独角兽评定（研究）机构如 CB insights、胡润研究院、长城战略咨询、IT 橘子等，其评定所得的独角兽企业榜单在社会各界认可度较高，近几年亦有投资行业在内的部分机构，如创业邦等也推出了其评定结果，但参考价值不及前者。政府部门多为各地科技厅、生产力促进中心、高新区管委会等。独角兽企业评定过程以各企业自主申报为主，评定机构广泛关注、持续收集为辅，因此独角兽企业榜单无法完全展示所有的独角兽企业，但随着各地对独角兽企业的逐渐重视及大力支持，独角兽企业的申报热度也在不断高涨，更多的独角兽企业不断浮出水面。

本阶段研究选用我国长城战略咨询所发布的《中国独角兽企业研究报告 2021》① 中所示的 251 家独角兽企业所在位置及周边信息作为研究样本（为便于区分各研究样本，使用该独角兽企业名称对研究样本进行命名），主要的依据包含以下几点。

（1）长城战略咨询是我国最早开展独角兽企业、潜在独角兽企业等评审与研究的机构之一，其所发布成果在我国范围内具有较大的影响力。

（2）长城战略咨询与我国科技部火炬中心具有多年合作研究背景，其所发布的成果具有较高的可信度与参考价值。

---

① 《中国独角兽企业研究报告 2021》，http：//www. gei. com. cn/yjcg/8306. jhtml，受知识产权保护影响，原报告中部分内容亦可由其他平台转载资料中获得，如见 https：//www. maigoo. com/news/590121. html，报告发布日期为 2021 年 4 月 27 日，实际内容为 2020 年度中国独角兽企业研究报告。该报告使用各企业所申报的项目进行独角兽企业评定，因此允许母公司下产生新的独角兽企业，如京东科技、京东物流等，同时该报告对外所示为各项目名而非企业名，因此本研究结合天眼查中的"独角兽企业"认证标识与榜单中其他信息，最终确定各项目对应的项目主体。

（3）2019 年年末 2020 年年初新冠疫情的出现，对企业经营发展、资本市场运行造成了不同程度的冲击，进而对独角兽企业的发展造成了短期扰动（蔡笑天等，2021），采用 2020 年的榜单信息既可以保障研究样本的新颖性，又可以减少扰动造成的研究结果失真问题。

本阶段研究对该报告展示的独角兽企业信息中城市分布、估值规模与成立时间三个角度做简要分析，如图 7 - 3、图 7 - 4、图 7 - 5 所示。

如图 7 - 3 所示，"北上杭深"四座城市拥有我国超 2/3 的独角兽企业，其中北京 82 例，约占 33%，上海 44 例，约占 18%，杭州 25 例，约占 10%，深圳 20 例，约占 8%。此外广州、南京、天津、青岛也涌现了一批独角兽企业，每座城市约占 4%，成都、常州等 21 座城市也有少数独角兽企业出现，平均每座城市不足 2 例，占总数的 16% 左右。

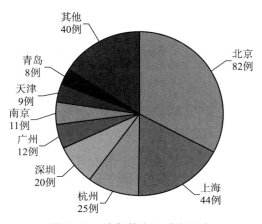

图 7 - 3 独角兽企业城市分布

如图 7 - 4 所示，共 54 例约占总数 22% 的独角兽企业刚好达到

10 亿美元估值的标准，120 例约 48% 的独角兽企业小幅高于 10 亿美元估值但未超过 20 亿美元，50 例约 20% 的独角兽企业估值高于 20 亿美元但未超过 50 亿美元，16 例约 6% 的独角兽企业估值高于 50 亿美元但未超过 100 亿美元。共有 11 例约 4% 的独角兽企业估值超过 100 亿美元，成为"超级独角兽"，其中有 2 例估值更是超过 1000 亿美元，成为"超级独角兽"中的"超级"独角兽。

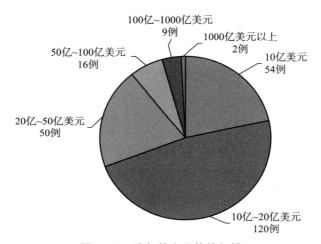

图 7－4　独角兽企业估值规模

如图 7－5 所示，本榜单中 19 例约 8% 的企业仅用了不到 3 年时间便成为独角兽企业，36 例约 14% 的独角兽企业成立超过 9 年，仍未实现上市"毕业"，即将成为"超龄独角兽"。该榜单所示的独角兽企业的平均成立时间约为 5.89 年，即企业成为独角兽企业所需的平均时间很可能不足 5 年。

各独角兽企业周边范围的边界参考众创社区的理念（伍蓓等，2018），最终形成以各独角兽企业为中心，半径 3 公里的圆形范围。

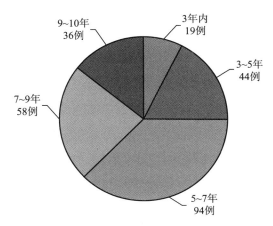

图7-5　独角兽企业成立时间

注：该成立时间采用榜单评定年份，即2020年减去该公司注册成立的年份得出，可能存在少量误差。且该成立时间并不代表企业成为独角兽企业所需的时间，一家企业可能连续多年上榜，因此实际所需时间应小于本图中所示。

五、本阶段研究的数据收集与处理

（一）构念测量

本阶段研究使用天眼查的企业征信信息数据库获取各研究构念的测量信息，具体测量方式如表7-2所示。使用天眼查的企业征信信息数据库的主要依据包括以下几点：一是天眼查是中国人民银行备案的企业征信机构，是社会实体，具有信息收集广、多个维度信息更新快等优势，信息可获得性强，信息可信度高。二是天眼查支持以某一位置为中心，特定半径的圆形范围内各类信息的检索查询，与本研究所希望的半径3公里范围内"众创社区型创业生态系统"各研究构念测量方面相一致。

如表7-2所示，本研究共有6个研究构念，包含1个结果与5个前因条件，考虑到企业征信信息数据库中数据种类的有限性，本阶段研究在充分理解各研究构念内涵的基础上，选用了较为契合的测量方式。具体的测量方式与依据如下。

表 7 - 2　　　　　　　　　　研究构念及测量

测量信息	变量	研究构念	测量
结果	Y	独角兽企业数量 *	5 年内获得 A + 轮（及以下）企业数 ×0.21 +5 年内获得 Pre - B、B、B + 轮企业数 ×0.36 +5 年内获得 C 轮（及以上）企业数 ×0.43
条件	X1	本地知识来源	研究和试验发展行业企业数
	X2	外来知识来源	外商投资企业数
	X3	创业市场逻辑	有专利信息的企业数/总企业数
	X4	社区逻辑	资本市场服务行业企业数
	X5	初创企业占比	注册年限小于（等于）5 年的企业数/总企业数

注：本表所述的测量方式，均是基于半径 3 公里的圆形范围进行统计；所有测量均仅统计存续、在业公司，被注销企业等信息不在统计范畴；为避免数据库信息更新导致的测量结果不一致，本研究所有测量均在 2022 年 12 月 29 日进行。

* 由于"普泰集团"与"Weave Co - Living"两个公司（项目）的注册地址不在中国大陆地区，无法使用天眼查的企业征信信息数据库获取样本信息，因此实际共收集 249 个样本进入分析流程。

（1）独角兽企业数量。由于独角兽企业的平均年龄不断降低，据《中国独角兽企业研究报告 2021》，独角兽企业平均年龄已接近 6 年，且有继续下降的趋势，因此本阶段研究使用 5 年内获得风险资本投资的企业数测量该区域内独角兽企业数量。且考虑到各融资轮次的估值水平差异[1]（不同项目间受行业等因素影响，同一轮次估值也可能有较大差异）及未来成为独角兽企业的可能性差异，本研究为A + 轮（及以下）企业数赋权重 0.21，Pre - B、B、B + 轮企业数赋权重

---

[1]　参考李承绘（2022）的统计分析结果，A 轮、B 轮、C 轮企业的平均估值比例约为3：5：6，本研究按此比例分配权重。需要指出的是，该加权计算所得结果并非实际形成的独角兽企业数量，受企业发展问题、上市退出等原因影响，实际数量将少于该结果，该结果仅作为一种可用于定量比较的相对大小。

0.36，C 轮（及以上）企业数赋权重 0.43，最终加权计算得到独角兽企业数量。

（2）本地知识来源。本阶段研究使用研究和试验发展行业企业数来测量本地知识来源这一构念，按照我国国家统计局对各行业的划分依据①，该行业包含自然科学研究与试验发展等多个中类（及小类），研究和试验发展是指为了增加知识（包括有关自然、工程、人类、文化和社会的知识），以及运用这些知识创造新的应用，所进行的系统的、创造性的活动。该活动仅限于对新发现、新理论的研究，新技术、新产品、新工艺的研制研究与试验发展，包括基础研究、应用研究和试验发展，与本构念的内涵相一致。

（3）外来知识来源。由于跨国公司是引入外界资源、知识、技术等的重要载体（Bhawe et al.，2019），而外商投资企业是国外公司在中国发展的常见方式，因此本研究使用外商投资企业数来测量外来知识来源这一构念，其中外商投资企业是指在中国境内设立的，由中国投资者与外国投资者共同投资，或者由外国投资者单独投资的企业。

（4）创业市场逻辑。本阶段研究使用有专利信息的企业数与总企业数的比值来测量创业市场逻辑这一构念，考虑到创业市场逻辑的核心内涵，即企业通过聚焦创新，不断发现新的发展机会。专利持有情况能够较好地反映企业的创新程度，因此该测量方式能够体现出该区域（生态系统）整体对创新的态度，与本构念的内涵相一致。

（5）社区逻辑。本阶段研究使用资本市场服务行业企业数来测量社区逻辑这一构念，按照我国国家统计局对各行业的划分依据，该行业包含证券市场服务、创业投资基金、资本投资服务等多个中类（及小类），考虑到投资机构通过向被投资公司入资的方式获得相应

---

① 详见 2017 年国民经济行业分类（GB/T 4754—2017），http：//www.stats.gov.cn/xxgk/tjbz/gjtjbz/201710/t20171017_1758922.html。

的股权，投资机构在被投资公司网络中具有协调、干预其发展的能力，能进一步使各公司形成利于集体发展（生态系统）的社区意识（Roundy，2017），与本构念的内涵相一致。

（6）初创企业占比。本阶段研究使用注册年限小于（等于）5年的企业数与总企业数的比值来测量初创企业占比这一构念，考虑到本阶段研究中该构念的内涵即通过不同区域间企业平均年龄的差异，反映一个区域（生态系统）是自然演变形成的还是人工规划形成的（Colombelli et al.，2019；Colombo et al.，2019），该测量方式能够将人工规划区域（初创企业占比相对较高）与自然演变区域（初创企业占比相对较低）进行区分，能够较好地体现本构念的内涵。

（二）描述性统计

使用 SPSS20.0 对研究样本进行描述性统计分析，结果如表 7 - 3 所示。

表 7 - 3　　　　　　　　描述性统计分析（N = 249）

变量	均值	最小值	最大值	标准差
Y 独角兽企业数量	9.005	0	55.4	9.338
X1 本地知识来源	1189.904	1	21020	2488.827
X2 外来知识来源	934.233	0	6341	1224.94
X3 创业市场逻辑	3.316%	0.1%	13.7%	0.023
X4 社区逻辑	126.707	0	856	175.979
X5 初创企业占比	51.131%	21.77%	92.06%	0.158

如表 7 - 3 所示，各变量分布较为离散，标准差较大，部分变量的实际最小值与实际最大值贴近最小可能值与最大可能值，说明本阶段研究所用样本较为充分地覆盖了各变量高与非高的情形，能够为前因条件组态提供更全面的样本支持，减少后续分析中无样本支持的逻

辑余项的产生。

（三）相关性分析

使用 SPSS20.0 对研究样本的相关性进行分析，结果如表 7 - 4 所示。

表 7 - 4　　　　　　　　　　相关性分析（N = 249）

变量	1	2	3	4	5	6
独角兽企业数量	1					
本地知识来源	0. 190 **	1				
外来知识来源	0. 356 **	0. 277 **	1			
创业市场逻辑	0. 306 **	- 0. 164 **	- 0. 136 *	1		
社区逻辑	0. 445 **	0. 421 **	0. 606 **	- 0. 258 **	1	
初创企业占比	- 0. 253 **	0. 187 **	- 0. 273 **	- 0. 320 **	0. 002	1

注：* 、 ** 分别表示在 10%、5% 水平下通过显著性检验。

如表 7 - 4 所示，独角兽企业数量结果与本地知识来源、外来知识来源、创业市场逻辑、社区逻辑各条件间存在显著的正相关关系，与初创企业占比存在显著的负相关关系。各条件间存在普遍且复杂的相关关系，单个条件对结果影响的净效应易被其他条件所干扰或掩盖，因此选用组态思维与定性比较分析方法讨论条件组态对结果的影响是更加合理、有效的。

（四）数据校准

本阶段研究中所有变量（条件/结果）的校准均通过直接校准法进行，参考菲斯（Fiss，2011）与杜运周等（2020）的建议，本阶段研究将完全隶属、完全不隶属的锚点分别设置为样本数据降序后的上四分之一分位数、下四分之一分位数，将交叉点的锚点设置为完全隶属与完全不隶属的锚点的平均值，具体的锚点设置如表7-5所示。

表7-5　　　　　　　　　　　　　　校准锚点

	变量	完全不隶属	交叉点	完全隶属
结果	Y 独角兽企业数量	2	7.95	13.9
条件	X1 本地知识来源	234	583.5	933
	X2 外来知识来源	175	685.5	1196
	X3 创业市场逻辑	0.0179	0.0299	0.0419
	X4 社区逻辑	11	82.5	154
	X5 初创企业占比	0.3859	0.5027	0.6195

注：为进行后续校准程序，该表中已将 X3 与 X5 的数字类型由百分数调整为小数。

　　受篇幅限制，校准结果详见附录 H 独角兽企业样本数据校准结果（N = 249）。需要指出的是，校准结果中可能出现恰为 0.50 的值，即至少在某一维度（条件/结果）恰好处在交叉点上的样本，该情形将导致该样本难以归入任一组态（向量空间角）而无法进入后续分析，进而影响分析结果，参考菲斯（Fiss，2011）的建议，本研究对所有 0.50 的校准结果在此基础上增加 0.001 使其校准值变为 0.501。

　　随机抽选了多个样本，将校准结果的隶属程度与原样本情况进行对比，校准结果能够较为合理地反映样本情况，未发现明显的校准错误。

　　本阶段研究后续章节中的组态分析共包含产生高结果的组态与产生非高结果的组态两组组态，其中产生高结果是指相对而言具有更多独角兽企业数量的结果，产生非高结果与之相对应，具体的高与非高及其隶属度的评判由本章节中的校准结果确定。

（五）产生高结果的组态分析

1. 必要性分析

本研究参考施奈德等（2012）与张明等（2019）的建议，将认定必要条件的一致性分数设定为0.9，即当一致性分数大于等于0.9时称该前因条件构成产生该结果的必要条件。此外，由于缺少明确的经验或理论以支持多个条件构成的集合与结果间的意义（张明等，2019；Du et al.，2021），本研究仅对单个前因条件与结果进行必要条件分析，分析结果如表7-6所示。

表7-6　　　　　　产生高结果的单前因条件必要性检测

条件		Y高独角兽企业数量	
		一致性	覆盖度
本地知识来源	X1	0.727	0.707
	~X1	0.391	0.322
外来知识来源	X2	0.714	0.747
	~X2	0.388	0.302
创业市场逻辑	X3	0.596	0.612
	~X3	0.524	0.414
社区逻辑	X4	0.664	0.682
	~X4	0.442	0.349
初创企业占比	X5	0.390	0.364
	~X5	0.706	0.605

由表7-6可知，所有单前因条件（及其非集）的一致性最大为0.727，均未达到0.9的一致性标准，并不构成产生高结果的必要条件，无须在后续充分性分析环节中做特别处理（Rihoux et al.，2009；Schneider et al.，2012）。

2. 充分性分析

本阶段研究参考里胡克斯等（2009）、程建青等（2019）与杜运周等（2017）的建议，将原始一致性阈值设定为0.8，PRI一致性阈值设定为0.7。参考里胡克斯等（2009）与施奈德等（2012）的建议，将案例频数（frequency cutoff）设定为2，以降低偶然案例结果对分析过程的干扰，最终保留了98.4%的研究案例，符合最低75%的总案例保留要求。选择执行标准分析（standard analysis），由于缺乏明确的经验或理论以支持单个前因条件对高结果发生存在积极影响或是消极影响，因此本研究在进行反事实分析时，假设单个前因条件的出现与否（present or absent）均可能对高结果的发生产生贡献（杜运周等，2020）。充分性分析结果如表7-7所示。

表7-7 产生高结果的充分条件组态

条件	S1a	S1b	S2	S3
X1 本地知识来源	●	●		●
X2 外来知识来源		•	●	
X3 创业市场逻辑	•		●	●
X4 社区逻辑	○	•	•	●
X5 初创企业占比	○	○	○	•
一致性	0.919	0.896	0.943	0.925
原始覆盖度	0.236	0.369	0.219	0.159
唯一覆盖度	0.116	0.171	0.020	0.077
总体一致性	0.887			
总体覆盖度	0.579			

注：当核心条件发生时，记为●，核心条件缺失时，记为○；边缘条件发生时，记为•，边缘条件缺失时，记为○。

如表 7 − 7 所示，本研究共得出了 4 种产生高结果的组态，其中一致性指标最小，为 0.896，说明以上 4 种组态均构成产生高结果的充分条件。解的总体一致性指标为 0.887，说明所得出的 4 种组态所对应的案例中，近九成产生了高结果。解的总体覆盖度为 0.579，说明近六成的高结果可使用所得出的 4 种组态予以解释。

3. 组态分析

为便于对各组态进行区分并阐述，本研究参考富尔纳里等（Furnari et al.，2021）的建议，基于组态理论化的过程，根据核心条件的区别，对本研究所发现的组态进行命名。本研究共发现了 4 种产生高结果的组态（S1a、S1b、S2、S3），其中 S1a 与 S1b 由于核心条件相同，因此构成二阶等价组态（Fiss，2011）。对各组态进行命名并具体分析如下。

（1）本地知识支持的自然演化型。组态 S1a、S1b 指出，高本地知识来源和非高初创企业占比为核心条件，补充高创业市场逻辑和非高社区逻辑为边缘条件，或补充高外来知识来源和高社区逻辑为边缘条件，均可产生高独角兽企业数量结果。该核心条件的代表案例如 Case219 越海供应链（0.99，0.99）[①]、Case1 字节跳动（0.98，1）等，主要集中在具有较长发展历史的城市区域中，如深圳南山区、北京海淀区等，伴随着长期的城市发展过程，不同行业、不同层次的商业要素不断磨合，共同构筑起具有内部结构稳定性的区域创业生态

----

① fsQCA3.0 执行标准分析后将分别报告简约解、复杂解与中间解，汇报内容包含各组态的一致性、覆盖度等，同时也将报告条件组态隶属度超过 0.5 的案例，格式为"案例名"（条件的隶属度，结果的隶属度），其中条件的隶属度取条件组态中各条件隶属度的最小值，若条件以其非集形式存在则其隶属度也应为非集对应的隶属度。各案例经校准后的隶属度值已在附录 H 中进行了展示。此处需要指出的是，所汇报的各案例虽然都较大程度上隶属于相应的组态类型，但同一组态类型下的案例之间由于彼此存在差异点，因此结合具体案例的阐述方式仅用以解释该组态的合理性，也可以为其他案例的解释提供一种参考方向与思路，但并不能对其他所有的案例进行具体的解释。

系统。该创业生态系统的演化力量来自生态系统内各要素在追求各自绩效与生存过程中形成的相互联系与协调互动，演化方向由各要素共同决定，因此具有自然演化的特征（张哲，2021）。且该创业生态系统内已拥有庞大、扎实的企业等要素基础，人工干预难度大，新引入的外来资源对其影响程度小，主要依靠内部文化等无形的关系治理方式对各主体进行协调（Colombelli et al.，2019；Colombo et al.，2019）。

组态 S1a 的代表案例如 Case38 氪空间（0.87，0.99）、Case170 七牛云（0.81，1）等①。以 Case38 为例，氪空间的项目主体氪空间（北京）信息技术有限公司位于北京市海淀区西二旗大街 39 号，四周环绕了大量的成熟科技企业或大型创业支持机构，如百度、华为、腾讯、中兴等企业大厦，中关村、小米科技园等园区，通过知识溢出效应，创业企业能够紧跟前沿技术走向，识别创业机会并提升技术实力与创新能力，最终提升创业绩效。同时，大企业本身具有内部孵化创业企业的能力，通过共享母公司的知识积累与企业资源，提升创业企业的生存能力和发展质量。高创业市场逻辑与非高社区逻辑表明，该区域的企业具有较强的创新能力与创新意识，更加注重寻求自身发展机会，而不是与其他企业间的协同价值，这与区域内集聚的企业知识资源溢出与传递密不可分，也是在充满竞争性的行业环境中发展的客观要求。该组态的原始覆盖度为 0.236，说明超过两成的案例可以参考其进行解释。

组态 S1b 的代表案例如 Case219 越海供应链（0.99，0.99）、Case239 英雄体育（0.97，0.95）等。以 Case219 为例，越海供应链的项目主体深圳越海全球供应链股份有限公司位于深圳市南山区临

---

① 在核心条件的基础上增加边缘条件后，由于条件组态内条件数增多，可能导致代表案例的条件隶属度取最小值后降低。

海大道 59 号，该区域三面沿海，围绕海运贸易建有港口、堆场、工业企业等。海运贸易增加了区域内企业与外国企业间的合作与沟通，出于对产品成本、质量或供应链稳定的管理需求，也促进了外资企业在该区域投资或兴办跨国企业的热情。该区域还聚集了较多的金融服务机构，一方面利于对海运贸易相关环节进行支持，另一方面也利于协助或引导海外资本在当地进行投资，此外金融服务机构通过投资网络等方式，协调了网络中企业的决策导向，产生了与 S1a 不同的制度逻辑，更加愿意合作共赢，以合作代替竞争也是贸易供应链行业运转的现实写照。该组态的原始覆盖度为 0.369，说明近四成的案例可以参考其进行解释。

（2）外来知识支持的创业市场型。组态 S2 指出，高外来知识来源和高创业市场逻辑为核心条件，补充高社区逻辑和非高初创企业占比为边缘条件，可产生高独角兽企业数量结果。代表案例如 Case1 字节跳动（0.85，1）[①]、Case79 农信互联（0.72，1）等。以 Case1 为例，字节跳动的项目主体北京抖音信息服务有限公司位于北京市海淀区北三环西路甲 23 号院 1 号楼，该区域内有多所知名高校，如清华大学、北京理工大学、北京交通大学等，且基础设施较好，居住人群多为知识分子与科技精英等，且吸引了大量的外资企业入驻。外资企业，尤其跨国企业，通过管理经验分享、技术转移、研发合作等方式，向本土注入各种知识，推动当地企业的创新创业。同时由于科技企业间存有竞争，科技创业企业具有更强的创新动力与要求，该区域也体现出更强烈的创新氛围。与组态 S1 稍有不同的是，该区域创业企业在市场竞争、各自发展外，得益于高校在产学研中的关键地位及众多投资机构的沟通协调，不同创业企业间也会开展合作、共同发

---

① 对于不同的组态，标准分析可能汇报出相同的代表案例，但该案例与不同组态的隶属度可能存在差异。

展。该组态的原始覆盖度为 0.219，说明超过两成的案例可以参考其进行解释。

（3）本地知识支持的复合制度逻辑型。组态 S3 指出，高本地知识来源、高创业市场逻辑和高社区逻辑为核心条件，补充高初创企业占比为边缘条件，可产生高独角兽企业数量结果。代表案例如 Case112 丁香园（0.95，0.99）、Case120 德晋医疗（0.95，0.98）等。以 Case112 为例，丁香园的项目主体观澜网络（杭州）有限公司，位于杭州市滨江区长河街道江虹路 611 号 4 号楼。杭州市滨江区与杭州国家高新区实行"两套牌子、一套班子"制度，同时该区域也是中国浙江自由贸易区杭州片区的组成部分，承载了重要的发展任务。该区域不仅集聚了杭州大量的高新技术企业，同时也与浙江大学、中国科学院等建立长期合作关系，吸引了大量的高素质人才，为创新创业提供了有力支持与保障。作为政策引导下建设的区域，区域内已有企业相对较少，新创企业占比高，且仍有很大增长空间，地方支持力度大，在围绕高新企业创业，发展所需的人才、资本、场地、产业合作等多方面均进行了大量投入，形成全面优势、面面俱到的创业生态系统支持环境。该组态的原始覆盖度为 0.159，说明近两成的案例可以参考其进行解释。

4. 组态间比较

通过对比上述 4 种组态，本研究发现，产生高结果的组态有以下特点。

（1）基本支持了"越多越好"的传统结论。除 S1a 体现出非高的社区逻辑能够增强该组态结果[1]，其他组态均未发现某一前因条件缺失对高结果的产生具有重要的贡献作用（由于初创企业占比这一

---

[1] 通常认为，核心条件指对于结果产生重要影响的条件，边缘条件指起辅助贡献的条件（杜运周等，2017）。

前因条件在高或非高时均有明确的理论或实践证据支持其对高结果的贡献，因此未讨论该条件缺失的情形）。部分条件既可出现又可缺失，一种可能是无论该条件出现或缺失，其对高结果的产生均有增强作用，另一种可能是即便该条件的出现或缺失对高结果的产生起到了削弱作用，但削弱力度较小，整体上不会改变该组态产生高结果的性质，因此已有研究所发现的各创业生态系统要素与创业绩效间的关系，以及构建创业生态系统时各要素"越多越好"的方法论基本得到支持。

（2）虽然组态间形态相似，但主导逻辑存在明显差异。S1a、S1b 展示了漫长自然演化形成的区域积淀，在本地知识的支持下产生了高独角兽企业数量的结果。该核心条件中，若缺少了本地知识的支持，即便有演化形成的生态系统，也必然缺少高质量创业所需的知识来源，若缺少了自然演化的积淀，本地知识的转化也将成为空中楼阁、无从落地，因此两者是有机契合的，缺一不可。同理，S2 展现出了外来知识支持与创业市场制度的有机契合，S3 展现出了本地知识支持与创业市场制度、社区制度间的有机契合。不同主导逻辑间的差异为构建创业生态系统提供了多种不同方法论的脉络，在"越多越好"的简单表象下形成有主有次的设计依据。

5. 稳健性检验

本研究分别对必要性分析结果与充分性分析结果进行了稳健性检验。

（1）必要性分析稳健性检验。本研究参考杜运周等（2020）的建议，使用 NCA 方法对已得出的必要性分析结果进行稳健性检验，同时使用回归上限技术（Ceiling Regression，CR）与包络上限技术（Ceiling Envelopment，CE），分析结果如表 7 - 8 所示。

表 7 - 8　　　　　　　　　　采用 NCA 方法的必要条件检测

条件	方法	精确度	上限区域	范围	d 值	P 值
X1 本地知识来源	CR	97.6%	0.058	0.97	0.059	0.000
	CE	100%	0.055	0.97	0.056	0.000
X2 外来知识来源	CR	98%	0.048	0.96	0.050	0.000
	CE	100%	0.056	0.96	0.059	0.000
X3 创业市场逻辑	CR	100%	0.000	0.98	0.000	0.039
	CE	100%	0.000	0.98	0.000	0.047
X4 社区逻辑	CR	99.2%	0.009	0.95	0.010	0.000
	CE	100%	0.013	0.95	0.014	0.000
X5 初创企业占比	CR	100%	0.000	0.98	0.000	1.000
	CE	100%	0.000	0.98	0.000	1.000

注：①此处条件使用的是校准后的模糊集隶属度值。②$0 \leqslant d \leqslant 0.1$："低水平"；$0.1 \leqslant d \leqslant 0.3$："中等水平"。③NCA 分析中的置换检验（permutation test，重抽次数 = 10000）。

如表 7 - 8 所示，参考杜尔（Dul，2016）与杜尔等（Dul et al.，2020）的建议，由于各前因条件的效应量（d 值）均小于 0.1 标准，即"低水平"，因此即便多个条件的蒙特卡罗仿真置换检验（Monte Carlo simulations of permutation tests）显示效应量是显著的（P 值 < 0.01），这些条件也均不是产生高结果的必要条件，这一结果与使用 fsQCA3.0 所得出的结果一致。

本阶段研究进一步报告了使用以上两种技术进行瓶颈水平分析的结果，其中瓶颈水平是指达到结果最大观测范围的某一水平，前因条件最大观测范围内需要满足的水平值，如表 7 - 9、表 7 - 10 所示。

表 7 - 9　　　　　采用 NCA 方法的瓶颈水平分析（CR 技术）

Y	X1	X2	X3	X4	X5
0	NN	NN	NN	NN	NN

续表

Y	X1	X2	X3	X4	X5
10	NN	NN	NN	NN	NN
20	1.0	NN	NN	NN	NN
30	2.6	1.4	NN	0.0	NN
40	4.2	3.0	NN	0.4	NN
50	5.8	4.6	NN	0.8	NN
60	7.4	6.2	NN	1.2	NN
70	9.0	7.8	NN	1.6	NN
80	10.6	9.4	NN	2.0	NN
90	12.2	11.0	NN	2.4	NN
100	13.9	12.6	4.0	2.8	NN

注：本分析使用的是校准后的模糊集隶属度值；本表所有结果单位均为%；NN 表示"不必要"。

表 7 – 10　　　采用 NCA 方法的瓶颈水平分析（CE 技术）

Y	X1	X2	X3	X4	X5
0	NN	NN	NN	NN	NN
10	1.0	1.0	NN	NN	NN
20	2.0	1.0	NN	1.0	NN
30	4.0	3.1	NN	1.0	NN
40	4.0	3.1	NN	1.0	NN
50	7.1	3.1	NN	1.0	NN
60	8.1	11.2	NN	1.0	NN
70	8.1	11.2	NN	1.0	NN
80	8.1	11.2	NN	3.1	NN
90	8.1	11.2	NN	3.1	NN
100	16.2	14.3	4.0	3.1	NN

注：本分析使用的是校准后的模糊集隶属度值；本表所有结果单位均为%；NN 表示"不必要"。

如表 7 – 9 所示，如要达到 60% 的高结果（独角兽企业数量）水平，需要 7.4% 水平的本地知识来源，6.2% 水平的外来知识来源，与 1.2% 水平的社区逻辑，此时其余两个前因条件不存在瓶颈水平。表 7 – 9 与表 7 – 10 中其余水平的瓶颈分析结果同上。

（2）充分性分析稳健性检验。本阶段研究参考施奈德等（2012）与张明等（2019）的建议，通过变动一致性阈值与案例频数对已得出的充分性分析结果进行稳健性检验。本研究将一致性阈值由 0.8 提升至 0.85，同时将 PRI 一致性阈值由 0.7 提升至 0.75，所得结果如表 7 – 11 所示。将案例频数由 2 提升至 3（由于本研究无案例频数为 3 的组态，因此实际案例频数提升至 4），所得结果如表 7 – 12 所示。

表 7 – 11　　　　　　　　　　修改阈值后的充分条件组态

条件	S'1a	S'1b	S'2a	S'2b
X1 本地知识来源	●	●		•
X2 外来知识来源		•	●	●
X3 创业市场逻辑	•		●	●
X4 社区逻辑	○		•	●
X5 初创企业占比	○	○	○	
一致性	0.919	0.896	0.943	0.960
原始覆盖度	0.236	0.369	0.219	0.256
唯一覆盖度	0.112	0.171	0.020	0.058
总体一致性	0.899			
总体覆盖度	0.559			

注：当核心条件发生时，记为 ●，核心条件缺失时，记为 ○；边缘条件发生时，记为 •，边缘条件缺失时，记为 ○。

表 7 - 12　　　　　　　　修改案例频数后的充分条件组态

条件	S"1a	S"1b	S"2
X1 本地知识来源	●	●	•
X2 外来知识来源		•	●
X3 创业市场逻辑	•		●
X4 社区逻辑	○	•	•
X5 初创企业占比	○	○	
一致性	0.919	0.896	0.960
原始覆盖度	0.236	0.369	0.256
唯一覆盖度	0.112	0.171	0.058
总体一致性	0.902		
总体覆盖度	0.539		

注：当核心条件发生时，记为●，核心条件缺失时，记为○；边缘条件发生时，记为•，边缘条件缺失时，记为○。

参考施奈德等（2012）提出的判别 QCA 分析结果稳健性的建议，以结果间是否存在实质性差异作为判别标准。表 7 - 11 与表 7 - 7 相比，S1a、S1b、S2 与 S'1a、S'1b、S'2a 一致，S3 结果未在新的结果中出现，新的结果中出现了与 S2 二阶等价组态 S'2b，考虑到 S3 与 S'2b 虽然类型不同（核心条件不同），但仍体现出较为明显的相似性。表 7 - 12 与表 7 - 7 相比，S1a、S1b 与 S"1a、S"1b 一致，S3 结果未在新的结果中出现，新的结果中出现了与 S2 二阶等价组态 S"2。综上所述，新的结果基本保留了原结果的组态类型，结果间差异较小，未形成实质性差异，因此认为本研究结果较为稳健。

（六）产生非高结果的组态分析

1. 必要性分析

本阶段研究参考施奈德等（2012）与张明等（2019）的建议，

将认定必要条件的一致性分数设定为0.9，即当一致性分数大于等于0.9时称该前因条件构成产生该结果的必要条件。此外，由于缺少明确的经验或理论来支持多个条件构成的集合与结果间的意义（张明等，2019；Du et al.，2021），本研究仅对单个前因条件与结果进行必要条件分析，分析结果如表7-13所示。

表7-13　　　　　　　产生非高结果的单前因条件必要性检测

条件		~Y 非高独角兽企业数量	
		一致性	覆盖度
本地知识来源	X1	0.338	0.407
	~X1	0.757	0.774
外来知识来源	X2	0.278	0.360
	~X2	0.804	0.777
创业市场逻辑	X3	0.401	0.511
	~X3	0.695	0.681
社区逻辑	X4	0.336	0.428
	~X4	0.750	0.735
初创企业占比	X5	0.628	0.726
	~X5	0.450	0.478

由表7-13可知，所有单前因条件（及其非集）的一致性最大为0.804，均未达到0.9的一致性标准，并不构成产生高结果的必要条件，无须在后续充分性分析环节中做特别处理（Rihoux et al.，2009；Schneider et al.，2012）。

2. 充分性分析

本阶段研究参考里胡克斯等（2009）、程建青等（2019）与杜运周等（2017）的建议，将原始一致性阈值设定为0.8，PRI一致性阈值设定为0.7。参考里胡克斯等（2009）与施奈德等（2012）的建议,将案例频数(frequency cutoff)设定为2,以降低偶然案例结果对分析过程的干扰,最终保留了98.4%的研究案例,符合最低75%的总案例保留要求。选择执行标准分析(standard analysis),由于缺乏明确的经验或理论以支持单个前因条件对非高结果发生存在积极影响或是消极影响,因此本研究在进行反事实分析时,假设单个前因条件的出现与否(present or absent)均可能对非高结果的发生产生贡献(杜运周等,2020)。充分性分析结果如表7-14所示。

表 7-14 产生非高结果的充分条件组态

条件	NS1a	NS1b	NS2
X1 本地知识来源	○		○
X2 外来知识来源	○	○	○
X3 创业市场逻辑	○	○	
X4 社区逻辑	○	○	○
X5 初创企业占比		●	●
一致性	0.978	0.981	0.957
原始覆盖度	0.361	0.323	0.347
唯一覆盖度	0.104	0.006	0.090
总体一致性	0.963		
总体覆盖度	0.517		

注:当核心条件发生时,记为●,核心条件缺失时,记为○;边缘条件发生时,记为●,边缘条件缺失时,记为○。

如表7-14所示,本研究共得出了3种产生非高结果的组态,其中一致性指标最小为0.957,说明以上3种组态均构成产生非高结果的充分条件。解的总体一致性指标为0.963,说明所得出的4种组态所对应的案例中,逾九成产生了非高结果。解的总体覆盖度为

0.517，说明逾五成的非高结果可使用所得出的 3 种组态予以解释。

3. 组态分析

为便于对各组态进行区分并阐述，本研究参考富尔纳里等（2021）的建议，基于组态理论化的过程，根据核心条件的区别，对本研究所发现的组态进行命名。本研究共发现了 3 种产生非高结果的组态（NS1a、NS1b、S2），其中 NS1a 与 NS1b 由于核心条件相同，因此构成二阶等价组态（Fiss，2011）。对各组态进行命名并具体分析如下。

（1）外来知识匮乏的制度逻辑缺失型。组态 NS1a、NS1b 指出，非高外来知识来源、非高创业市场逻辑和非高社区为核心条件，补充非高本地知识来源为边缘条件，或补充高初创企业占比为边缘条件，均可产生非高独角兽企业数量结果。该核心条件的代表案例如 Case64 十荟团（0.97，0.96）、Case242 英雄互娱（0.97，0.98）等，主要集中在各城市的生活区或缺少支持力度的新规划区域，如北京朝阳区的第三产业在该地区生产总值中占比超过九成，或个别中西部省市新规划的工业园区等，这些区域受实际发展需要或现实条件影响，不需要或者不能够拥有创新创业所需的知识等资源。

组态 S1a 的代表案例如 Case64 十荟团（0.97，0.96）、Case242 英雄互娱（0.97，0.98）等。以 Case64 为例，十荟团的项目主体北京十荟科技有限公司位于北京市朝阳区东三环北路东方东路 9 号 b 幢，该区域拥有良好的医疗、商业等资源，适宜居民日常生活，区域内创业也是重点围绕市场需求展开，如生活服务行业、商务服务行业等，科技实力普遍不高，缺少研发创新的需求与动力，因此不利于例如独角兽企业等高质量创业成果出现。该组态的原始覆盖度为 0.361，说明近四成的案例可以参考其进行解释。

组态 S1b 的代表案例如 Case231 旅悦集团（0.97，0.98）、Case199 爱驰汽车（0.97，0.98）等。以 Case231 为例，旅悦集团的项目主体旅悦（天津）酒店管理有限公司位于天津市武清区宏旺道 2 号，该区域为天津市人民政府于 2009 年批准建立的市级重点示范园区天津电子商务产业园。该园区凭借其所处的区位优势及交通网络，定位发展电子商务上下游体系在内的产业集群。电子商务产业中大多数企业对科技的需求有限，虽然新技术在物流管理、线上销售等环节均有体现，但多数企业通常使用技术外包等形式实现技术升级，不会斥资搭建自身的研发团队。此外，相关技术公司可以通过远程技术服务的方式，无须在该园区落地，该园区对电子商务的定位也很难吸引高新技术企业踊跃入驻，共同导致了该区域创新实力不足的问题。该组态的原始覆盖度为 0.323，说明超过三成的案例可以参考其进行解释。

（2）知识匮乏 - 制度缺失的人工干预型。组态 S2 指出，高外来知识来源和高创业市场逻辑为核心条件，补充高社区逻辑和非高初创企业占比为边缘条件，可产生高独角兽企业数量结果。代表案例如 Case130 睿力集成（0.97，0.98）、Case135 合众汽车（0.96，0.98）等。以 Case130 为例，睿力集成的项目主体睿力集成电路有限公司位于安徽省合肥市兴业大道 388 号，该区域为合肥经济技术开发区空港工业园，区域中心聚集了包括汽车产业链相关企业为主的多家企业，但企业密度较小，外围多是养殖业、种植业等生态农业项目。选择该区域建设产业园区的直接原因可能是，由于该区域发展落后，园区规划建设产生的土地成本较低。但仅提供土地是远远不够的，缺少后续技术支持与发展服务，将企业招商进来后便由其发展，企业受发展阻力约束，难以实现独角兽企业的快速成长。该组态的原始覆盖度为 0.347，说明超过三成的案例可以参考其进行解释。

4. 组态间比较

通过对比上述 3 种组态，本研究发现，产生非高结果的组态有以下特点。

（1）创业生态系统的问题是全方位、多层次的。NS1a、NS1b 与 NS2 均表明，组态内多个核心要素的共同缺失，将产生非高独角兽可能数的结果，此外未能发现某一核心要素存在但产生非高结果的情形。NS1b 与 NS2 进一步表明，当多个核心要素缺失时，即便一些边缘要素可能存在，该创业生态系统仍然会产生低的产出绩效。因此，在对创业生态系统低产出绩效问题进行溯因时，不应仅关注单独前因条件缺失造成的影响，而应考虑多个前因条件，尤其是具有关键作用的前因条件组态缺失的问题。

（2）高初创企业占比是产生非高结果的重要前因条件，但在不同组态中影响方式及地位不同。在 NS1b 中，高初创企业占比为边缘条件，即其仅增强该组态结果，而并不起决定作用；而在 NS2 中，高初创企业占比为核心条件，对非高结果的产生起决定作用。前者说明有些区域本身受发展定位等影响，不利于产生独角兽企业，而后者说明有些新发展区域如果能做好后续支持工作，结果可能会有所不同。

以上发现与前文中产生高结果的组态间比较发现十分相似，均体现出整体性、结构性等特点。

5. 稳健性检验

本阶段研究分别对必要性分析结果与充分性分析结果进行了稳健性检验。

（1）必要性分析稳健性检验。本研究参考杜运周等（2020）的建议，使用 NCA 方法对已得出的必要性分析结果进行稳健性检验，同时使用回归上限技术 CR 与包络上限技术 CE，分析结果如表 7 – 15 所示。

表 7 – 15 采用 NCA 方法的必要条件检测

条件	方法	精确度	上限区域	范围	d 值	P 值
X1 本地知识来源	CR	100%	0.000	0.97	0.000	1.000
	CE	100%	0.000	0.97	0.000	1.000
X2 外来知识来源	CR	100%	0.000	0.96	0.000	1.000
	CE	100%	0.000	0.96	0.000	1.000
X3 创业市场逻辑	CR	100%	0.000	0.98	0.000	1.000
	CE	100%	0.000	0.98	0.000	1.000
X4 社区逻辑	CR	100%	0.000	0.95	0.000	1.000
	CE	100%	0.000	0.95	0.000	1.000
X5 初创企业占比	CR	99.6%	0.000	0.98	0.000	0.006
	CE	100%	0.000	0.98	0.000	0.009

注：①此处条件使用的是校准后的模糊集隶属度值。②$0 \leqslant d \leqslant 0.1$："低水平"；$0.1 \leqslant d \leqslant 0.3$："中等水平"。③NCA 分析中的置换检验（permutation test，重抽次数 = 10000）。

如表 7 – 15 所示，参考杜尔（2016）与杜尔等（2020）的建议，由于各前因条件的效应量（d 值）均小于 0.1 标准，即"低水平"，因此即便多个条件的蒙特卡罗仿真置换检验显示效应量是显著的（P 值 < 0.01），这些条件也均不是产生高结果的必要条件，这一结果与使用 fsQCA3.0 所得出的结果一致。

本阶段研究进一步报告了使用以上两种技术进行瓶颈水平分析的结果，其中瓶颈水平是指达到结果最大观测范围的某一水平，前因条件最大观测范围内需要满足的水平值，如表 7 – 16、表 7 – 17 所示。

表 7 – 16 采用 NCA 方法的瓶颈水平分析（CR 技术）

~ Y	X1	X2	X3	X4	X5
0	NN	NN	NN	NN	NN

续表

~ Y	X1	X2	X3	X4	X5
10	NN	NN	NN	NN	NN
20	NN	NN	NN	NN	NN
30	NN	NN	NN	NN	NN
40	NN	NN	NN	NN	NN
50	NN	NN	NN	NN	NN
60	NN	NN	NN	NN	NN
70	NN	NN	NN	NN	NN
80	NN	NN	NN	NN	NN
90	NN	NN	NN	NN	NN
100	NN	NN	NN	NN	1.9

注：本分析使用的是校准后的模糊集隶属度值；本表所有结果单位均为%；NN 表示 "不必要"。

表 7 – 17　　　　　采用 NCA 方法的瓶颈水平分析（CE 技术）

~ Y	X1	X2	X3	X4	X5
0	NN	NN	NN	NN	NN
10	NN	NN	NN	NN	NN
20	NN	NN	NN	NN	NN
30	NN	NN	NN	NN	NN
40	NN	NN	NN	NN	NN
50	NN	NN	NN	NN	NN
60	NN	NN	NN	NN	NN
70	NN	NN	NN	NN	NN
80	NN	NN	NN	NN	NN
90	NN	NN	NN	NN	NN
100	NN	NN	NN	NN	2.0

注：本分析使用的是校准后的模糊集隶属度值；本表所有结果单位均为%；NN 表示 "不必要"。

如表 7 - 17 所示，如要达到 100% 的非高结果（独角兽企业数量），需要 1.9% 水平的初创企业占比，此时其余四个前因条件不存在瓶颈水平。表 7 - 16 与表 7 - 17 中其余水平的瓶颈分析结果同上。

（2）充分性分析稳健性检验。本研究参考施奈德等（2012）与张明等（2019）的建议，通过变动一致性阈值与案例频数对已得出的充分性分析结果进行稳健性检验。本研究将一致性阈值由 0.8 提升至 0.85，同时将 PRI 一致性阈值由 0.7 提升至 0.75，所得结果如表 7 - 18 所示；将案例频数由 2 提升至 3（由于本研究无案例频数为 3 的组态，因此实际案例频数提升至 4），所得结果如表 7 - 19 所示。

表 7 - 18 修改阈值后的充分条件组态

条件	NS'1a	NS'1b	NS'2
X1 本地知识来源	○		○
X2 外来知识来源	○	○	○
X3 创业市场逻辑	○	○	
X4 社区逻辑	○	○	○
X5 初创企业占比		●	●
一致性	0.978	0.981	0.957
原始覆盖度	0.361	0.323	0.347
唯一覆盖度	0.104	0.006	0.090
总体一致性	0.963		
总体覆盖度	0.517		

注：当核心条件发生时，记为 ●，核心条件缺失时，记为 ○；边缘条件发生时，记为 ●，边缘条件缺失时，记为 ○。

表 7 - 19 修改案例频数后的充分条件组态

条件	NS"1a	NS"1b	NS"2
X1 本地知识来源	○		○
X2 外来知识来源	○	○	○
X3 创业市场逻辑	○	○	
X4 社区逻辑	○	○	○
X5 初创企业占比		●	●
一致性	0.978	0.981	0.957
原始覆盖度	0.361	0.323	0.347
唯一覆盖度	0.104	0.006	0.090
总体一致性	0.963		
总体覆盖度	0.517		

注：当核心条件发生时，记为●，核心条件缺失时，记为○；边缘条件发生时，记为•，边缘条件缺失时，记为○。

参考施奈德等（2012）提出的判别 QCA 分析结果稳健性的建议，以结果间是否存在实质性差异作为判别标准。由于表 7 - 18 与表 7 - 7 完全一致，本研究所用稳健性检验方式未对结果构成影响，因此认为本研究结果是稳健的。

（七）进一步的研究

对比产生高结果的组态与产生非高结果的组态，探寻非高结果向高结果转变的可能性与相应路径（本连昌，2021），本研究进一步研究如下，需要说明的是，本研究所得出并展示的组态仅是对产生高结果或非高结果达到充分性要求的组态，并未对不满足充分性要求的组态进行分析，因此并不能代表所有非高结果向高结果转变的情形。本研究为降低该问题研究中的复杂性，将转变路径的起点与终点分别设置为产生非高结果与高结果的充分性组态，为非高结果向高结果的转

变提供了一些参考。对比结果如表 7 - 20 所示（表 7 - 20 由表 7 - 18
与表 7 - 7 合并而成）。

表 7 - 20 产生高结果与非高结果的充分性组态对比

条件	S1a	S1b	S2	S3	NS1a	NS1b	NS2
X1 本地知识来源	●	●		●	○		○
X2 外来知识来源		●	●		○	○	○
X3 创业市场逻辑	●		●	●		○	
X4 社区逻辑	○	●	●	●	○	○	○
X5 初创企业占比	○	○	○	●		●	●
一致性	0.919	0.896	0.943	0.925	0.978	0.981	0.957
原始覆盖度	0.236	0.369	0.219	0.159	0.361	0.323	0.347
唯一覆盖度	0.116	0.171	0.020	0.077	0.104	0.006	0.090
总体一致性	0.887				0.963		
总体覆盖度	0.579				0.517		

注：当核心条件发生时，记为 ●，核心条件缺失时，记为 ○；边缘条件发生时，记为 ●，
边缘条件缺失时，记为 ○。

如表 7 - 20 所示，产生高结果的 3 类组态及产生非高结果的 2 类
组态①间是非对称的，即不能简单通过将"存在"替换为"缺失"，
将"缺失"替换为"存在"获得对称解。如产生高结果的组态 S1a、
S1b 的核心条件组态为高本地知识来源与非高初创企业占比，其对称
解即非高本地知识来源与高初创企业占比应能产生非高结果，但该核

---

① 此处只考虑核心条件构成的组态。俞艳霞（2018）、本连昌（2021）等采用整个组态
取非集进行对比的方式来判定组态间的非对称性，但本研究参考张明等（2019）与张弛等
（2017）的看法，认为组态间非对称的判断不应沿用简单因果关系间的非集关系，而是通过对
比两组结果间的差异，来说明非对称性带来的独特之处。事实上对于一个复杂组态而言，由于
前因条件增多，发现形如简单因果关系间的对称关系反而是十分困难的，因此本研究尝试提高
了组态间非对称性判定的标准，参考杜运周等（2017）的看法，只考虑了核心条件构成的组
态，因为其对结果的发生是具有重要贡献的，而边缘条件只有辅助贡献。

心条件组态与 NS1a、NS1b 与 NS2 均不一致，NS2 的核心条件组态在其基础上还要求非高的社区逻辑这一核心条件参与。这种因果非对称问题给非高结果向高结果的转变造成了困难，这也是现实中"头疼医头、脚疼医脚"往往效果不佳的重要原因。

需要说明的是，并不是所有的非高结果均需要向高结果转变。如本研究发现，NS1a 中有些案例存在于生活区，NS1b 中有些案例存在于技术需求低的产业聚集区，不应要求为了产生独角兽企业这一指标而调整其所在区域，因为这样能对其原有功能和运行造成影响甚至破坏。因此，本研究重点关注组态 NS1b 与 NS2，即初创企业占比较高的新发展区域，且默认该区域承担了发展高新技术等企业的职能，改善区域内相关条件，能够促进独角兽企业数量增加这一结果。在组态的转变路径设计中，尽可能少地造成条件的变动，减轻实践指导中的实施难度。

1. 组态 NS1b 可能的转变路径

组态 NS1b 中，非高外来知识来源、非高创业市场逻辑与非高社区逻辑为核心条件，高初创企业占比为边缘条件。

（1）组态 NS1b 短期转变路径。在短期内，高初创企业占比这一条件难以改变，因此若短期内即希望达成高结果的目标，则转变路径的终点仅能为组态 S3。转变路径如图 7-6 所示，作为转变路径的起点，组态 NS1b 首先应通过建设孵化器、加速器等创业社区服务机构，做好区域内创业支持、管理与引导工作，以此改变区域内非高社区逻辑的现状，打破该区域产出非高结果的充分性。进一步通过园区招商等方式加大对研发型机构的引入力度，增加区域内本地新知识的更多来源渠道，为该区域创新活力提供支持与保障，之后通过施行创新鼓励政策来刺激区域内的创新活力与积极性，最终实现向组态 S3 的转变。

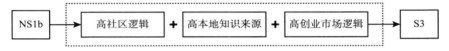

图 7 - 6　组态 NS1b 短期中可能的转变路径

（2）组态 NS1b 长期转变路径。长此以往高初创企业占比这一条件会随着入驻企业扎根与企业总数的增加而逐渐向非高企业占比转变，因此转变路径的终点可能为 S1a、S1b 或 S2，如图 7 - 7 所示。可通过园区招商等方式加大对研发型机构的引入力度，提升区域内的新知识水平，进而提高区域内创新活力，实现向组态 S1a 的转变；或通过建设创业社区服务机构等对区域内创业进行支持、管理与引导，不仅注重本土研发力量的培育与建设，同时大力支持外资企业等入驻，促进技术交流与知识传递，实现向组态 S1b 的转变；对于一些本土技术相对处于劣势，主要依赖国外技术的产业，可通过加大国外品牌等企业的引入力度，提高区域内的知识水平，促进区域创新能力提升，实现向组态 S2 转变。

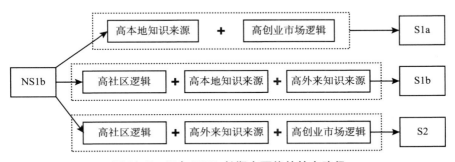

图 7 - 7　组态 NS1b 长期中可能的转变路径

2. 组态 NS2 可能的转变路径

组态 NS2 中，非高本地知识来源、非高社区逻辑与高初创企业占比为核心条件，非高外来知识来源为边缘条件。

（1）组态 NS2 短期转变路径。在短期内高初创企业占比这一条件难以改变，因此若短期内即希望达成高结果的目标，则转变路径的终点仅能为组态 S3。转变路径如图 7-8 所示，该路径与图 7-6 一致，不再赘述。

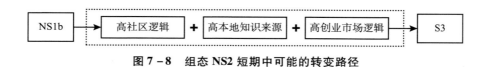

图 7-8 组态 NS2 短期中可能的转变路径

（2）组态 NS2 长期转变路径。长此以往高初创企业占比这一条件会随着入驻企业扎根与企业总数的增加而逐渐向非高企业占比转变，因此转变路径的终点可能为 S1a、S1b 或 S2。转变路径如图 7-9 所示，该路径与图 7-7 一致，不再赘述。

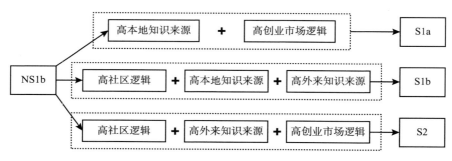

图 7-9 组态 NS2 长期中可能的转变路径

综上可知，本研究中虽然组态 NS1b 与 NS2 具有不同的组态类型与主导逻辑，但无论短期还是长期，其向高结果的转变路径均是一致的，具有一定的通用性。不同区域间由于存在禀赋差异，因此在具体路径方案的选择上会存在不同，但最终会转变为适合该区域的组态类型。

六、研究结论与启示

本阶段研究以长城战略咨询 2020 年所评定的 249 家位于中国大陆的独角兽企业注册地址为中心，参考众创社区的设计理念，划定半径 3 公里的圆形范围，运用组态理论与定性比较分析方法，探究了不同类型的创业生态系统与可能产生的独角兽企业数量这一结果间的关系。共得出了 3 类 4 种产生高结果的组态，以及 2 类 3 种产生非高结果的组态，并进一步得出了 4 条非高结果组态向高结果组态转变的路径。基于上述研究发现，本研究得出的主要结论如下。

（1）本阶段研究基本支持了已有研究所得出的生态系统要素"越多越好"的结论，即生态系统内资本、研发机构、企业等数量越多，则该区域可能产生的独角兽企业数量也越多，反之仍然成立，即各要素数量越少，独角兽企业的可能数也越小。但从组态视角来看，上述结论并不具备对称性，产生高结果与非高结果的多种核心条件组态间并不是非集关系，不同类型产生高结果的组态与产生非高结果的组态具有不同的主导逻辑。该结论的启示是，创业生态系统的构建不应将"面面俱到"作为指导方针，应充分考虑区域内的资源特色及优势，最大化利用自身禀赋选择建立适合自身类型的创业生态系统，在仍有余力的情况下再优化其他非核心要素的建设。

（2）本阶段研究得出了 3 类产生高结果的组态，并将组态 S1、S2、S3 分别命名为"本地知识支持的自然演化型""外来知识支持的创业市场型"以及"本地知识支持的复合制度逻辑型"。其中组态 S1 非高初创企业占比与高本地知识来源为核心条件可产生高结果，且在组态 S1a 中进一步发现社区逻辑缺失对高结果的贡献作用；组态 S2 高外来知识来源与高创业市场逻辑为核心条件可产生高结果；组态 S3 高本地知识来源、高创业市场逻辑与高社区逻辑为核心条件可产生高结果，并且回归代表案例尝试为各类型组态给出了相应的解释。该结论的启示是，产生高独角兽企业结果的创业生态系统具有多种类型，在长期的自然演化过程中，应当保障知识溢出来源与创新能力，并根据区域内发展产业的特性，选择更加契合的整体配套方案。而在短期内，若想促进高结果的发生，则必须发挥政府、资本等在创业活动过程中的支持、引导作用，帮助企业打通与生态系统内其他要素间的联系，加速企业高质量发展。

（3）本阶段研究得出了 2 类产生非高结果的组态，并将组态 NS1、NS2 分别命名为"外来知识匮乏的制度逻辑缺失型"以及"知识匮乏 – 制度缺失的人工干预型"。其中组态 NS1 非高外来知识来源、非高创业市场逻辑与非高社区逻辑为核心条件将产生非高结果；组态 NS2 非高本地知识来源、非高社区逻辑与高初创企业占比为核心条件将产生非高结果，并回归代表案例尝试为各类型组态给出了相应的解释。该结论的启示是，部分独角兽企业的出现具有极强的偶然性，例如一些出现在生活区域的独角兽企业，并非区域发展的预期成果，不应当对所有区域都赋予产生独角兽企业的预期与要求。而对于承载了高新技术等产业发展的片区而言，招纳研发型企业落户并提供支持、引导服务是改变非高结果的关键突破口。

（4）本阶段研究得出了 4 条由非高结果组态向高结果组态转变的路径，考虑到短期内初创企业占比这一指标难以改变，以此划分为 1 条短期转变路径与 3 条长期转变路径。短期内可通过"高社区逻辑 – 高本地知识来源 – 高创业市场逻辑"的路径实现转变，长期可通过"高本地知识来源 – 高创业市场逻辑"、"高社区逻辑 – 高本地知识来源 – 高外来知识来源"或"高社区逻辑 – 高外来知识来源 – 高创业市场逻辑" 3 条路径实现转变。该结论的启示是，从非高结果组态向高结果组态转变的路径是不唯一的，选择更加适合该区域的路径有利于减轻转变过程中的阻力与成本，加快转变过程。

第八章

本研究的理论与政策启示

在三个阶段性实证研究的基础上，本研究侧重于各地如何促进双创活动的开展，特别是促进众创空间、创业孵化器、大学科技园等处于创业企业生态系统核心，激发创业生态系统背景下各利益相关者的共创意愿，发掘创业生态系统不同区域的案例标杆，提出中国背景下创业生态系统的有效构建原则，有效指导创业生态系统建设。前面三个阶段研究分别从多个方面对城市创新创业系统以及生态中的高质量创业结果进行了多层面研究，综合相关研究结果，可以得到以下初步结论。

（一）需要对创新与创业生态系统进行系统构建、协同推进

对于城市系统而言，不能割裂创新与创业生态系统的关联。二十年前，笔者对研究创新与创业的十多名国际研究学者做了一次网上访谈，迈克尔·米克斯博士的观点很有代表性，他认为创新是在市场中应用一种发明，创业是创造新的商业，创业不是创新，创新也不是创业，创业是一个新的非生命市场参与者的创造过程。但面对汹涌而来的新一轮技术革命，创新导向型的企业成为新质生产力的发展取向。党的二十届三中全会指出，推动技术革命性突破、生产要素创新性配置、产业深度转型升级，推动劳动者、劳动资料、劳动对象优化组合

和更新跃升，催生新产业、新模式、新动能，发展以高技术、高效能、高质量为特征的生产力。

创新生态的直接成果是专利、发明、软件著作权、行业标准、创新的商业模式等，党的二十届三中全会提出的首创精神、首发经济、首台（套）、首批次、首版次，都体现了中国推进新质生产力的决心。加强创新资源统筹和力量组织，推动科技创新和产业创新融合发展，其实质就是推动以企业为主导的科技创新，进而引发新一轮产业创新。

世界知识产权组织发布的《2023年全球创新指数》报告指出，中国在这一年度排名第12位，是前30名中唯一的中等收入经济体。瑞士、瑞典、美国、英国和新加坡分别位列前5。报告指出，过去十年来，印度尼西亚、中国、土耳其、印度、越南等是全球创新指数排行榜上攀升最快的中等收入经济体。世界知识产权组织总干事邓鸿森表示，一些新兴经济体在全球创新指数中的排名不断攀升，这表明国家创新生态系统可以带来变化。

本团队调研成果"省属国有企业科技创新引领高质量发展"获得江苏省许昆林省长的肯定性批示，该调研报告牵头15家在苏高校，组织专家129人次，调研33家省属企业，形成20个典型案例，同时发现一些存在的突出问题，比如，目前江苏省属国有企业在新兴产业领域缺乏支撑，研发投入总体比例低；科技领军人才相对短缺；专精特新布局有待加强，科技成果转化相对滞后。并提出了相应的改善建议，包括优化产业布局，瞄准未来产业重组布局一批骨干国企，加强科技研发投入；深化协同创新，以赛促创优化人才培养机制，激发青年人才活力；鼓励创新争优，"产业、创新、资金"三链融合推动科技成果转化等。

苏州市创新生态和创业生态协同互动推动的过程值得借鉴。从研究时的时点看，2020年我国国内生产总值（GDP）首次突破100万亿元大关（不含港澳台）。苏州2020年GDP破2万亿元，成为江苏省第一家，在全国的占比为2%。如果按照国际标准，人均GDP超过2万美元即为初等发达国家，超过3万美元即为中等发达国家，苏州的人均GDP（2019约合2.6万美元）已相当于初等发达国家水平。苏州经济的稳定发展离不开创新生态和创业生态的系统构建、协同推进。①

一是苏州的科技创新能力极强。2019年高新技术产业、战略性新兴产业产值占比分别达到51%和55.7%，苏州研发投入占GDP的比重为3.7%，显著高于全国2.23%的整体水平，科技进步贡献率达到66.5%，科创板上市的企业数量位列全国大中城市第三名，无不彰显出苏州的科技创新能力之强。

二是苏州的工业体系完备。2019年，苏州已经拥有了35个工业大类，涉及167个工业中类、489个工业小类、16万家工业企业，是我国工业体系最完备的城市之一。2020年实现规模以上工业总产值3.48万亿元，稳居全国前三名；其中，新一代信息技术、生物医药、纳米技术、人工智能四大先导产业产值达到了8718亿元。这些也成为苏州经济高质量创业的根基。

三是民营创业成分发达。共有26家企业入围"2020中国民营企业500强"，28家企业入围"2020中国制造业民营企业500强"，上榜企业数双双位居江苏省第一，上榜民营企业500强企业数仅次于杭州，与深圳、无锡并列第二。在"万家民营企业评营商环境"活动中，苏州得分位居全国第三。

四是创业支撑机构分布密集。苏州市国家级孵化器数量、省级以上孵化器数量均保持江苏全省第一。苏州市高度重视孵化器的建设和发展，不断完善创业孵化载体服务体系，奋力打造高能级创业孵化载体。从科技部火炬中心公布的2018年980家国家级科技企业孵化器

---

① 付一夫《GDP破2万亿！直追广州富可敌省，这个城市凭什么？》《金融界网》，2021年1月22日，以及课题组对于创业支撑机构的调研统计。

考核评价结果看，143 家国家级科技企业孵化器被评为优秀（A 类），其中，位居苏州市的就有 10 家，在所有地市级中名列前茅，包括苏州博济堂科技创业孵化管理有限公司、苏州市吴中科技创业园管理有限公司、张家港市高新技术创业服务中心、昆山莘莘科技发展有限公司、常熟高新技术创业服务有限公司等。国家级备案众创空间数量在地市级也较为突出。

（二）因地制宜确定创新创业生态系统的企业发展目标

在发展新质生产力的宏观背景下，创新创业生态系统不应该是一个模式，而需要因地制宜确定发展目标。能够把独角兽企业作为重要发展目标的只能是少数城市。比如，北京市、上海市、杭州市、深圳市、广州市、南京市、天津市、青岛市、成都市、武汉市等，第六章阶段性研究发现，出现过独角兽企业的城市只有 29 个城市。有科创板上市公司的只有 45 个城市。

更多地市可以采取大力发展创新型中小企业，再到发展一般的专精特新企业，然后逐步过渡到培育"小巨人"和瞪羚企业，最后到隐形冠军和科创板上市公司的发展路径。

长期研究专精特新企业的赵向阳博士认为，2025 年前后，中国量大面广、铺天盖地的中小企业将被重组成一个巨大的金字塔（见图 8 - 1）。从上到下，分别是大冠军（类似美的、格力、三一重工这样的龙头企业）、单项冠军（有独门绝技的、全球市场名列前三的企业）、"小巨人"、一般性的专精特新、创新型中小企业、普通的路人甲型企业。所谓的大冠军，类似赫尔曼·西蒙教授的《隐形冠军》，指的是那些年销售额超过 30 亿欧元，甚至超过 50 亿欧元的"隐形冠军"，例如德国的 SAP 等。在中国，最典型的大冠军就是福耀玻璃。2015 年以前，华为在进入手机等消费电子领域之前，也是典型的大冠军。但是，华为现在已经是一个生态系统。

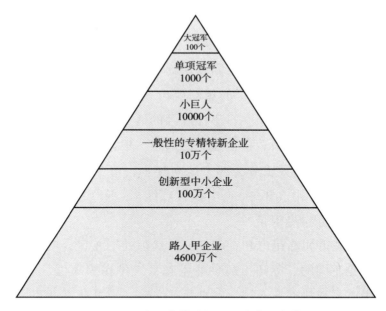

图 8 - 1 中国专精特新企业培养金字塔

注：转引自赵向阳公众号《大变局下的中国管理》，关于中国"专精特新"企业的培育和发展，以及 2022 年 4 月 26 日赵向阳博士接受中央电视台采访内容。

北京大学长期研究产业集群的王缉慈教授认为，"专精特新"的"新"，重在创新性。一般来说，知识和技术积累是比较长期的过程，而且需要产学研合作的创新环境。多数创新过程是在特定的地区发生的，各地有不同的专业化部门和特有的创新过程，创新并非纯技术的，而是人际合作的社会过程，当代复杂技术的攻关往往需要相关企业的合作。

一般来说，中小企业技术力量和资金储备薄弱，无法独自应对激烈的市场竞争。对于上榜"专精特新""小巨人"名单的企业，资金补贴和金融服务固然重要，但还需要建立由企业、大学、研究所和公共服务机构组成的创新创业支持系统。尤其是关键零部件、关键材料等的研制和关键技术的攻关，需要专业机构精准的技术支持。

（三）优化创新创业生态系统的发展路径

从过程看，各地的起点不同，基础不同，发展路径也会不同，需要具备"条条大路通罗马"的规划能力。如果把创新生态和创业生态作为构成生态系统两条并行不悖基因的话，可以从积极营造创新生态出发，也可以从积极营造创业生态起步。根据第六章的研究，可以把 84 个城市按照四分法分为四个区间样本，每个分区是 21 个城市，分为高（A 区）、中（B 区）、中低（C 区）、低（D 区）四个区间。四分法的城市分布见附录 G。

A 区的城市如苏州市和合肥市，虽然都处于 A 区，但创新创业系统的优势是不同的，苏州市的创业生态系统排在第 3 位，非常超前，但创新生态系统排在第 6 位，创业优于创新，这几年苏州市大力引进大学科研院所等创新载体，包括南京大学苏州校区、东南大学苏州校区、南京医科大学姑苏学院、西北工业大学太仓长三角研究院等，极大促进了创新要素的集聚。合肥市的创新生态要素排在第 17 位，略优于创业生态要素指标（第 20 位），得益于中国科学技术大学、合肥工业大学、安徽大学、中国科学院合肥研究院等名校名所的创新资源。

B 区的城市如南通的创业生态要素指标列第 28 位，但创新生态指标列第 38 位，需要弥补的是创新生态要素。珠海市的创业生态指标处于第 40 位，创新生态指标处于第 24 位，大大优于创业生态，可以发现珠海市虽然有格力电器等成熟大企业，但促进新创企业不断涌现的创业生态要素仍非常缺乏。

C 区的城市如淄博市的创新生态指标（第 55 位）和创业生态指标（第 56 位）比较相当，都有同步提升的空间。德州市的创业生态指标（第 53 位），大大优于其创新生态指标（第 75 位），这指出了德州市需要改善的优先顺序，即积极集聚或引进更多创新资源。

D 区的城市如宿迁市的创新生态和创业生态指标基本一致，都在第 81 位，需要同步提升，积极在数量和质量上做到双创资源集聚。

有些城市的创新和创业生态指标不在一个区间，比如，芜湖市的创新生态（第 31 位）处于 B 区，但创业生态指标（第 66 位）处于 D 区，需要预先打造众创空间、科技企业孵化器等创业链条，把较为丰富的创新生态环境转化为新创企业资源。南阳市的创新生态（第 40 位）同样处于 B 区，但创业生态指标（第 76 位）处于 D 区，排位更为靠后，需要补齐创业生态的短板，才能有利于当地新质生产力的谋划和发展。

与上述城市相反，兰州市、乌鲁木齐市和济宁市创业生态指标都处于 B 区（分别是第 37 位、第 41 位和第 42 位），在创业生态链条营造上有了较好的基础，但是在创新资源上严重不足，都处于 D 区（分别是第 64 位、第 70 位和第 73 位）。

以上的分析案例如图 8－2 所示，离原点越近，表示该城市在创新生态或创业生态系统的排名越靠前。

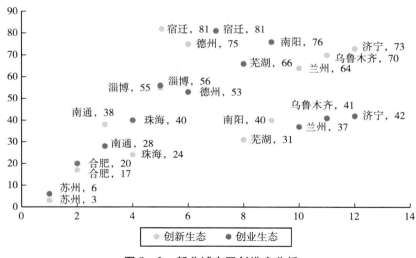

图 8－2 部分城市双创排序分析

各市可以积极考虑从营造创业社区开始，逐步过渡到创新创业集聚区，再到创新型城市建设。南京市软件谷建设就是营造创业社区较好的案例。理想目标是营造创新创业全链条的支撑体系。

截至 2020 年 4 月份，江苏省有 790 家众创空间新载体与 848 家科技企业孵化器、71 家科技企业加速器已形成覆盖企业全生命周期的创业服务体系，孵化服务效能大幅提升，培育出一批优质科创企业，实现了大量创新成果的迅速转化，营造出浓郁的创新创业文化氛围。[①]

从江苏众创社区的调研看，同时拥有国家级科技企业孵化器、国家级众创空间和加速器，形成了完整孵化链条的众创社区更少，大概占调研众创社区的 1/3。

从调研的情况看，社区内同时拥有国家级科技企业孵化器、国家级众创空间和省级以上科技企业加速器的只有 1/3 强，构建孵化链条比较齐全且有国家级专业众创空间的有南通市汽车电子众创社区、江北新区集成电路设计众创社区、常州科教城人工智能制造众创社区、新港高新园光电激光众创社区、常州西夏墅智能制造工具众创社区、东海水晶产业众创社区、常州高新区智能传感众创社区、苏州高新区医疗器械众创社区、丹阳高性能合金材料众创社区等。孵化链条齐全但没有国家级专业化众创空间的有建邺高新区数字经济众创社区、苏州相城机器人及智能装备众创社区、常熟高新区先进制造众创社区、常州天宁新能源材料众创社区等。

位于苏南的苏州市重在引领创新创业生态环境营造，打造创新创业名城。苏州市于 2015 年 5 月在全省率先出台《实施创客天堂行动发展众创空间的政策意见》，围绕建设众创空间、集聚创新创业主

---

① 引自闫中秋，《江苏省众创空间运行效率评价研究》，南京邮电大学硕士论文，2020年，指导教师：孙友然、李乾文。该文获得江苏省优秀硕士论文奖。

体、完善公共服务体系等十个方面提出了创新政策，进一步激发市场活力，积极建设创新创业生态系统，依托"双创"为苏州经济发展注入新的活力。与此同时，启动实施科技创业天使计划，搭建科技创业天使平台，给创业团队、项目、资本之间提供有效的对接机会，激发各类科技创业团队的创业热情。2016年，实施"创客天堂"行动计划，支持众创空间建设。依托行业龙头骨干企业、高等院校、科研机构、行业组织，围绕苏州新兴产业需求和行业共性技术难点，积极鼓励建设专业化程度高、全面综合以及成本消耗较少的众创空间。无论是新建的市级众创空间，抑或成效显著的众创空间，都会获得政府给予的每年最高50万元的资助。2018年苏州市印发《构建一流创新生态建设创新创业名城的若干政策措施的通知》积极为创业孵化链条的升级做贡献，为不断打造创新创业名城补链强链。

位于苏北的连云港市重在增加创新创业主体数量，先后制定出台了《市政府关于印发连云港市发展众创空间推进大众创新创业实施方案（2015－2020）的通知》《连云港市市级众创空间认定管理办法（试行）》和《中共连云港市委连云港市人民政府关于加快推进区域性产业科技创新中心和创新型城市建设的实施意见》等相关政策文件，明确提出通过四大行动来促进众创空间的发展，一是积极建设众创空间，二是不断增加创新创业主体数量，三是不断提升服务质量，四是建设创新创业文化。明确规定了众创空间的建设运行、创客补贴与孵化激励、科研人员离岗创业、职务成果转化股权激励、创业担保贷款、创业社保补贴、科技人才贷款、天使投资、税收优惠政策落实等扶持政策。设立了创新城市建设专项资金，对被政府认定的众创空间给予一定的奖励支持，市级认定的众创空间可以获得20万元，省级认定的众创空间可以获得50万元奖励，国家级的奖励可以达到100万元。

（四）研究创新创业生态系统的成长规律，因时应变

从构建要素看，不同阶段的要素重要性也不同，要适时应变。套用生命周期理论，在起步期、成长期、成熟期，两种生态营造的重点也会不同。

以江苏省推进的众创社区发展为例，目前存在以下问题。

一是众创社区内的产业有特色，但缺乏产业高峰。苏南的众创社区建设卓有成效，有些具备了攀登产业高峰的能力，但仍然缺乏与中关村创业大街、上海张江高科、杭州未来科技城等齐名的双创基地。从战略性新兴产业看，缺乏深度科技，产业链顶端企业少。

《中国 AI 产业地图研究》（2020）显示，作为新一代信息技术的 AI 技术在中国大陆的发展主要集中于沿海五地：北京、广东、上海、浙江、江苏，分别占 29.6%、24.3%、12.6%、8.4%、7.0%；从技术层面看，主要集中于应用层，占比 78.0%，技术层只有 14.3%，基础层只有 7.7%。北京、上海等地呈现出 AI 全产业链同步发展的状态，而其他地区较大程度上依托当地的产业背景支撑 AI 应用细分领域产业发展，如苏州的 AI + 制造产业、南京作为中国之芯的集成电路产业链初具规模，但更多处于应用层，技术层和基础层的布局还有差距。说明对于前沿产业的核心技术和基础研究投入严重不足。

二是缺乏本地行业头部企业。多个地区依托 AI 龙头企业带动当地 AI 产业整体发展，如科大讯飞带动合肥"中国声谷"的发展，华为、中兴、大疆等带动深圳的 5G + AIoT 智能硬件产业。并且通过与 AI 龙头企业合作项目或者联合成立公司的形式把 AI 巨头企业引入当地并赋能当地 AI 产业的整体发展已经成为较为主流的方式。试点众创社区普遍缺乏类似 BAT 的头部企业，往往以吸引到行业类头部企业为荣，而非以创建头部企业为目标，这也是发展阶段决定的。说明众创社区等创新创业集聚区的发展还在初级阶段，头部企业的不断涌现

既是成熟众创社区的标志，也是反过来推动众创社区发展的重要力量。

专业化孵化链条是发展的高级阶段，更有利于产业的集聚化和高端化发展。众创空间的建设面向市场需求，更加注重专业化导向，紧紧围绕服务实体经济转型升级，不断推动龙头骨干企业聚焦主营业务拓展，高校和科研院依托专业技术优势，建设专业化众创空间，为高成长性科技型企业孵化培育、科技成果快速转化提供更加精准的专业化服务。截至 2020 年，江苏拥有先声药业、博特新材料等 8 家国家级第一批专业化众创空间，数量位居全国第一。① 其中江苏苏博特投资建设了国家级专业化众创空间"材智汇"，在孵企业 33 家，其中产值过亿元企业 1 家。从江苏省目前拥有的国家级专业化众创空间看，一是数量还不占优势，二是与试点众创社区的融合还没有到位，还没有在众创社区的建设中发挥应有的作用。

（五）自然演化结合政府引导对于生态环境的营造同样重要

第七章关于独角兽企业的组态研究发现，产生高独角兽企业可能数结果的创业生态系统具有多种类型，在长期的自然演化过程中，应当保障知识溢出来源与创新能力，并根据区域内发展产业的特性，选择更加契合的整体配套方案。在短期内若想促进高结果的发生，则必须发挥政府、资本等在创业活动过程中的支持、引导作用，帮助企业打通与生态系统内其他要素间的联系，加速企业高质量发展。

从发挥政府与市场的作用看，自然演化结合政府引导对于生态环

---

① 随后评选的第二批（江苏 5/全国 33）专业化众创空间，江苏省如下：生物医药国家专业化众创空间（江苏先声药业有限公司）、激光技术国家专业化众创空间（南京先进激光技术研究院）、新材料国家专业化众创空间（江苏博特新材料有限公司）、健康食品国家专业化众创空间（江南大学国家大学科技园）、医疗器械国家专业化众创空间（中国科学院苏州生物医学工程技术研究所）。第三批（江苏 2/全国 23）：集成电路国家专业化众创空间（中国电子科技集团公司第五十八研究所）、膜材料国家专业化众创空间（南京膜材料产业技术研究院）、生物医药国家专业化众创空间（中国科学院上海药物研究所苏州药物创新研究院）。

境的营造同样重要。但各地普遍缺乏促进产业链高端化、服务平台有效化的扶持政策体系。苏州工业园区和南京市打造软件谷等地的自然演化基础上的政府有效引导案例值得借鉴。

苏州工业园区出台了《关于加快建设世界一流高科技产业园区的科创扶持办法》等"一揽子新政",其中《关于进一步发展众创空间推动大众创新创业的实施办法》重点鼓励与园区云计算、大数据人工智能等新兴产业相结合,鼓励专业化众创空间建设、优秀项目孵化及众创社区建设等。首先,建设众创社区,每年给予最高200万元建设及运营补贴;其次,鼓励苏州工业园区内专业化众创空间的建设,最高给予200万元建设补贴及每年100万元运营补贴,推动众创空间深度发展;同时,围绕提升孵化项目率、优化人才培育等目标,给予项目和"千人计划"、领军人才所在的众创空间5万~15万元创业辅导奖励。为保证众创社区的高效运营,给科教创新区与人工智能产业协会提供每年最高200万元的资金支持,资金专款专用,用于众创社区建设、空间管理、活动开展等方面。

南京软件谷同样经历了自然演化和政府引导的过程。南京软件谷众创社区在创业服务载体建设方面,进行大胆创新,采取"联合拿地、统一规划、联合建设、分割出让、统一配套、集中托管"的方式,由软件谷发展公司牵头与若干家高成长性企业合作,采用联合拿地、委托软件谷发展公司代建的模式,进行统一规划设计、统一工程建设管理。这一模式不仅有利于打造专业园区,推动产业集聚,还有利于提高土地利用效益和项目建设效率。

同时,南京软件谷学习借鉴中关村、重庆等地区的"政府引导、社会为主、打造一体化创新创业生态圈"的经验做法,在众创社区众创空间和孵化器的建设中,强化政府引导,注重国有平台和民营平台的优势互补。一是更好发挥国有孵化平台的作用,重点是结合园区办建设,通过组建专职孵化服务队伍或者与社会专业孵化服务机构联合等方式，提升对孵化器内企业的服务；二是引导民营专业化众创空间和孵化器之间深度合作，搭建南京软件谷内众创空间和孵化器交流合作的平台，利用黑马、36 氪等全国知名众创空间以及优侠、极客站、度盈众瑞、易创空间等本土众创空间的专业力和影响力，融合打造一体化创新创业生态圈。

南京市 2018 年 2 月发布关于对省级众创社区给予资助的实施办法（试行），被省政府列入省级众创社区备案试点的单位，在备案期内按照当年考核结果分年度获得总额 500 万元的建设资助。

镇江市人民政府《关于做好当前和今后一个时期促进就业工作的实施意见》对各区内新认定的省级众创社区，每家给予 100 万元建设经费支持。

中共无锡市惠山区委、无锡市惠山区人民政府出台的《关于调整和完善现代产业发展政策的意见》（2018 年 4 月）提出，支持科技载体建设。对新认定的国家级众创空间、科技企业孵化器、科技创业孵化链条，给予 50 万元奖励；对新认定的省级众创空间、科技企业孵化器、科技企业加速器、科技创业孵化链条、省级众创社区、大学生创业园，给予 20 万元奖励。对由科技部组织的年度绩效考评结果为优秀的孵化器、众创空间，给予 50 万元奖励；对由江苏省科技厅组织的年度绩效考评结果为优秀的孵化器、众创空间，给予 20 万元奖励。

江苏省 13 个地市只有少数地市制定了针对众创社区的扶持政策，主要是常见的奖补政策，缺乏促进产业链高端化、服务平台有效化等针对性的扶持政策体系。

山东省出台《山东省人民政府关于打造政产学研金服用创新创业共同体的实施意见》，主要目标是用 5 年左右的时间，以山东产业技术研究院为示范样板，培育 30 个以上省级创新创业共同体，同时带动各地建设一批不同主体、不同模式、不同路径、不同方向的创新创业共同体，形成"1+30+N"的创新体系，创新驱动发展成效更加显著。

（六）积极营造符合区域长期可持续发展的双创文化

营造双创文化是长期的战略任务。众创空间通过提供多元化的创新创业服务营造双创文化。众创空间能够提供多样化、全方位的创新创业服务，如人才集聚、创业培训、融资服务、技术创新服务、导师队伍建设、开展创业活动、共享创新资源、提供政策服务等，这些便捷化、全方位、全过程的优质创业服务能够汇聚更多创业者和资源，调动起更多人创新创业的积极性和创造性，从而能够实现创新创业的成功。围绕大众创业服务需求，众创空间运用"互联网+"思维和大数据技术手段，集成技术、资金、人才等创新要素，探索"线上+线下""孵化+培训""研发+孵化"等新型服务模式，在为创客提供创业场所、宽带网络等基础服务的基础上，拓展提供创业辅导、技术转移、股权投资等增值服务，吸引更多优秀创客和创业项目入驻，在助力创业企业快速成长的同时实现自我良性发展。针对创业者资金短缺的普遍问题，众创空间创新融资服务模式，运用风投、众筹、互联网金融等创新融资方式和渠道，创新与创投机构、基金组织等的合作模式，引导更多的社会资本参与创投。

运营主体市场化，众创空间不同于传统孵化器由政府主导建设的模式，更多的是由政府、大学、企业、创投机构等多元主体投资建设，按照市场化机制管理运营。截至2020年，江苏省级以上备案的众创空间超过80%以企业为运营主体，其中68%以上的企业主体属于民营企业性质，在市场竞争中完善运营模式，不断发展壮大。例如，民营企业投资建设的国家级众创空间创客邦，集创业孵化、创业投资、创业教育三位一体，辅助创客金融和创客学院增值服务，不仅在较短时间内达到盈利，而且实现快速扩张。目前在全国布局建设了

70 多个创业孵化载体，孵化面积超过 30 万平方米，孵化创业项目 5000 多个，累计投资项目 300 多个，成为江苏省众创空间建设和发展的标杆（闫中秋，2020）。

苏南国家自主创新示范区是党中央、国务院赋予江苏的重大责任。苏南五市积极打造双创文化。南京、苏州等地通过开展众创空间绩效评价，引导众创空间建设提质增效，并对评价优秀的给予资金支持。无锡市近年来提出"创响无锡"口号，深入发展"创响无锡"这一创新活动，通过资源整合、建立机制、打造平台、建立完整的生态链条，利用双创利好来达到促经济的良好作用。常州市启动"龙城匠魂"系列活动，通过系列宣传展示一丝不苟、追求极致的新兴产业人才创新创业"工匠精神"，集中展现常州市对优秀双创人才的吸引力，将"工匠精神"根植内心。

南京软件谷众创社区极力营造具有软件谷特色的双创文化。

一是常态化活动提升文化内涵。用心打造"UP"众创服务品牌，举办围绕创业的 UP 系列活动，包括 UP 微路演、UP 招募合伙人、UP 创业学院等，围绕科技创新的 TIC 科技创新公开课，围绕人力资源"精英 V 聘会"系列活动。

二是重量级活动提升文化知名度。软件谷每年举办多场重量级活动，提升双创文化、双创品牌的知名度，包括"中国（南京）软件谷互联网创新创业峰会""软件谷风云人物、锐力之星"颁奖典礼、"我为创业狂"大学生创业项目知识产权大赛等活动。

三是用好载体带动双创文化传播。目前南京软件谷有众多"创业周边"产品，包括宣传软件谷企业家精神的 UP 故事，通过创业圈专业媒体渠道创客公社、氪空间、创头条等广泛宣传；宣传软件谷产业环境的软件谷手绘创业地图，目前已经升级为 4.0 版本，成为入谷进园、了解产业环境、双创资源、双创服务的首选；联动服务载体扩大宣传效应，包括江苏创业大街微信公众号、创业车站文化墙等，宣传草根英雄创客梦、谷内种子期和初创期企业产品等。

（七）促进城市间的协同创新

从第五章的阶段性研究成果看，尽量选择与邻近城市互补的创新创业政策，加大与邻近城市的合作力度，产生高效的创新创业协同效应。优化超大城市创新环境对城市内部高质量创业的影响，加大超大城市创业的引导宣传，提升创新环境的投入与高质量创业的产出效率。提升其他城市与邻近城市高质量创业互动的层次和水平，在区域层面建立沟通机制，发挥各个城市的资源禀赋，提升优势互补的效果。

第六章的阶段性研究也显示，创新协同互动显示了弱的负相关，可能的解释是高校与企业间的互动可以体现为课题、项目等，但是互动成果是否能真正转化为科创板上市公司的助力存在疑问，甚至存在负效应。说明目前的协同并非真正的协同，无法产生创新协同效用，占用的宝贵项目资源没有促进高质量创业企业产生。

（八）充分利用海外创新创业资源

从江苏省众创社区的调研看，虽然各地不断吸纳海外创新资源，众创社区的国际化高端创新资源利用仍然不足。党的二十届三中全会指出，扩大国际科技交流合作，鼓励在华设立国际科技组织，优化高校、科研院所、科技社团对外专业交流合作管理机制，探索利用国际创新资源的有效举措。

海外专利数反映了知识创新的国际认可度，海外专利最大值是常州科教城人工智能制造众创社区数量，共 450 个专利，昆山两岸青年增材制造众创社区有 150 个专利，苏州高铁新城人工智能众创社区有 120 个专利，南京新港高新园光电激光众创社区有 107 个专利，最小值是 0，中位数是 34.5 个。

社区与海内外高校院所（全球 QS 大学排名前 200 位）建立战略合作关系数中，最大值为常州西夏墅智能制造工具众创社区，共 18 家，苏州高铁新城人工智能众创社区，共 18 家。

社区与世界 500 强企业建立战略合作关系数中最大值为南京新港高新园光电激光众创社区，共 81 家，常州西夏墅智能制造工具众创社区，共 22 家，常熟高新区先进制造众创社区，共 12 家，扬州高新区数控装备众创社区，共 12 家。

从以上分析看，无论是海外专利数、与海内外高校院所的战略合作关系、与世界 500 强企业建立战略合作关系等，还是与国际高端创新资源的联结看，都存在较大的差异，总体水平有待提高，在开发利用国际高端创新资源方面，仍有较大的发展空间。

附录 A

关于众创社区的调研函（关于课题组带队到贵单位调研众创社区的函）

众创社区是江苏省科技厅贯彻落实省政府办公厅《关于推进众创社区建设的实施意见》，在全国率先探索构建的新型双创平台，经过两年多的发展，已初具规模。面对高质量发展和打造"双创"升级版的新要求，需要进一步总结经验，加快发展步伐。

受省科技厅委托，研究团队牵头和江苏省高新技术创业服务中心合作，联合开展"众创社区创业生态系统构建、绩效指标与政策建议研究"。

调研对象：众创社区运营管理机构、专业化众创空间和科技企业孵化器、高校和产学研平台、龙头骨干企业、创业服务机构、典型公共服务平台等典型创新创业者。

调研时间：每个众创社区大约半天时间。

调研内容：

1. 已试点众创社区的建设亮点、经验（含社区规划、扶持政策等），提炼可复制和可推广的模式；

2. 分析众创社区在建设过程中存在的问题，并对原因进行剖析；

3. 提炼众创社区生态系统构建中应遵循的原则、可行路径；

4. 提出构建众创社区绩效评价指标体系建议；

5. 提出进一步推动众创社区建设的创新举措与政策建议。

2019 年 7 月

附录 B

关于众创空间的半结构性访谈

1. 众创空间成立以来，目前是否有了稳定的成长模式？

2. 众创空间成立以来，是否感觉有明确的发展阶段？

3. 众创空间成立以来，孵化最成功的有哪些企业？

4. 众创空间的职能哪些完成得比较好，哪些存在不足？

5. 众创空间典型的持续帮扶活动有哪些？

6. 众创空间有哪些亮点和成绩？

7. 众创空间在整合外部资源上，有哪些经验？

8. 众创空间如何支持孵化企业的创新？

附录 C

江苏省众创社区备案试点名单

序号	众创社区名称	运营管理机构名称
1	南京珠江路信息服务众创社区	南京珠江路创业大街科技发展有限公司
2	南京软件谷众创社区	中国（南京）软件谷管委会
3	新港高新园光电激光众创社区	南京新港高新技术工业园管理委员会
4	无锡惠山智能精密制造众创社区	无锡惠山高新技术创业服务中心
5	无锡高新区物联网众创社区	无锡高新区科技创新促进中心
6	徐州高新区矿山安全技术众创社区	徐州科技创新谷铜山区领导小组办公室
7	常州西太湖石墨烯众创社区	常州西太湖先进碳材料产业管理办公室
8	常州西夏墅智能制造工具众创社区	常州西夏墅工具产业创业服务中心
9	苏州工业园区云计算众创社区	苏州工业园区云计算产业联盟协会
10	常熟高新区先进制造众创社区	常熟大学科技园有限公司
11	南通智慧技术众创社区	南通产业技术研究院有限公司
12	南通高新区数字产业众创社区	南通高新区科技新城管理委员会
13	连云港高新区智能制造装备众创社区	连云港市科技创业城管理委员会
14	淮安软件园众创社区	淮安软件园管理发展有限公司
15	盐南高新区大数据众创社区	盐城市城南科教城管理委员会
16	扬州广陵软件信息服务众创社区	零点信息产业投资管理有限公司
17	扬州高新区数控装备众创社区	扬州智谷创业服务管理有限公司
18	镇江大学科技园生命健康众创社区	镇江大学科技园发展有限公司
19	泰兴高新区节能环保众创社区	江苏省泰兴高新技术产业开发区管理委员会
20	宿迁高新区先进复合材料众创社区	江苏省苏北工业技术研究院有限公司

序号	众创社区名称	运营管理机构名称
21	栖霞高新区工业设计众创社区	南京栖霞高新技术产业开发区管理委员会
22	江宁高新区生命科学众创社区	南京江宁高新园科技创业服务管理有限公司
23	白下高新区软件与信息服务众创社区	南京秦淮科技创新创业发展集团有限公司
24	江宁高新区通讯与网络众创社区	南京江宁经开高新创投有限公司
25	江北新区集成电路设计众创社区	南京江北新区产业技术研创园管理办公室
26	江阴金属新材料众创社区	江阴高新技术创业园管理委员会
27	无锡滨湖信息安全技术众创社区	无锡太湖创意产业投资发展有限公司
28	常州高新区智能传感众创社区	常州新芯电子产业发展有限公司
29	常州天宁新能源材料众创社区	常州市天宁高新技术创业服务中心
30	常州钟楼大数据产业服务及应用众创社区	常州文科融合发展有限公司
31	常州科教城人工智能制造众创社区	长江龙城科技有限公司
32	武进高新区工业机器人众创社区	武进国家高新技术产业开发区众创服务中心
33	昆山两岸青年增材制造众创社区	昆山万图科技园管理有限公司
34	汾湖高新区半导体光电众创社区	吴江汾湖科技创业服务有限公司
35	苏州相城机器人及智能装备众创社区	苏州漕湖科技发展股份有限公司
36	如东生命健康众创社区	江苏如东高新生物科技有限公司
37	海门药物创制众创社区	海门临江生物医药科技创业园有限公司
38	如皋开源软件与服务外包众创社区	如皋高新技术园区开发有限公司
39	赣榆教育机器人众创社区	江苏省赣榆经济开发区管理委员会
40	东海水晶产业众创社区	江苏东海水晶产业投资发展有限公司
41	盐城高新区智能终端众创社区	盐城高新区投资集团有限公司
42	高邮高新区智慧照明众创社区	扬州科丰高新产业投资开发集团有限公司
43	句容宝华软件信息技术众创社区	句容万舟科技产业服务有限公司
44	扬中智慧电气众创社区	江苏省扬中高新技术产业开发区管理委员会
45	丹阳高性能合金材料众创社区	丹阳市高新技术创业服务有限公司
46	镇江京口软件及游戏动漫众创社区	镇江市京口区大禹山创意新社区管理委员会
47	泰州医药高新区生物医药众创社区	泰州医药高新技术产业园区管理委员会

序号	众创社区名称	运营管理机构名称
48	泰州海陵智慧动力众创社区	泰州市海鑫高新技术投资发展有限公司
49	沭阳健康医疗众创社区	沭阳企盟高创园孵化器有限公司
50	泗阳家居制造产业众创社区	宿迁市众创空间科技有限公司
51	建邺高新区数字经济众创社区	南京建邺高新技术产业开发区管理委员会
52	南京鼓楼物联网众创社区	南京市鼓楼区科技创业服务中心
53	无锡锡山智能硬件众创社区	锡山经济技术开发区科技创业服务中心
54	无锡锡东智能网联众创社区	无锡锡东新城商务区管理委员会
55	江阴智慧物流众创社区	江阴长江港口综合物流园区管理委员会
56	无锡太湖马山生命健康众创社区	无锡生物医药研发服务外包区管理处
57	徐州泉山安全科技众创社区	徐州中国矿业大学大学科技园有限责任公司
58	徐州杨山科创谷工程装备制造众创社区	徐州高新技术创业服务中心
59	丰县智能电动车众创社区	江苏鑫诚电动车科技发展有限公司
60	中关村高新区储能产业众创社区	江苏中关村科技产业园控股集团有限公司
61	常州西太湖医疗健康众创社区	常州医疗器械产业研究院有限公司
62	常州横林新型纤维及复合材料众创社区	常州横林工业集中区投资开发有限公司
63	苏州高新区医疗器械众创社区	苏州科技城生物医学技术发展有限公司
64	苏州高铁新城人工智能众创社区	苏州市高铁新城人工智能运营服务有限公司
65	海安功能新材料众创社区	江苏省海安高新技术产业开发区高科技创业园管理委员会
66	启东精准医学众创社区	启东经济开发区科技创业中心有限公司
67	市北高新区汽车电子众创社区	南通市北高新技术产业开发区管理委员会
68	灌云电子元器件众创社区	灌云县云海高新技术创业园有限公司
69	淮安留创园新一代信息技术众创社区	淮安市科宇高新技术有限公司
70	扬州智谷大数据信息技术众创社区	扬州新光源科技开发有限公司
71	江都高新区智能装备众创社区	扬州市江都高新技术产业园区管理委员会
72	杭集高新区文旅机器人众创社区	扬州城洁产业园运营管理有限公司
73	扬州邗江软件信息众创社区	扬州市邗江区新盛创锐中小企业服务中心有限公司

序号	众创社区名称	运营管理机构名称
74	泰州医药高新区电力装备众创社区	泰州经济开发区管理委员会
75	泰州高港汽车零部件众创社区	泰州市鼎顺创业投资有限公司
76	宿迁宿豫数字电商众创社区	中国宿迁电子商务产业园区管理委员会
77	宿迁宿城激光产业众创社区	中电建江苏激光智造发展有限公司
78	泗阳功能纤维产业众创社区	宿迁东方投资有限公司
79	徐庄高新区新型信息技术服务众创社区	南京玄武高新技术产业集团有限公司
80	白马高新区绿色智慧农业众创社区	江苏省南京白马高新技术产业开发区管理委员会
81	南京浦口集成电路众创社区	南京浦口经济开发有限公司
82	南京浦口现代农业众创社区	南京国家现代农业产业科技创新示范园区管理委员会
83	南京溧水先进制造装备及技术众创社区	南京溧水高新技术产业投资有限公司
84	无锡中关村智能制造装备众创社区	无锡中关村软件园发展有限公司
85	宜兴环科园环保产业众创社区	宜兴环保装备创新研究院
86	锡沂高新区无机功能材料众创社区	新沂市锡沂科技园发展有限公司
87	常州金坛新一代移动通信技术众创社区	常州华科工程建设有限公司
88	昆山光电半导体众创社区	昆山莘莘科技发展有限公司
89	太仓智能互联众创社区	太仓市科教新城管理委员会
90	相城高新区数字研发与应用众创社区	苏州元联科技创业园管理有限公司
91	张家港保税区环保新材料众创社区	张家港保税区科技创业发展有限公司
92	海安机器人及智能制造众创社区	海安经济技术开发区高科技创业园管理委员会
93	淮安高新区汽车零部件制造众创社区	淮安中业汇投资管理有限公司
94	盐南高新区数字智能众创社区	盐城市盐南高新区数字智能产业园发展有限公司
95	盐城汽车智能装备众创社区	东方兴宇软件产业有限公司
96	大丰智能硬件众创社区	盐城市大丰区高鑫投资有限责任公司
97	仪征大数据存储与应用众创社区	仪征市高创科技发展有限公司
98	扬州邗江微电子众创社区	扬州市科光汽车电子电气有限责任公司

序号	众创社区名称	运营管理机构名称
99	宝应泛在电力物联网众创社区	宝应安宜工业园管理委员会
100	镇江高新区高端装备制造众创社区	镇江高新发展集团有限公司
101	兴化金属新材料及制品众创社区	江苏省兴化高新技术产业开发区（筹）管理委员会
102	靖江暖通装备众创社区	靖江经济技术开发区城北园区管委会
103	泗洪电子元器件制造众创社区	江苏省泗洪经济开发区管理委员会

附录 D

关于高质量创业评价指标调查问卷

尊敬的专家：

您好！从现有文献来看，高质量创业的核心理念是高成长性与高创新性，是能为区域经济社会创造较多就业机会和创新绩效，促进城市经济高质量发展的代表性创业活动。为了确定高质量创业评价指标的权重，请您在百忙之中完成以下问卷。请您针对问卷中提到的两个指标的相对重要性予以比较：问卷采用 1～9 标度法，请在相应的数字下打"√"，数字标度的含义及说明如下。

相对重要性程度	含义
1	因素 A 与因素 B 同等重要
3	因素 A 比因素 B 稍微重要
5	因素 A 比因素 B 明显重要
7	因素 A 比因素 B 重要得多
9	因素 A 比因素 B 绝对重要
1/3	因素 A 比因素 B 稍微不重要
1/5	因素 A 比因素 B 明显不重要
1/7	因素 A 比因素 B 不重要得多
1/9	因素 A 比因素 B 绝对不重要
2、4、6、8、1/2、1/4、1/6、1/8	因素 A 与因素 B 的重要性介于上述两个相邻等级之间

1. 您认为在高质量创业的评价中，以下两个指标的重要性。

指标	1	3	5	7	9	1/3	1/5	1/7	1/9	其他
独角兽企业/新成立瞪羚企业										
独角兽企业/科创板上市公司										
独角兽企业/创业板上市公司										
独角兽企业/新三板上市公司										
独角兽企业/新成立高新技术企业										
独角兽企业/新成立科技型中小企业										
独角兽企业/A 轮及以上融资新创企业										
新成立瞪羚企业/科创板上市公司										
新成立瞪羚企业/创业板上市公司										
新成立瞪羚企业/新三板上市公司										
新成立瞪羚企业/新成立高新技术企业										
新成立瞪羚企业/新成立科技型中小企业										
新成立瞪羚企业/A 轮及以上融资新创企业										
科创板上市公司/创业板上市公司										
科创板上市公司/新三板上市公司										
科创板上市公司/新成立高新技术企业										
科创板上市公司/新成立科技型中小企业										
科创板上市公司/A 轮及以上融资新创企业										

续表

指标	1	3	5	7	9	1/3	1/5	1/7	1/9	其他
创业板上市公司/新三板上市公司										
创业板上市公司/新成立高新技术企业										
创业板上市公司/新成立科技型中小企业										
创业板上市公司/A 轮及以上融资新创企业										
新三板上市公司/新成立高新技术企业										
新三板上市公司/新成立科技型中小企业										
新三板上市公司/A 轮及以上融资新创企业										
新成立高新技术企业/新成立科技型中小企业										
新成立高新技术企业/A 轮及以上融资新创企业										
新成立科技型中小企业/A 轮及以上融资新创企业										

注：上述指标的具体定义如下：①独角兽企业，一般指 10 亿美元以上估值，并且创办时间相对较短（一般为 10 年内）还未上市的企业。②新成立瞪羚企业，一般指 10 年内新成立的创业后跨过死亡谷以科技创新或商业模式创新为支撑进入高成长期的中小企业。③科创板上市公司，一般指在中国科创板上市的注册制试点企业，它们主要是服务于国家战略、突破关键核心技术、市场认可度高的科技创新企业。④创业板上市公司，一般指在中国创业板上市的企业，它们大多成立时间较短、规模较小、业绩较好，从事高科技业务，具有较高的成长性。⑤新三板上市公司，一般指"中关村科技园区非上市股份公司进入代办转让系统"，大多为中关村等国家级高新技术产业开发区内的高新技术企业。⑥新成立高新技术企业，一般指 10 年内在中国境内（不包括港澳台地区）注册的在《国家重点支持的高新技术领域》内，持续进行研究开发与技术成果转化，形成企业核心自主知识产权，并以此为基础开展经营活动的企业。⑦新成立科技型中小企业，一般指 10 年内新成立的从事高新技术产品研发、生产和服务的中小企业群体。⑧A 轮及以上融资新创企业，一般指在筹集资金过程中获得过一轮及以上融资的创业期中小型企业，投资人在该阶段对用户量、收入和利润规模都有明确要求。

2. 您认为还有哪些指标可以评价高质量创业？请说明。

附录 E

截至 2020 年主要城市高质量创业核心衡量指标

单位：个

城市	创业板数量	科创板数量	独角兽企业数量	新三板精选层	新三板创新层	新三板精选加创新
北京市	114	45	159	10	154	164
上海市	62	47	78	2	93	95
深圳市	126	32	34	2	54	56
苏州市	44	31	5	3	51	54
杭州市	50	18	44	0	43	43
广州市	34	8	18	3	50	53
成都市	30	9	6	0	30	30
南京市	27	5	15.5	1	30	31
无锡市	26	9	1	0	22	22
武汉市	18	7	6	1	31	32
长沙市	22	7	2	1	16	17
合肥市	11	11	2	1	12	13
宁波市	26	3	2	1	14	15
天津市	12	4	10	0	20	20
西安市	11	5	3	2	23	25
东莞市	17	7	1	0	8	8
济南市	7	6	3	1	20	21
青岛市	13	4	9	2	11	13
厦门市	15	4	1	0	13	13

续表

城市	创业板数量	科创板数量	独角兽企业数量	新三板精选层	新三板创新层	新三板精选加创新
常州市	15	3	3	2	9	11
郑州市	10	0	0	1	25	26
佛山市	12	3	0	0	10	10
福州市	11	3	0	0	11	11
南通市	8	4	0	2	8	10
嘉兴市	6	3	1	0	13	13
珠海市	12	0	2	1	10	11
淄博市	6	3	0	1	6	7
重庆市	5	0	4	1	13	14
台州市	5	2	0	1	10	11
惠州市	7	2	0	1	7	8
长春市	5	3	1	2	4	6
镇江市	3	3	2	0	7	7
绍兴市	11	0	2	0	5	5
湖州市	5	3	0	0	4	4
石家庄市	5	0	0	1	12	13
温州市	8	0	0	0	9	9
烟台市	9	1	0	0	4	4
泰州市	5	3	0	1	1	2
昆明市	4	0	0	1	11	12
大连市	3	2	0	2	4	6
沈阳市	4	1	1	0	7	7
哈尔滨市	3	1	0	0	9	9
太原市	1	0	0	0	13	13
潍坊市	6	0	0	1	5	6
中山市	8	0	0	0	3	3
芜湖市	2	1	0	0	7	7

城市	创业板数量	科创板数量	独角兽企业数量	新三板精选层	新三板创新层	新三板精选加创新
徐州市	6	0	0	0	5	5
扬州市	4	1	0	0	4	4
新乡市	1	0	0	0	11	11
洛阳市	2	1	0	0	6	6
唐山市	2	0	0	1	8	9
连云港市	0	2	0	1	3	4
金华市	6	0	0	0	3	3
江门市	6	0	0	0	3	3
株洲市	2	2	0	0	1	1
德州市	2	1	0	0	4	4
威海市	1	1	0	0	5	5
赣州市	1	2	1	0	0	0
南昌市	2	0	0	1	5	6
贵阳市	1	1	0.5	0	3	3
保定市	3	0	0	0	4	4
泉州市	2	0	0	0	5	5
襄阳市	5	0	0	0	1	1
济宁市	0	1	0	0	4	4
包头市	1	0	0	0	5	5
廊坊市	1	0	0	0	5	5
乌鲁木齐市	2	0	0	0	3	3
兰州市	2	0	0	0	3	3
漳州市	2	0	0	0	3	3
呼和浩特市	1	0	0	1	3	4
宿迁市	3	0	0	0	1	1
南宁市	2	0	0	0	2	2
南阳市	2	0	0	0	2	2

续表

城市	创业板数量	科创板数量	独角兽企业数量	新三板精选层	新三板创新层	新三板精选加创新
东营市	1	0	0	0	3	3
泰安市	1	0	0	0	3	3
枣庄市	1	0	0	0	3	3
邯郸市	2	0	0	0	1	1
湛江市	2	0	0	0	0	0
岳阳市	1	0	0	0	1	1
沧州市	1	0	0	0	1	1
聊城市	1	0	0	0	1	1
菏泽市	1	0	0	0	1	1
常德市	1	0	0	0	0	0
周口市	1	0	0	0	0	0

附录 F

截至 2018 年城市创新创业生态主要构成指标

城市	国家级科技企业孵化器（家）	国家级备案众创空间数量（家）	创新主体投入	创新协同互动	创新投资环境	创新生活环境
北京市	55	159	0.8589	0.6391	0.7040	0.5496
上海市	47	78	0.5974	0.5942	0.8691	0.5440
深圳市	23	91	0.6626	0.1568	0.5826	0.6188
苏州市	42	51	0.3287	0.2216	0.5394	0.5695
杭州市	32	54	0.3039	0.3148	0.3175	0.5655
广州市	24	53	0.3234	0.4063	0.5075	0.5520
成都市	16	44	0.3031	0.3745	0.4487	0.5706
南京市	26	53	0.2304	0.3973	0.3747	0.5280
无锡市	19	15	0.2015	0.1629	0.2639	0.5618
武汉市	29	44	0.2061	0.3052	0.4741	0.5604
长沙市	12	24	0.1701	0.2994	0.2491	0.5566
合肥市	12	18	0.2788	0.1742	0.1577	0.5336
宁波市	10	23	0.2002	0.1132	0.2702	0.5405
天津市	31	80	0.2836	0.3018	0.4591	0.5158
西安市	20	55	0.2339	0.3470	0.2525	0.5576
东莞市	15	18	0.1919	0.0924	0.0907	0.6531
济南市	11	35	0.1456	0.2066	0.3128	0.5301
青岛市	17	77	0.1666	0.3247	0.4395	0.5193
厦门市	5	33	0.1331	0.2066	0.3398	0.4976

续表

城市	国家级科技企业孵化器（家）	国家级备案众创空间数量（家）	创新主体投入	创新协同互动	创新投资环境	创新生活环境
常州市	20	9	0.1262	0.2893	0.2337	0.5224
郑州市	11	19	0.1368	0.2507	0.3443	0.5413
佛山市	17	17	0.2326	0.1351	0.1196	0.5752
福州市	4	7	0.1420	0.0955	0.3239	0.5342
南通市	12	9	0.1553	0.1049	0.1350	0.5288
嘉兴市	9	11	0.1321	0.0787	0.1747	0.5473
珠海市	7	11	0.1909	0.1651	0.3094	0.5235
淄博市	4	4	0.0895	0.0894	0.1006	0.5542
重庆市	16	44	0.2075	0.3067	0.4738	0.6265
台州市	1	3	0.0934	0.0153	0.0819	0.5597
惠州市	5	11	0.1261	0.0324	0.1471	0.5351
长春市	13	12	0.0959	0.1314	0.1217	0.5451
镇江市	10	4	0.1153	0.1300	0.1819	0.5237
绍兴市	3	1	0.1607	0.1210	0.0971	0.5333
湖州市	7	7	0.1052	0.0388	0.1155	0.5246
石家庄市	9	28	0.0905	0.1620	0.3007	0.5044
温州市	4	15	0.1025	0.0625	0.0940	0.5413
烟台市	9	10	0.1373	0.1085	0.3459	0.5429
泰州市	8	2	0.0961	0.0640	0.1068	0.5056
昆明市	10	25	0.0737	0.1374	0.2795	0.5803
大连市	10	29	0.1463	0.2100	0.3765	0.5533
沈阳市	9	26	0.1055	0.2582	0.2935	0.5414
哈尔滨市	11	19	0.0895	0.1796	0.2961	0.5481
太原市	9	19	0.1141	0.1082	0.0846	0.5386
潍坊市	7	8	0.1055	0.0863	0.1378	0.5639
中山市	5	5	0.2240	0.1589	0.0824	0.5520
芜湖市	2	5	0.2855	0.0513	0.1375	0.5064

城市	国家级科技企业孵化器（家）	国家级备案众创空间数量（家）	创新主体投入	创新协同互动	创新投资环境	创新生活环境
徐州市	11	5	0.1020	0.1200	0.1512	0.5274
扬州市	7	12	0.0976	0.1553	0.1333	0.5051
新乡市	2	0	0.0692	0.1268	0.1382	0.5102
洛阳市	7	6	0.0991	0.0565	0.2917	0.5485
唐山市	1	11	0.0575	0.0698	0.3290	0.5156
连云港市	1	2	0.0625	0.1036	0.2778	0.5194
金华市	2	1	0.1063	0.0605	0.0816	0.5375
江门市	2	3	0.0978	0.1056	0.0775	0.5318
株洲市	2	6	0.0962	0.0340	0.1076	0.5282
德州市	4	6	0.0841	0.0366	0.0990	0.5000
威海市	7	12	0.0981	0.2591	0.1309	0.5624
赣州市	3	4	0.0736	0.0698	0.1088	0.5584
南昌市	7	23	0.0882	0.1063	0.1359	0.5308
贵阳市	3	18	0.1006	0.0895	0.0988	0.5662
保定市	2	14	0.0471	0.0644	0.2434	0.5056
泉州市	1	7	0.0825	0.0784	0.1233	0.5473
襄阳市	4	2	0.1184	0.1243	0.2342	0.4949
济宁市	6	15	0.0595	0.0473	0.0895	0.5532
包头市	3	11	0.0489	0.0673	0.1191	0.5477
廊坊市	2	9	0.0324	0.0780	0.1422	0.5000
乌鲁木齐市	6	15	0.0478	0.0697	0.0928	0.5634
兰州市	6	23	0.0535	0.1110	0.0762	0.5313
漳州市	0	2	0.0460	0.0176	0.1017	0.5298
呼和浩特市	2	13	0.0363	0.0307	0.1188	0.5274
宿迁市	1	0	0.0679	0.0126	0.0908	0.5155
南宁市	4	5	0.0600	0.0553	0.2663	0.5409
南阳市	1	3	0.0519	0.2159	0.0883	0.5260

续表

城市	国家级科技企业孵化器（家）	国家级备案众创空间数量（家）	创新主体投入	创新协同互动	创新投资环境	创新生活环境
东营市	5	2	0.0591	0.0649	0.1722	0.5194
泰安市	1	6	0.0521	0.0311	0.1096	0.5507
枣庄市	1	0	0.0354	0.0563	0.0906	0.5240
邯郸市	2	3	0.0332	0.1454	0.0853	0.5076
湛江市	0	4	0.0715	0.0225	0.0811	0.5382
岳阳市	2	2	0.0499	0.1762	0.1376	0.5013
沧州市	1	4	0.0339	0.0252	0.1173	0.5034
聊城市	1	4	0.0337	0.0477	0.0976	0.5117
菏泽市	2	7	0.0231	0.0036	0.0972	0.5177
常德市	1	0	0.0459	0.1002	0.1217	0.5165
周口市	0	2	0.0198	0.0991	0.0666	0.5443

附录 G

84 个样本城市创新生态系统
和创业生态系统的四分法归类

四分法分类	创新生态系统指标	创业生态系统指标
A 区	北京市、上海市、深圳市、广州市、成都市、**苏州市**、南京市、天津市、重庆市、杭州市、武汉市、西安市、青岛市、长沙市、郑州市、大连市、**合肥市**、常州市、沈阳市、无锡市、济南市	北京市、上海市、**苏州市**、天津市、杭州市、深圳市、武汉市、南京市、广州市、青岛市、西安市、成都市、重庆市、无锡市、常州市、佛山市、东莞市、济南市、长沙市、**合肥市**、长春市
B 区	珠海市、厦门市、宁波市、佛山市、威海市、中山市、哈尔滨市、烟台市、福州市、**芜湖市**、东莞市、石家庄市、昆明市、襄阳市、镇江市、绍兴市、南通市、洛阳市、**南阳市**、扬州市、嘉兴市	大连市、昆明市、郑州市、哈尔滨市、宁波市、石家庄市、南通市、沈阳市、太原市、徐州市、南昌市、嘉兴市、烟台市、厦门市、镇江市、**兰州市**、威海市、扬州市、珠海市、**乌鲁木齐市**、**济宁市**
C 区	连云港市、徐州市、长春市、唐山市、岳阳市、潍坊市、太原市、南昌市、贵阳市、新乡市、南宁市、江门市、淄博市、惠州市、泉州市、保定市、温州市、赣州市、金华市、邯郸市、东营市	潍坊市、泰州市、湖州市、洛阳市、惠州市、温州市、贵阳市、中山市、东莞市、福州市、德州市、包头市、南宁市、淄博市、保定市、襄阳市、呼和浩特市、赣州市、廊坊市、菏泽市、绍兴市
D 区	**兰州市**、泰州市、常德市、湖州市、包头市、株洲市、**乌鲁木齐市**、廊坊市、台州市、**济宁市**、周口市、德州市、泰安市、湛江市、枣庄市、呼和浩特市、聊城市、宿迁市、漳州市、沧州市、菏泽市	株洲市、唐山市、**芜湖市**、江门市、邯郸市、岳阳市、泉州市、金华市、泰安市、新乡市、聊城市、沧州市、**南阳市**、台州市、连云港市、常德市、枣庄市、宿迁市、湛江市、周口市、漳州市

注：黑体字城市是第八章分析的案例城市。

附录 H

独角兽企业样本数据校准结果 （N = 249）

Case	项目名	Y	X1	X2	X3	X4	X5
1	字节跳动	1	0.99	0.85	1	0.85	0.02
2	滴滴出行	0.99	0.76	0.38	1	0.09	0.06
3	快手	0.99	0.75	0.38	1	0.09	0.29
4	京东科技	0.43	0.05	0.07	1	0.04	0.46
5	猿辅导	0.68	0.13	0.14	1	0.09	0.01
6	京东物流	1	0.96	0.77	1	0.64	0.02
7	商汤科技	1	0.94	0.71	1	0.58	0.02
8	作业帮	0.99	0.74	0.39	1	0.09	0.08
9	车好多	0.99	0.4	0.99	0	0.74	0.12
10	自如	0.03	0.01	0.03	0.29	0.04	0.03
11	VIPKID	1	0.8	0.43	1	0.1	0.05
12	地平线	0.17	0.03	0.03	1	0.03	0.3
13	旷视科技	0.98	0.61	0.27	1	0.09	0.06
14	比特大陆	0.27	0.03	0.06	1	0.04	0.1
15	明略科技	1	0.96	0.75	1	0.41	0.02
16	美菜网	0.64	0.89	1	0.05	1	0
17	一下科技	0.46	0.57	1	0.05	0.97	0.01
18	阿里音乐	0.98	0.99	0.98	0.65	0.68	0.22
19	水滴公司	0.8	0.15	0.82	0.39	0.45	0.35
20	知乎	0.98	0.29	0.16	1	0.09	0.01

续表

Case	项目名	Y	X1	X2	X3	X4	X5
21	乐元素	0.13	0.46	0.04	0.87	0.06	0.05
22	多点 Dmall	0.05	0.13	0.03	0.12	0.07	0.02
23	影谱科技	0.91	0.34	1	0.09	0.97	0.01
24	BOSS 直聘	0.49	0.37	0.99	0.16	0.8	0.01
25	科信美德	0.25	0.05	0.03	1	0.04	0.02
26	快看漫画	0.18	0.4	0.44	0.86	0.74	0
27	第四范式	0.97	0.52	0.29	1	0.08	0.09
28	极智嘉	0.08	0.05	0.07	0.04	0.1	0.08
29	脉脉	0.98	0.3	0.16	1	0.09	0
30	元气森林	0.61	0.16	1	0.09	0.85	0
31	京东工业品	0.43	0.05	0.07	1	0.04	0.28
32	马蜂窝	0.97	0.3	0.95	0.43	0.52	0.3
33	APUS	0.05	0.05	0.03	0.3	0.04	0.43
34	百信银行	0.2	0.42	0.46	0.87	0.78	0
35	中创为量子	0.04	0.04	0.03	0.08	0.03	0.88
36	易久批	0.66	0.11	0.98	0.32	0.56	0.03
37	首汽约车	0.65	0.18	1	0.09	0.85	0
38	氪空间	0.99	0.91	0.39	1	0.09	0.13
39	便利蜂	0.39	0.38	0.98	0.2	0.71	0.03
40	一点资讯	0.97	0.3	0.95	0.43	0.52	0.29
41	PingCAP	0.39	0.11	0.06	0.99	0.06	0.02
42	火花思维	0.86	0.16	0.86	0.43	0.47	0.26
43	思派健康	0.99	0.64	0.46	1	0.35	0
44	口袋购物	0.98	0.36	0.98	0.4	0.69	0.29
45	途家网	0.02	0.01	0.02	0.96	0.03	0.02
46	春雨医生	0.98	0.6	0.26	1	0.09	0.06
47	云知声	0.98	0.6	0.26	1	0.09	0.06
48	小猪短租	0.05	0.09	0.03	0.06	0.06	0.05

续表

Case	项目名	Y	X1	X2	X3	X4	X5
49	达阔科技	0.99	0.78	0.44	1	0.1	0.06
50	转转	0.39	0.13	0.06	0.99	0.06	0.12
51	零氪科技	1	0.97	0.77	1	0.65	0.02
52	百望云	0.07	0.05	0.03	0.99	0.05	0.01
53	特斯联	0.05	0.14	0.07	0.01	0.12	0.22
54	奕斯伟	0.51	0.08	0.11	1	0.04	0.1
55	国铁吉讯	1	0.95	0.65	1	0.96	0
56	翼鸥教育	1	0.97	0.78	1	0.63	0.02
57	妙手医生	0.05	0.4	0.05	0.04	0.26	0
58	集奥聚合	0.05	0.35	0.07	0.18	0.25	0.01
59	腾云天下	1	0.96	0.76	1	0.64	0.02
60	云鸟配送	0.99	0.79	0.44	1	0.1	0.05
61	银河航天	0.29	0.03	0.05	1	0.05	0
62	闪送	0.26	0.03	0.04	1	0.05	0.1
63	图森未来	0.11	0.09	0.05	0.02	0.05	0.7
64	十荟团	0.04	0.01	0.02	0.01	0.03	0.1
65	太合音乐	0.95	0.77	1	0.12	0.99	0
66	得到	0.97	0.94	1	0.07	0.99	0.02
67	美术宝	0.76	0.13	0.54	0.19	0.33	0.15
68	诺禾致源	0.26	0.06	0.03	1	0.04	0.42
69	酒仙网	0.43	0.05	0.07	1	0.04	0.22
70	慧科教育	1	0.98	0.77	1	0.66	0.01
71	蜜芽宝贝	0.92	0.97	1	0.07	1	0.01
72	G7	0.48	0.12	0.05	0.97	0.05	0.29
73	我买网	0.93	0.94	1	0.05	1	0
74	青云	0.71	0.11	0.51	0.19	0.26	0.19
75	出门问问	0.92	0.95	0.49	1	0.98	0
76	智米科技	0.98	0.31	0.19	1	0.09	0.01

Case	项目名	Y	X1	X2	X3	X4	X5
77	睿智科技	0.03	0.02	0.03	0	0.04	0.01
78	小盒科技	0.98	0.39	0.98	0.62	0.69	0.24
79	农信互联	1	0.98	0.82	1	0.72	0.02
80	雪球财经	0.21	0.03	0.19	0.27	0.12	0.19
81	本来生活	0.05	0.04	0.03	0.25	0.04	0.06
82	Keep	0.98	0.39	0.98	0.55	0.68	0.22
83	医渡云	0.99	0.68	0.49	1	0.34	0
84	星星充电	0.03	0.04	0.03	1	0.03	0.47
85	丰巢能源	0.02	0.05	0.03	0	0.04	0.88
86	中航锂电	0.02	0.05	0.03	0	0.04	0.84
87	准时达	0.02	0.03	0.04	0.1	0.03	1
88	驹马物流	0.03	0.88	0.1	0	0.09	1
89	壹玖壹玖	0.77	1	0.98	0.11	0.91	1
90	医联	0.58	1	0.8	0.11	0.36	1
91	未来医生	0.35	1	0.45	0.14	0.1	1
92	KK集团	0.87	1	0.25	0.06	1	0.92
93	小马智行	0.02	0.01	0.02	0.03	0.06	1
94	云从科技	0.08	1	0.38	0.01	1	1
95	致景科技	0.05	1	0.46	0.01	0.75	0.54
96	浩云长盛	0.31	1	0.98	0.01	1	1
97	钱大妈	0.04	1	0.22	0.01	0.22	0.24
98	NOME	0.05	1	0.99	0.01	0.86	0.3
99	华盛集团	0.38	1	1	0.01	1	0.98
100	树根互联	0.1	1	0.14	0.04	0.14	0.64
101	要出发	0.28	1	0.94	0.01	1	1
102	极飞科技	0.26	1	0.21	0.66	0.48	1
103	文远知行	0.02	0.02	0.02	0.01	0.09	0.76
104	巴图鲁	0.05	1	1	0	1	0.8

续表

Case	项目名	Y	X1	X2	X3	X4	X5
105	满帮	0.03	0.01	0.02	0.54	0.03	0.95
106	蚂蚁集团	0.59	0.24	0.17	0.38	0.94	0.59
107	微医集团	0.95	0.41	0.32	0.19	1	0.99
108	涂鸦智能	0.54	0.16	0.17	0.2	0.82	0.85
109	万向一二三	0.82	0.21	0.21	0.11	0.99	0.99
110	网易云音乐	0.93	0.14	0.33	0.35	1	0.99
111	大搜车	0.16	0.02	0.04	0.12	0.05	0.98
112	丁香园	0.99	0.97	0.67	0.95	1	0.99
113	零跑科技	0.99	0.83	0.45	0.77	1	1
114	淘票票	0.98	0.98	0.68	0.92	1	0.99
115	PingPong	1	0.97	0.69	0.91	1	1
116	鲸算科技	0.3	0.05	0.13	0.79	0.06	0.99
117	曹操出行	0.99	0.89	0.59	0.77	1	0.99
118	数梦工场	0.05	0.01	0.02	0.1	0.06	0.94
119	智云健康	1	0.17	0.16	0.04	0.83	1
120	德晋医疗	0.98	0.97	0.66	0.95	1	1
121	瀚晖制药	0.02	0.01	0.02	0.11	0.03	0.63
122	菜鸟驿站	0.99	0.09	0.13	0.02	0.75	1
123	执御	0.11	0.04	0.1	0.08	0.58	0.89
124	青桔单车	0.04	0.02	0.05	0.01	0.17	1
125	酷家乐	0.06	0.03	0.05	0.01	0.18	0.87
126	时空电动	0.02	0.01	0.02	0.01	0.13	0.62
127	贝贝网	0.12	0.02	0.04	0.03	0.17	0.93
128	微脉	0.99	0.11	0.14	0.03	0.79	1
129	e签宝	0.75	0.35	0.39	0.18	1	0.66
130	睿力集成	0.02	0.01	0.02	0.05	0.03	0.98
131	中商惠民	0.21	0.72	0.12	0.09	0.83	1
132	浪潮云	0.23	0.8	0.19	0.08	0.92	1

续表

Case	项目名	Y	X1	X2	X3	X4	X5
133	山东天岳	0.02	0.05	0.03	0	0.04	1
134	太美医疗	0.03	0.01	0.04	0.04	0.06	0.98
135	合众汽车	0.02	0.01	0.02	0.07	0.04	0.98
136	SheIn	0.25	1	0.06	0.14	0.12	1
137	汇通达	0.08	0.99	0.03	0.93	0.04	0.86
138	T3 出行	0.06	0.99	0.06	0.49	0.04	0.88
139	新康众	0.04	0.78	0.03	0.97	0.04	0.97
140	孩子王	0.07	0.98	0.03	0.79	0.03	0.95
141	开沃新能源	0.02	0.01	0.02	1	0.03	0.79
142	艾佳生活	0.09	1	0.05	0.01	0.05	1
143	连尚文学	0.35	1	0.07	0.05	0.95	0.99
144	诺唯赞	0.1	0.99	0.04	0.45	0.04	0.78
145	世和基因	0.59	0.99	0.05	1	0.04	0.96
146	华控创为	0.03	0.29	0.02	0.02	0.03	0.05
147	每日优鲜	0.04	0.64	1	0	1	0.77
148	能链集团	0.07	0.46	0.47	0.07	1	0.93
149	日日顺物流	0.05	0.3	0.27	0.01	0.92	0.91
150	伟东云教育	0.02	0.01	0.02	0.03	0.06	1
151	聚好看	0.06	0.06	0.06	0.26	0.59	0.99
152	特来电	0.04	0.03	0.03	0.19	0.11	0.94
153	卡奥斯	0.05	0.3	0.28	0.01	0.93	0.89
154	创新奇智	0.02	0.01	0.02	0	0.06	1
155	平安医保	0.94	0.97	1	0.06	1	0.12
156	华人文化	0.14	0.11	1	0.2	0.39	0.06
157	威马汽车	0.1	0.02	0.35	0.36	0.05	0.85
158	联影医疗	0.03	0.01	0.08	1	0.04	0.03
159	哈啰出行	0.05	0.06	0.75	0.19	0.07	0.1
160	奇点汽车	0.11	1	0.53	0.02	0.05	1

续表

Case	项目名	Y	X1	X2	X3	X4	X5
161	掌门教育	0.69	0.79	1	0.07	1	0.02
162	途虎养车	0.03	0.04	0.36	0.98	0.03	0.21
163	依图科技	0.15	0.58	1	0.51	0.39	0.04
164	喜马拉雅	0.29	0.13	0.31	0.75	0.05	1
165	微创医疗	0.53	0.77	1	0.07	1	0.01
166	小红书	0.77	0.87	0.99	0.76	0.56	0.02
167	万物新生	0.59	0.91	0.99	0.52	0.34	0.05
168	小度科技	0.96	0.54	0.96	1	0.06	0.03
169	安能物流	0.02	0.01	0.07	0.16	0.03	0.88
170	七牛云	1	0.81	0.99	1	0.06	0.1
171	叮咚买菜	0.04	0.01	0.1	0.61	0.03	1
172	滴滴沃芽	0.05	0.01	0.04	0.65	0.03	0.85
173	震坤行	0.03	0.02	0.03	0.04	0.04	0.14
174	千寻位置	0.15	0.17	0.57	0.06	0.05	0.47
175	高顿网校	0.38	0.68	1	0.2	0.95	0.02
176	翱捷科技	0.95	0.51	0.98	1	0.14	0.06
177	智己汽车	0.98	0.55	0.96	1	0.06	0.04
178	斑马智行	0.88	0.95	1	0.06	1	0.43
179	阿里体育	0.14	0.17	0.61	0.46	0.13	0.03
180	界面	0.35	0.67	1	0.09	0.97	0.14
181	魔方公寓	0.16	0.23	0.95	0.21	0.78	0.01
182	欧冶云商	0.02	0.02	0.07	0.03	0.05	0.02
183	海和药物	0.97	0.52	0.97	1	0.13	0.06
184	Manner 咖啡	0.86	0.93	1	0.04	1	0.36
185	城家公寓	0.27	0.26	1	0.21	1	0.02
186	微创心通	0.62	0.79	1	0.07	1	0.01
187	思特威	0.96	0.52	0.95	1	0.06	0.04
188	壁仞科技	0.05	0.05	0.13	0.94	0.04	0.86

Case	项目名	Y	X1	X2	X3	X4	X5
189	酷量信息	0.86	0.85	1	0.06	1	0.74
190	洋码头	0.18	0.05	0.84	0.24	0.13	0.13
191	深兰科技	0.34	0.34	1	0.34	0.59	0.68
192	wifi万能钥匙	0.84	0.9	1	0.03	1	0.16
193	找钢网	0.03	0.01	0.08	1	0.04	0.03
194	松鼠AI	0.15	0.6	1	0.51	0.39	0.18
195	微鲸科技	0.14	0.12	1	0.21	0.41	0.07
196	壹米滴答	0.04	0.05	0.26	0.14	0.05	0.58
197	得物	0.34	0.69	1	0.19	0.96	0.02
198	陌升科技	0.08	0.04	0.1	0.9	0.04	0.18
199	爱驰汽车	0.02	0.02	0.02	0	0.03	0.97
200	天际汽车	0.02	0.01	0.02	0.77	0.03	0.19
201	菜鸟网络	1	1	1	0.08	1	0.19
202	微众银行	1	1	1	0.08	1	0.18
203	智慧城市	1	1	1	0.08	1	0.14
204	货拉拉	0.96	1	0.94	0.02	1	0.43
205	柔宇科技	0.02	0.03	0.02	0.73	0.04	0.47
206	优必选	0.31	0.28	0.03	0.64	0.06	0.98
207	新瑞鹏	0.9	1	0.94	0.02	1	0.75
208	华大智造	0.02	0.03	0.02	0.01	0.03	0.95
209	丰巢科技	1	1	1	0.08	1	0.21
210	雾芯科技	0.03	0.58	0.03	0.59	0.04	0.3
211	喜茶	1	1	1	0.26	1	0.97
212	奥比中光	1	1	1	0.32	1	0.76
213	客路	0.95	1	0.99	0.02	1	0.74
214	云天励飞	0.02	0.75	0.04	0.04	0.09	0.95
215	晶泰科技	0.48	1	0.78	0.02	1	0.86
216	奈雪的茶	0.62	1	0.41	0.04	0.99	0.88

续表

Case	项目名	Y	X1	X2	X3	X4	X5
217	联易融	1	1	1	0.09	1	0.2
218	辣妈帮	1	1	0.99	0.38	1	0.77
219	越海供应链	0.99	1	1	0.3	1	0.01
220	行云集团	1	1	1	0.35	1	0.37
221	智加科技	0.25	0.12	0.04	0.79	0.05	0.81
222	初速度	0.26	0.12	0.04	0.8	0.05	0.86
223	智慧芽	0.77	0.99	0.15	1	0.04	0.99
224	海光信息	0.03	0.02	0.05	1	0.32	0.98
225	高济医疗	0.03	0.04	0.11	0.01	1	0.82
226	天鹅到家	0.04	0.13	0.12	0.94	0.99	1
227	快狗打车	0.04	0.15	0.11	0.94	0.99	1
228	花生好车	0.06	0.01	0.94	0.01	0.4	0.7
229	瑞派宠物	0.03	0.03	0.24	0.87	1	0.78
230	狮桥	0.27	0.03	0.14	0.53	1	0.76
231	旅悦集团	0.02	0.01	0.02	0.02	0.03	0.97
232	禧云国际	0.03	0.03	0.11	0.01	1	0.85
233	彩食鲜	0.02	0.01	0.02	0	0.03	0.35
234	华云数据	0.02	1	0.03	0.01	0.09	0.97
235	亿咖通	0.47	1	0.18	0.49	0.39	1
236	药帮忙	0.34	1	0.1	0.83	0.16	0.99
237	斑马快跑	0.38	1	0.14	0.68	0.26	0.99
238	度小满	0.97	0.36	0.27	1	0.06	0.08
239	英雄体育	0.95	0.97	1	0.08	1	0.01
240	易点天下	0.04	0.05	0.05	0.55	0.04	1
241	空中云汇	1	1	1	0.09	1	0.18
242	英雄互娱	0.02	0.01	0.02	0.01	0.03	0.59
243	长光卫星	0.03	0.05	0.02	0.25	0.04	1
244	兴盛优选	0.07	1	0.05	0.98	0.99	1

续表

Case	项目名	Y	X1	X2	X3	X4	X5
245	惠龙易通	0.02	0.01	0.02	0.98	0.03	0.96
246	谊品生鲜	0.02	0.01	0.02	0.01	0.05	1
247	江小白	0.06	0.15	0.1	0.02	0.94	0.98
248	金康新能源	0.02	0.01	0.02	0	0.04	0.89
249	碳云智能	0.03	0.01	0.02	1	0.03	0.501*

注：* 表示该校准值恰为 0.5 已被替换为 0.501，该表中共有 1 处结果进行了替换。

附录 I

本研究主要缩略词

创业生态系统 Entrepreneurship Ecosystem 简称 EES

全球创业观察 Global Entrepreneurship Monitor 简称 GEM

百森创业生态系统项目 Babson Entrepreneurial Ecosystem Project 简称 BEEP

欧洲创新环境研究小组 Groupe de Recherche Europen sur les Milieus Innovateurs 简称 GREMI

创业动态跟踪研究 Panel Study of Entrepreneurial Dynamics 简称 PSED

全球创新指数 Global Innovation Index 简称 GII

欧洲创新记分牌 European Innovation Scoreboard 简称 EIS

必要条件分析 Necessary Condition Analysis 简称 NCA

回归上限技术 Ceiling Regression 简称 CR

包络上限技术 Ceiling Envelopment 简称 CE

"压力（Pressure）–状态（State）–响应（Response）"模型 简称 PSR 模型

参 考 文 献

中文部分

[1] 阿德里安·杜萨. QCA 方法从入门到精通 [M]. 杜运周,等译. 北京：机械工业出版社，2021.

[2] 白景坤，查逸凡，梁秋燕. 跨界搜索对新创企业创新成长影响研究——资源拼凑和学习导向的视角 [J]. 中国软科学，2021 (3)：166-174.

[3] 本连昌. 创新生态系统视角下区域创新绩效提升路径组态分析 [D]. 兰州：兰州理工大学，2021.

[4] 彼得·德鲁克. 创新和企业家精神 [M]. 北京：企业管理出版社，1989.

[5] 伯努瓦·里豪克斯，查尔斯 C. 拉金. QCA 设计原理与应用 [M]. 杜运周，李永发，等译. 北京：机械工业出版社，2017.

[6] 布拉德·菲尔德. 创业园：创业生态系统构建指南 [M]. 陈耿宣，译. 北京：机械工业出版社，2016.

[7] 蔡莉，彭秀青，Nambisan S，等. 创业生态系统研究回顾与展望 [J]. 吉林大学社会科学学报，2016，56 (1)：5-16，187.

[8] 蔡莉，王玲，杨亚倩. 创业生态系统视角下女性创业研究回顾与展望 [J]. 外国经济与管理，2019，41 (4)：45-57，125.

[9] 蔡莉，葛宝山，李雪灵，等. 创新驱动创业的理论基础

［M］. 北京：科学出版社，2023.

［10］蔡笑天，李哲. 疫情持续背景下促进科技型中小企业高质量发展的建议［J］. 科技中国，2021（5）：29－32.

［11］蔡义茹，蔡莉，杨亚倩，等. 创业生态系统的特性及评价指标体系——以2006－2015年中关村发展为例［J］. 中国科技论坛，2018（6）：133－142.

［12］曹佳颖. 城市创新生态视角下创新环境驱动高质量创业的实证研究［D］. 南京：南京审计大学，2022.

［13］曹佳颖，史普润. 全球视角下区域创业生态系统发展模式——多案例的探索性研究［J］. 黑河学院学报，2022（9）：65－70.

［14］曹祎遐，高文婧. 企业创新生态系统结构［J］. 改革，2015（4）：135－141.

［15］曹争鸣. 建设众创社区的思索［J］. 江苏科技信息，2017（17）：4－7，10.

［16］曾国屏，苟尤钊，刘磊. 从"创新系统"到"创新生态系统"［J］. 科学学研究，2013，31（1）：4－12.

［17］查尔斯·C. 拉金. 重新设计社会科学研究［M］. 杜运周，等译. 北京：机械工业出版社，2021.

［18］车运景. "独角兽"企业爆发源：新时代企业家精神［J］. 领导科学，2018（11）：27－29.

［19］陈辉发，施博辉. 独角兽企业创始人资本情况分析［J］. 财会通讯，2019（14）：12－15.

［20］陈敏灵，王孝孝，毛蕊欣. 创业生态系统的模型构建及运行机制研究［J］. 生态经济，2019，35（9）：55－60.

［21］陈明太. 软件之路［M］. 南京：南京出版社，2021.

［22］陈强，刘云飞. 区域创业生态系统构建趋势及启示［J］. 科学管理研究，2019，37（3）：87－91.

[23] 陈强，肖雨桐，刘笑. 京沪独角兽企业成长环境比较研究——城市创新创业生态体系的视角 [J]. 同济大学学报（社会科学版），2018，29（5）：106－114.

[24] 陈夙，项丽姚，俞荣建. 众创空间创业生态系统：特征、结构、机制与策略——以杭州梦想小镇为例 [J]. 商业经济与管理，2015，289（11）：35－43.

[25] 陈晓红，蔡莉，王重鸣，等. 创新驱动的重大创业理论与关键科学问题 [J]. 中国科学基金，2020，34（2）：228－236.

[26] 陈威如. 平台战略 [M]. 北京：中信出版社，2013.

[27] 程建青，罗瑾琏，杜运周，等. 制度环境与心理认知何时激活创业？——一个基于 QCA 方法的研究 [J]. 科学学与科学技术管理，2019，40（2）：114－131.

[28] 楚天骄，宋韬. 中国独角兽企业的空间分布及其影响因素研究 [J]. 世界地理研究，2017，26（6）：101－109.

[29] 邓亚东. 独角兽企业本质与爆发式成长驱动因素理论研究 [D]. 成都：西华大学，2020.

[30] 段田田. 利益相关者对平台企业成长影响研究 [D]. 郑州：郑州大学，2017.

[31] 董保宝，葛宝山，王侃. 资源整合过程、动态能力与竞争优势：机理与路径 [J]. 管理世界，2011（3）：92－101.

[32] 董知政. 组态视角下创业生态系统驱动独角兽企业形成研究 [D]. 南京：南京审计大学，2023.

[33] 杜运周，贾良定. 组态视角与定性比较分析（QCA）：管理学研究的一条新道路 [J]. 管理世界，2017（6）：155－167.

[34] 杜运周，刘秋辰，程建青. 什么样的营商环境生态产生城市高创业活跃度？—基于制度组态的分析 [J]. 管理世界，2020，36（9）：141－155.

［35］方陵生．全球创业生态系统的今天与明天［J］．世界科学，2019（11）：38－41．

［36］封雪韵．创新创业生态系统构成及其相互关系分析［J］．商业经济研究，2017（4）：124－126．

［37］高斌，段鑫星．城市创新创业环境评价指标体系构建与实证——以山东省17市为例［J］．中国科技论坛，2021（3）：164－171．

［38］高斌，段鑫星．我国省域创新创业环境评价指标体系构建及测度［J］．统计与决策，2021，37（12）：70－73．

［39］顾建平，邓荣霖．企业家灵性资本如何影响团队创新绩效？—基于独角兽公司创业导向的视角［J］．南京社会科学，2020，30（1）：37－46．

［40］顾桂芳，胡恩华．企业创新生态系统多阶段健康度评价研究［J］．中国科技论坛，2020（7）：120－131．

［41］郭峰，王靖一，王芳，等．测度中国数字普惠金融发展：指数编制与空间特征［J］．经济学（季刊），2020（4）：1401－1418．

［42］郝政，何刚，王新媛，等．创业生态系统组态效应对乡村产业振兴质量的影响路径——基于模糊集定性比较分析［J］．科学学与科学技术管理，2022，43（1）：57－75．

［43］何诗妍．基于产业生态系统理论的成都独角兽企业成长研究［D］．成都：西华大学，2019．

［44］洪银兴．关于创新驱动和协同创新的若干重要概念［J］．经济理论与经济管理，2013（5）：5－12．

［45］胡冬梅，张美静，陈维政，等．我国独角兽企业－投资机构双模网络结构特征及对企业价值和投资绩效的影响研究［J］．管理学报，2021，18（11）：1619－1628．

［46］黄经南，敖宁谦，谢雨航．国际常用发展指标框架综述与展望［J］．国际城市规划，2019，34（5）：94-101.

［47］黄欣荣．复杂性科学的方法论研究［D］．北京：清华大学，2005.

［48］贾旭东，衡量．基于"扎根精神"的中国本土管理理论构建范式初探［J］．管理学报，2016，13（3）：336-346.

［49］江积海，张烁亮．平台型商业模式创新中价值创造的属性动因及其作用机理研究［J］．中国科技论坛，2015（7）：154-160.

［50］江积海，李琴．平台型商业模式创新中连接属性影响价值共创的内在机理——Airbnb 的案例研究［J］．管理评论，2016，28（7）：252-260.

［51］姜庆国．中国创新生态系统的构建及评价研究［J］．经济经纬，2018，35（4）：1-8.

［52］蒋师，罗强，叶盛，等．2017 年中国独角兽企业专利申请状况研究［J］．中国发明与专利，2018（6）：58-64.

［53］焦豪，马高雅．创业生态系统研究国外文献回顾与展望［J］．研究与发展管理，2023，35（2）：144-157.

［54］解学梅，刘晓杰．区域创新生态系统生态位适宜度评价与预测——基于 2009-2018 中国 30 个省市数据实证研究［J］．科学学研究，2021，39（9）：1706-1719.

［55］康亚飞，党耀国，王俊杰，等．基于灰色关联模型的众创社区绩效评价研究［J］．数学的实践与认识，2021，51（21）：133-142.

［56］科技部．2017 中国独角兽企业发展报告［R］．北京：科技部，2018.

［57］雷君．独角兽企业估值研究——以泡泡玛特为例［D］．成都：西南财经大学，2022.

[58] 李承绘．北交所与科创板企业融资轮次及估值对比研究 [J]．企业管理，2022（4）：52 - 56.

[59] 李娜娜，张宝建．创业生态系统演化：社会资本的理论诠释与未来展望 [J]．科技进步与对策，2021，38（5）：11 - 18.

[60] 李乾文，曹佳颖．创业企业组织韧性培育路径研究 [J]．现代经济探讨，2021（11）：107 - 115.

[61] 李乾文，曹佳颖，史普润．创业生态系统构建模式研究——软件谷和百家汇的双案例比较 [J]．科技创业月刊，2021（8）：1 - 8.

[62] 李淑萍．西藏区域创新环境评价指标体系构建与实证研究 [J]．西藏民族大学学报（哲学社会科学版），2020，41（3）：128 - 134.

[63] 李正卫，刘济浔，潘家栋．创业生态系统中的政府治理：新创企业成长视角 [J]．科研管理，2019，40（12）：42 - 50.

[64] 李志刚，何诗宁，于秋实，等．海尔集团小微企业的生成路径及其模式分类研究——基于扎根理论方法的探索 [J]．管理学报，2019，16（6）：791 - 800.

[65] 李志刚，黄灿，徐文明，等．裂变新创企业邻近选址类型划分及其与外部环境的匹配关系—基于扎根理论方法的探索 [J]．管理评论，2020，32（8）：91 - 105.

[66] 梁强，邹立凯，宋丽红，等．组织印记、生态位与新创企业成长——基于组织生态学视角的质性研究 [J]．管理世界，2017（6）：141 - 154.

[67] 林嵩．创业生态系统：概念发展与运行机制 [J]．中央财经大学学报，2011（4）：58 - 62.

[68] 刘刚，王宇．创新区与新经济的起源关系和动力机制研究——基于北京海淀区独角兽企业的价值网络分析 [J]．南京社会科学，2018，28（12）：31 - 40.

［69］刘江鹏.企业成长的双元模型：平台增长及其内在机理［J］.中国工业经济，2015（6）：148-160.

［70］刘芹良，解学芳.创新生态系统理论下众创空间生成机理研究［J］.科技管理研究，2018，38（12）：240-247.

［71］刘莎莎，宋立丰，宋远方.数字化情境下互联网独角兽的公司创业路径研究［J］.科学学研究，2020，38（1）：113-123.

［72］刘仲文.互联网平台用户规模增长策略的研究［D］.上海：上海交通大学，2015.

［73］卢珊，蔡莉，杨亚倩.数字创业生态系统特性：维度探析与量表开发［J］.研究与发展管理，2024，36（2）：139-153.

［74］路江涌.共演战略：重新定义企业生命周期［M］.北京：机械工业出版社，2018.

［75］鲁喜凤，郭海.机会创新性、资源整合与新企业绩效关系［J］.经济管理，2018，40（10）：44-57.

［76］吕峰，张仁江，云乐鑫.组织原型、创业领导力与科技企业成长路径内在机理研究［J］.科学学与科学技术管理，2016，37（6）：99-111.

［77］吕梅萌，杨银娥.我国独角兽企业价值评估影响因素分析［J］.中国资产评估，2019（2）：27-34.

［78］孟韬，徐广林.专利申请、创业融资与独角兽企业估值及成长性［J］.科学学研究，2020，38（8）：1444-1450，1472.

［79］潘雄锋，马运来.城市创新生态评价研究［J］.大连理工大学学报（社会科学版），2011，32（2）：7-11.

［80］裴小革.论创新驱动——马克思主义政治经济学的分析视角［J］.经济研究，2016，51（6）：17-29.

［81］齐玮娜.创业质量的理论与实证研究——基于区域经济的视角［D］.广州：暨南大学，2015.

［82］任声策，胡迟．独角兽企业培育绩效的创业生态系统建设路径——基于模糊集定性比较分析的观点［J］．技术经济，2019，38（7）：46－55，70．

［83］邵安菊．培育城市创新生态系统的路径与对策［J］．宏观经济管理，2017（8）：61－66．

［84］石聪聪．基于改进 DEVA 模型的互联网独角兽企业估值研究——以猿辅导为例［J］．科技与创新，2021（9）：131－132，136－137．

［85］宋立丰，祁大伟，宋远方．中国新兴独角兽企业估值比较基础与分析框架［J］．科技进步与对策，2019（3）：70－76．

［86］宋晓洪，丁莹莹，焦晋鹏．创业生态系统共生关系研究［J］．技术经济与管理研究，2017（1）：27－31．

［87］宋正刚，张玉利，何良兴．高质量创业：如何提高创业活动创新性？——对两家"科技小巨人"企业的跨案例研究［J］．科技进步与对策，2019，36（5）：1－10．

［88］苏敬勤，朱方伟，王淑娟．中国首届 MBA 管理案例评选百优案例集锦（第4辑）［M］．北京：科学出版社，2011．

［89］苏炜，蔡丽茹．珠三角城市创新环境评价及政策研究［J］．科技管理研究，2018（10）：60－69．

［90］隋映辉．城市创新生态系统与"城市创新圈"［J］．社会科学辑刊，2004（2）：65－70．

［91］孙宁，杜运周，陈凯薇．混合方法研究的原理与设计：以 QCA 与多案例研究的混合为例［J］．南开管理评论，2024，1－16．

［92］汤文仙，李攀峰．基于三个维度的企业成长理论研究［J］．软科学，2005，19（1）：17－20．

［93］唐伟元．风险投资中独角兽企业的估值问题［J］．现代企业文化，2022（16）：76－78．

［94］田剑，徐佳斌．平台型企业商业模式创新驱动因素研究［J］．科学学研究，2020，38（5）：949－960.

［95］王国红，黄昊．协同价值创造情景中科技新创企业的资源编排与成长机理研究［J］．管理学报，2021，18（6）：884－894.

［96］王宏伟，马茹，张慧慧，等．我国区域创新环境分析研究［J］．技术经济，2021，40（9）：14－25.

［97］王钦，李凡，李乾文．科技政策审计的语义网络分析［J］．财会月刊，2020（7）：97－102.

［98］王钦，夏雨欣，杨张博．组织合法性、能力两用性与企业创新战略选择［J］．科技管理研究，2023（17）：11－19.

［99］王钦，王雪二，杨张博，等．标准碎片化下的专利战略——基于5G增强移动宽带技术的研究［J］．科学学研究，2022，40（2）：247－256.

［100］汪忠，廖宇，吴琳．社会创业生态系统的结构与运行机制研究［J］．湖南大学学报：社会科学版，2014，28（5）：61－65.

［101］魏江，路云飞，夏敏．创新驱动创业的含义、时代价值和政策意义——兼评《创新驱动创业：新兴经济体发展的催化剂》［J］．管理学季刊，2023，8（4）：28－37，159－160.

［102］伍蓓，金侠影，张文艺．众创空间：研究综述与展望［J］．技术经济，2018，37（12）：76－81.

［103］武晋．"独角兽"公司回归境内上市的投资者保护问题研究——以换股并购模式为视角［J］．南方金融，2018（7）：81－91.

［104］项国鹏，宁鹏，罗兴武．创业生态系统研究述评及动态模型构建［J］．科学学与科学技术管理，2016，37（2）：79－87.

［105］谢玲敏，谢智敏，等．中国城市创业生态系统运行效率的时空演变及影响因素分析［J］．经济问题探索，2022（9）：87－98.

［106］谢小青，黄晶晶．基于PSR模型的城市创业环境评价分

析——以武汉市为例 [J]．中国软科学，2017（2）：172－182．

［107］谢智敏，王霞，杜运周，等．创业生态系统如何促进城市创业质量——基于模糊集定性比较分析 [J]．科学学与科学技术管理，2020，41（11）：68－82．

［108］"新企业创业机理与成长模式研究" 课题组，南开大学创业管理研究中心．中国创业活动透视报告：中国新生创业活动动态跟踪调研（CPSED）报告（2019－2011 年）[M]．北京：清华大学出版社，2012．

［109］徐青松，徐岚，王荣．物流独角兽企业的培育和形成：现状、典型特征和驱动因素 [J]．企业经济，2021，40（1）：91－101．

［110］徐泰伟，蒋卫明，余菲，等．基于国家高新区视角的众创社区生态体系的构建 [J]．现代商业，2018，（33）：179－182．

［111］许婷婷，吴和成．基于因子分析的江苏省区域创新环境评价与分析 [J]．科技进步与对策，2013，30（4）：124－128．

［112］闫中秋．江苏省众创空间运行效率评价研究 [D]．南京：南京邮电大学，2020．

［113］杨杜，等．管理学研究方法 [M]．4 版．大连：东北财经大学出版社，2022．

［114］杨俊，朱沆，于晓宇．创业研究前沿：问题、理论与方法 [M]．北京：机械工业出版社，2022．

［115］杨隽萍，于青青，肖苏卿．创业生态系统研究述评——基于系统学理论视角 [J]．浙江理工大学学报（社会科学版），2018，40（4）：329－337．

［116］杨齐，张金金．长三角地区城市创业生态系统发展水平的测度与影响因素分析 [J]．科技与经济，2024，37（1）：31－35．

［117］姚艳红，高晗，昝傲．创新生态系统健康度评价指标体系及应用研究 [J]．科学学研究，2019，37（10）：1892－1901．

[118] 余维臻，陈立峰，刘锋．后发情境下创业企业如何成为"独角兽"—颠覆性创新视角的探索性案例研究 [J]．科学学研究，2021，39（7）：1267－1276.

[119] 俞艳霞．产业结构升级的多重并发因果关系和非对称性——基于模糊集定性比较分析 [J]．北京邮电大学学报（社会科学版），2018，20（5）：52－59.

[120] 张驰，郑晓杰，王凤彬．定性比较分析法在管理学构型研究中的应用：述评与展望 [J]．外国经济与管理，2017，39（4）：68－83.

[121] 张帆．长三角城市群创新环境评价及优化路径研究 [D]．上海：上海师范大学，2019.

[122] 张明，陈伟宏，蓝海林．中国企业"凭什么"完全并购国外高新技术企业——基于 94 个案例的模糊集定性比较分析（fsQCA）[J]．中国工业经济，2019（4）：117－135.

[123] 张明，杜运周．组织与管理研究中 QCA 方法的应用：定位、策略和方向 [J]．管理学报，2019，16（9）：1312－1323.

[124] 张树静，张秀峰．城市创新环境对产学研合作创新的影响 [J]．中国科技论坛，2018（4）：25－32.

[125] 张秀娥，徐雪娇．创业生态系统研究前沿探析与未来展望 [J]．当代经济管理，2017，39（12）：1－7.

[126] 张玉利．企业成长管理九讲 [M]．天津：天津人民出版社，2003.

[127] 张玉利，杨俊，于晓宇，等．创业研究经典文献述评 [M]．北京：机械工业出版社，2018.

[128] 张维迎，王勇．企业家精神与中国经济：纵观过去250年的世界经济增长历史 [M]．北京：中信出版社，2019.

[129] 张炜，魏丽娜．基于"知识三角"模型的荷兰区域创业

生态系统构成及其经验启示——以 Brainport、MRA 创业生态系统为例 [J]. 自然辩证法研究, 2018, 34 (5): 75 - 80, 122.

[130] 张哲. 生态隐喻方法论下的创业生态系统建构 [J]. 经济管理, 2021, 43 (7): 93 - 106.

[131] 赵涛, 张智, 梁上坤. 数字经济、创业活跃度与高质量发展——来自中国城市的经验证据 [J]. 管理世界, 2020 (10): 65 - 76.

[132] 赵天宇, 孙巍. 政府支持、创新环境与工业企业研发 [J]. 经济问题, 2022 (3): 62 - 73.

[133] 赵向阳, 李海, Rauch. 创业活动的国家差异: 文化与国家经济发展水平的交互作用 [J]. 管理世界, 2012 (8): 78 - 90.

[134] 赵彦飞, 李雨晨, 陈凯华. 国家创新环境评价指标体系研究: 创新系统视角 [J]. 科研管理, 2020, 41 (11): 66 - 74.

[135]《中国创业孵化 30 年》编委会. 中国创业孵化 30 年 (1987 - 2017) [M]. 北京: 科学技术文献出版社, 2017.

[136] 周乐婧, 郭东强, 余鲲鹏. "互联网 +" 背景下中国独角兽企业商业模式创新研究 [J]. 对外经贸, 2019 (4): 93 - 97, 157.

[137] 周清杰, 张志芳. 进入规制强度对创业质量的影响研究——基于跨国数据的分析 [J]. 北京工商大学学报 (社会科学版), 2020, 35 (5): 107 - 116.

[138] 周晓艳, 侯美玲, 李霄雯. 独角兽企业内部联系视角下中国城市创新网络空间结构研究 [J]. 地理科学进展, 2020, 39 (10): 1667 - 1676.

[139] 诸国华. 独角兽企业研究综述与展望 [J]. 经营与管理, 2020 (2): 65 - 71.

[140] 诸国华. 基于扎根理论的我国平台型独角兽企业成长要素和内在机制研究 [D]. 南京: 南京审计大学, 2020.

英文部分

［1］ Ács Z J, Autio E, Szerb L. National systems of entrepreneurship: Measurement issues and policy implications ［J］. *Research Policy*, 2014, 43: 476 – 494.

［2］ Acs Z J, Stam E, Audretsch D B, et al. The lineages of the entrepreneurial ecosystem approach ［J］. *Small Business Economics*, 2017, 49 (1): 1 – 10.

［3］ Adner R, Kapoor R. Value creation in innovation ecosystems: How the structure of technological interdependence affects firm performance in new technology generations ［J］. *Strategic Management Journal*, 2010, 31 (3): 306 – 333.

［4］ Adner R. Ecosystem as structure: An actionable construct for strategy ［J］. *Journal of Management*, 2016, 43 (1): 39 – 58.

［5］ Adner R. Match your innovation strategy to your innovation ecosystem ［J］. *Harvard Business Review*, 2006, 84 (4): 98 – 107.

［6］ Adner R. *The wide lens: a new strategy for innovation* ［M］. UK London Portfolio Penguin, 2012.

［7］ Afuah A. How much do your co-opetitors capabilities matter in the face of technological change ［J］. *Strategic Management Journal*, 2000, (21): 397 – 404.

［8］ Aldrich H E, Fiol C M. Fools rush in? the institutional context of industry creation ［J］. *Academy of Management Review*, 1994, 19 (4): 645 – 670.

［9］ Aldrich H E, Martinez M A. Many are called, but few are chosen: An evolutionary perspective for the study of entrepreneurship ［J］. *Entrepreneurship Theory and Practice*, 2001, 25 (4): 41 – 56.

［10］ Allen D N, Rahman. Small business incubators: A positive environment for entrepreneurship ［J］. *Journal of Small Business Management*, 1985, 23: 12 –22.

［11］ Alvarez S, Carayannis E G, Dagnino G B, and Faraci R. *Entrepreneurial ecosystems and the diffusion of startups* ［M］. UK London Edward Elgar Publishing, 2018.

［12］ Andrews D S, Fainshmidt S, Gaur A, and Parente R. Configuring knowledge connectivity and strategy conditions for foreign subsidiary innovation ［J］. *Long Range Planning*, 2021, 102089.

［13］ Andrews R J, Fazio C, Guzman J, et al. The startup cartography project: Measuring and mapping entrepreneurial ecosystems ［J］. *Research Policy*, 2022, 51 (2): 10443.

［14］ Audretsch D B, Link A N. Innovation capital ［J］. *The Journal of Technology Transfer*, 2018, 43 (6): 1760 –1767.

［15］ Auerswald P E, Dani L. The adaptive life cycle of entrepreneurial ecosystems: The biotechnology cluster ［J］. *Small Business Economics*, 2017, 49 (1): 97 –117.

［16］ Autio E, Nambisan S, Thomas L D W, et al. Digital affordances, spatial affordances, and the genesis of entrepreneurial ecosystems ［J］. *Strategic Entrepreneurship Journal*, 2018, 12 (1): 72 –95.

［17］ Autio E, Acs Z. Intellectual property protection and the formation of entrepreneurial growth aspirations ［J］. *Strategic Entrepreneurship Journal*, 2010, 4 (3): 234 –251.

［18］ Autio E, Thomas L. Innovation ecosystems: Implications for innovation management. In M Dodgson, D M Gann, and N Phillips (Eds.), *The Oxford Handbook of Innovation Management* ［M］. Oxford, UK: Oxford University Press, 2014: 204 –228.

[19] Baumol W J. Entrepreneurship: Productive, unproductive and destructive [J]. *The Journal of Political Economy*, 1990, 98 (5): 893 – 921.

[20] Becattini G. The Marshallian industrial district as a socio-economic notion. in Pyke F, Becattini G, and Sengenberger W. (Eds), *Industrial Districts and Inter – Firm Co-operation in Italy* [C]. Geneva: IILS, 1990.

[21] Beckman C M, Eisenhardt K, Kotha S, et al. The role of the entrepreneur in technology entrepreneurship [J]. *Strategic Entrepreneurship Journal*, 2012, 6: 89 – 93.

[22] Barbosa A P F P L, Salerno M S, Nascimento P T de S, et al. Configurations of project management practices to enhance the performance of open innovation R&D projects [J]. *International Journal of Project Management*, 2021, 39: 128 – 138.

[23] Barney J. Firm resources and sustained competitive advantage [J]. *Journal of management*, 1991, 17 (1): 99 – 120.

[24] Battilana J, Leca B, Boxenbaum E. How actors change institutions: Towards a theory of institutional entrepreneurship [J]. *Academy of Management Annals*, 2009, 3 (1): 65 – 107.

[25] Beckert J. How do fields change? the interrelations of institutions, networks and cognition in the dynamics of markets [J]. *Organization Studies*, 2010, 31 (5): 605 – 627.

[26] Benitez G B, Ayala N F, Frank A G. Industry 4.0 innovation ecosystems: An evolutionary perspective on value co-creation [J]. *International Journal of Production Economics*, 2020, 228: 107735.

[27] Bhawe N, Zahra S A. Inducing heterogeneity in local entrepreneurial ecosystems: The role of MNEs [J]. *Small Business Economics*,

2019, 52 (2): 437 – 454.

[28] Boschma R. Towards an evolutionary perspective on regional resilience [J]. *Regional Studies*, 2015, 49 (5): 733 – 751.

[29] Boudreau K, Hagiu A. *Platforms rules: Multi-sided platforms as regulators* [M]. UK London Edward Elgar, 2009.

[30] Boudreau K. Open platform strategies and innovation: Granting access vs. devolving control [J]. *Management Science*, 2010, 56 (10): 1849 – 1872.

[31] Bresnahan T F, Greenstein S. Technological competition and the structure of the computer industry [J]. *Journal of Industrial Economics*, 1999, 47 (1): 1 – 40.

[32] Brown K C, Wiles K W. Opaque financial contracting and toxic term sheets in venture capital [J]. *Journal of Applied Corporate Finance*, 2016, 28 (1): 72 – 85.

[33] Brown R, Mason C. Looking inside the spiky bits: A critical review and conceptualisation of entrepreneurial ecosystems [J]. *Small business economics*, 2017, 49 (1): 11 – 30.

[34] Bruns K, Bosma N, Sanders M, et al. Searching for the existence of entrepreneurial ecosystems: A regional cross-section growth regression approach [J]. *Small Business Economics*, 2017, 49 (1): 31 – 54.

[35] Cantner U, Cunningham J A, Lehmann E E, et al. Entrepreneurial ecosystems: A dynamic lifecycle model [J]. *Small Business Economics*, 2020, 57 (1): 407 – 423.

[36] Cao Z, Shi X. A systematic literature review of entrepreneurial ecosystems in advanced and emerging economies [J]. *Small Business Economics*, 2020 (2).

[37] Chen L, Li Y, Fan D. How do emerging multinationals con-

figure political connections across institutional contexts? [J]. *Global Strategy Journal*, 2018, 8 (3): 447 – 470.

[38] Cheng C, Wang L. How companies configure digital innovation attributes for business model innovation? A configurational view [J]. *Technovation*, 2021, 102398.

[39] Chowdhury F, Audretsch D B, Belitski M. Institutions and Entrepreneurship Quality [J]. *Entrepreneurship Theory and Practice*, 2019, 43 (1): 51 – 81.

[40] Ciampi F, Demi S, Magrini A, et al. Exploring the impact of big data analytics capabilities on business model innovation: The mediating role of entrepreneurial orientation [J]. *Journal of Business Research*, 2021, 123: 1 – 13.

[41] Cohen B. Sustainable valley entrepreneurial ecosystems [J]. *Business Strategy and the Environment*, 2006, 15 (1): 1 – 14.

[42] Colombelli A, Paolucci E, Ughetto E. Hierarchical and relational governance and the life cycle of entrepreneurial ecosystems [J]. *Small Business Economics*, 2019, 52 (2): 505 – 521.

[43] Colombo M G, Dagnino G B, Lehmann E E, et al. The governance of entrepreneurial ecosystems [J]. Small Business Economics, 2019, 52 (2): 419 – 428.

[44] Corrente, S., Greco, S., Nicotra, M. et al. Evaluating and comparing entrepreneurial ecosystems using SMAA and SMAA – S [J]. *The Journal of Technology Transfer*, 2019, 44: 485 – 519.

[45] Council on Competitiveness. Innovate America: Thriving in a world of challenge and change [R]. *National Innovation Initiative Interim Report*, 2004.

[46] Cunningham J B, Gerrard P, Schoch H, et al. An entrepre-

neurial logic for the new economy [J]. *Management Decision*, 2002, 40 (8): 734 – 744.

[47] Del Sarto N, Isabelle D A, and Di Minin A. The role of accelerators in firm survival: An fsQCA analysis of Italian startups [J]. *Technovation*, 2020: 90 – 91, 102102.

[48] Delgado M, Porter M, and Stern S. Clusters and entrepreneurship [J]. *Journal of Economic Geography*, 2010, 10 (4): 495 – 518.

[49] Delmar F, Wiklund J. The effect of small business managers' growth motivation on firm growth: A longitudinal study [J]. *Entrepreneurship Theory and Practice*, 2008, 32 (3): 437 – 457.

[50] Du Y, Kim P H. One size does not fit all: Strategy configurations, complex environments, and new venture performance in emerging economies [J]. *Journal of Business Research*, 2021, 124: 272 – 285.

[51] Dul J, Hak T, Goertz G, et al. Necessary condition hypotheses in operations management [J]. *International Journal of Operations & Production Management*, 2010, 30 (11): 1170 – 1190.

[52] Dul J, Van der lann E, Kuik R. A statistical significance test for necessary condition analysis [J]. *Organizational Research Methods*, 2020 (23): 385 – 395.

[53] Dul J. *Conducting necessary condition analysis for business and management students* [M]. USA: California (CA) Newbury Gateway Park Sage, 2019.

[54] Dul J. Necessary condition analysis (NCA): Logic and methodology of "necessary but not sufficient" causality [J]. *Organizational Research Methods*, 2016 (19): 10 – 52.

[55] Dunn K. The entrepreneurship ecosystem [J]. *MIT Technology Review*, 2005, 1 (9): 232 – 235.

［56］Dusa A. *QCA with R - a comprehensive resource* ［M］. Germay Bertin：Springer International Publishing，2019.

［57］Dyer J H，Hatch N W. Relation specific capabilities and barriers to knowledge transfers：Creating advantage through network relationships ［J］. *Strategic Management Journal*，2006，27（8）：701 - 719.

［58］Dyer J H，Singh H. The relational view：Cooperative strategy and sources of interorganizational competitive advantage ［J］. *Academy of Management Review*，1998，23（4）：660 - 679.

［59］Eisenhardt K M. Agency theory：An assessment and review ［J］. *The Academy of Management Review*，1989，14（1）：57 - 74.

［60］Eisenmann T R，Parker G，Van Alstyne M W. *Opening platforms：How，when and why* ［M］. UK London Edward Elgar，2009.

［61］Elhorst J P. Matlab software for spatial panels ［J］. *International Regional Science Review*，2014，37（3）：389 - 405.

［62］Estevao J，Lopes J D，and Penela D. The importance of the business environment for the informal economy：Evidence from the doing business ranking ［J］. *Technological Forecasting And Social Change*，2022：174，121288.

［63］Evan E. Johnson，Iman Hemmatian，Lauren Lanahan，et al. A framework and databases for measuring entrepreneurial ecosystems ［J］. *Research Policy*，51（2022）104579.

［64］Fainshmidt S，Wenger L，Pezeshkan A，et al. When do dynamic capabilities lead to competitive advantage？The importance of strategic fit ［J］. *Journal of Management Studies*，2019，56（4）：758 - 787.

［65］Feld B. *Startup communities：Building an entrepreneurial ecosystem in your city* ［M］. Hoboken：John Wiley & Sons，2012.

［66］Feldman M. The entrepreneurial event revisited：Firm formation in a regional context ［J］. *Industrial and Corporate Change*, 2001, 10 (4): 861 – 891.

［67］ Feldman M, Fleming L, Heaton S, et al. Uncommon methods and metrics for local entrepreneurial ecosystems ［J］. *Research Policy*, 2022.

［68］ Felf B. *Start-up communities*: *Building an entrepreneurial ecosystem in your city* ［M］. USA: Hoboken NJ (New Jersey) John Wiley & Sons, NJ, 2012.

［69］ Feng N, Fu C, Wei F, et al. The key role of dynamic capabilities in the evolutionary process for a startup to develop into an innovation ecosystem leader: An in-depth case study ［J］. *Journal of Engineering and Technology Management*, 2019, 54: 81 – 96.

［70］ Fernandez M T F, Jimenez F J B, Roura J R C. Business incubation: Innovative services in an entrepreneurship ecosystem ［J］. *The Service Industries Journal*, 2015, 35 (14): 783 – 800.

［71］ Ferreira J J, Fernandes C I, Kraus S. Entrepreneurship research: Mapping intellectual structures and research trends ［J］. *Review of Managerial Science*, 2019, 13 (1): 181 – 205.

［72］ FloridaR, Adler P, and Mellander C. The city as innovation machine ［J］. *Regional Studies*, 2017, 51 (1): 86 – 96.

［73］ Fiss P C. A set-theoretic approach to organizational configurations ［J］. *Academy of Management Review*, 2007 (32): 1180 – 1198.

［74］ Fiss P C. Building better causal theories: A fuzzy set approach to typologies in organization research ［J］. *Academy of Management Journal*, 2011 (54): 393 – 420.

［75］ Francesco P. Space-time analysis of entrepreneurial ecosystems ［J］. *The Journal of Technology Transfer*, 2022. 1. 4, published online.

［76］ Frank J. van Rijnsoever. Meeting， mating， and intermediating： How incubators can overcome weak network problems in entrepreneurial ecosystems．［J］. *Research Policy*， 2020， 49： 103884.

［77］ Freeman C. Network of innovators： A synthesis of research issues ［J］. *Research Policy*， 1991 （20）： 499 – 514.

［78］ Fretschner M. ， Weber S. Measuring and understanding the effects of entrepreneurial awareness education ［J］. *Journal of Small Business Management*， 2013， 51 （3）： 410 – 428.

［79］ Fritsch M. Co-operation in regional innovation systems ［J］. *Regional Studies*， 2001， 35 （4）： 297 – 307.

［80］ Fritsch M， Mueller P. The effect of new business formation on regional development ［J］. *Small Business Economics*， 2008， 30： 15 – 29.

［81］ Fritsch M， Schroeter A. Are more start-ups really better? Quantity and quality of new businesses and their effect on regional development ［J］. *Jena Economic Research Papers*， 2009， 37 （4）： 797 – 802.

［82］ Fritsch M， Wyrwich M. The long persistence of regional levels of entrepreneurship： Germany 1925 to 2005 ［J］. *Regional Studies*， 2014， 48： 955 – 973.

［83］ Furnari S， Crilly D， Misangyi V F， et al. Capturing causal complexity： Heuristics for configurational theorizing ［J］. *Academy of Management Review*， 2021， 46 （4）： 778 – 799.

［84］ Fuster E， Padilla-melendez A， Lockett N， et al. The emerging role of university spin-off companies in developing regional entrepreneurial university ecosystems： The case of Andalusia ［J］. *Technological Forecasting & Social Change*， 2019， 141： 219 – 231.

［85］ Garud R， Kumaraswamy A， Sambamurthy V. Emergent by design: Performance and transformation at Infosys Technologies [J]. *Organization Science*, 2006, 17 (2): 277 – 286.

[86] Glaser B G, Strauss A L. *The discovery of grounded theory* [M]. New York: Aldine de Gruyter, 1967.

[87] Gawer A, Cusumano M A. *Platform leadership: How intel, microsoft, and cisco drive industry innovation* [M]. USA: Cambridge Massachusetts, Harvard Business School Press, 2002.

[88] Gawer A, Phillips N. Institutional work as logics shift: The case of Intel's transformation to platform leader [J]. *Organization Studies*, 2013, 34 (8): 1035 – 1071.

[89] Gelderen van M, Wiklund J, McMullen J S. Entrepreneurship in the future: A delphi study of ETP and JBV editorial board members [J]. *Entrepreneurship Theory and Practice*, 2021, 45: 1239 – 1275.

[90] Giotopoulos I, Kontolaimou A, Tsakanikas A. Drivers of high-quality entrepreneurship: What changes did the crisis bring about? [J]. *Small business economics*, 2017, 48 (4): 913 – 930.

[91] Godley A, Morawetz N, Soga L. The complementarity perspective to the entrepreneurial ecosystem taxonomy [J]. Small business economics, 2021, 56 (2): 723 – 738.

[92] Goertz G, Hak T, Dul J, et al. Ceilings and floors: Where are there no observations? [J]. *Sociological Methods & Research*, 2013, 42 (1): 3 – 40.

[93] Gomes L A V, Salemo M S, Phaal R, et al. How entrepreneurs manage collective uncertainties in innovation ecosystems [J]. *Technological Forecasting & Social Change*, 2018, 128: 164 – 185.

[94] Gompers P, Lerner J, Scharfstein D. Entrepreneurial spawning: Public corporations and the genesis of new ventures, 1986 to 1999

[J]. *The Journal of Finance*, 2005, 60 (2): 577 – 614.

[95] Gulati R, Puranam P, Tushman M L. Meta-organization design: Rethinking design in inter-organizational and community contexts [J]. *Strategic Management Journal*, 2012, 33 (6): 571 – 586.

[96] Guo D, Jiang K, Xu C, et al. Clustering, growth and inequality in China [J]. *Journal of economic geography*, 2020, 20 (5): 1207 – 1239.

[97] Guzman J, Stern S. The State of American entrepreneurship: New estimates of the quantity and quality of entrepreneurship for 32 US States, 1988 – 2014 [J]. *American Economic Journal*, 2020, 12 (4): 212 – 243.

[98] Hayter C S. A trajectory of early-stage spinoff success: The role of knowledge intermediaries within an entrepreneurial university ecosystem [J]. *Small Business Economics*, 2016, 47 (3): 633 – 656.

[99] Hess T, Matt C, Benlian A, et al. Options for formulating a digital transformation strategy [J]. *MIS Quarterly Executive*, 2016, 15 (2): 123 – 139.

[100] Hermans J, Vanderstraeten J, Van Witteloostuijn A, et al. Ambitious entrepreneurship: A review of growth aspirations, intentions, and expectations [J]. *Entrepreneurial Growth: Individual, Firm, and Region*, 2015: 127 – 160.

[101] Henrekson M, and Johansson D. Gazelles as job creators: A survey and interpretation of the evidence [J]. *Small Business Economics*, 2010, 35: 227 – 224.

[102] Holcomb T R, Ireland R D, Holmesjr R M, et al. Architecture of entrepreneurial learning: exploring the link among heuristics, knowledge, and action [J]. *Entrepreneurship Theory and Practice*, 2009

（33）: 167 – 192.

［103］Holgersson M, Granstrand O, Bogers M. The evolution of intellectual property strategy in innovation ecosystems: Uncovering complementary and substitute appropriability regimes ［J］. *Long Range Planning*, 2018, 51（2）: 303 – 319.

［104］Holm P. The dynamics of institutionalization: Transformation processes in Norwegian fisheries ［J］. *Administrative Science Quarterly*, 1995, 40（3）: 398 – 422.

［105］Huang S, Pickernell D, Battisti M, et al. When is entrepreneurial orientation beneficial for new product performance? The roles of ambidexterity and market turbulence ［J］. *International Journal of Entrepreneurial Behaviour and Research*, 2020, 27: 79 – 98.

［106］Huarng K H, Roig – Tierno N. Qualitative comparative analysis, crisp and fuzzy sets in knowledge and innovation ［J］. *Journal of Business Research*, 2016, 69: 5181 – 5186.

［107］Hurst E, Pugsley B W. What do small businesses Do? ［J］. *Brookings Papers on Economic Activity*, 2011, 42（2）: 73 – 142.

［108］Iansiti M, Levien R. *The keystone advantage: What the new dynamics of business ecosystems mean for strategy, innovation, and sustainability* ［M］. USA: Cambridge Massachusetts Harvard Business School Press, 2004.

［109］Isenberg D J. The entrepreneurship ecosystem strategy as a new paradigm for economic policy: Principles for cultivating entrepreneurship ［R］. *Presentation at the Institute of International and European Affairs*, 2011: 1 – 13.

［110］Isenberg D J. The big idea how to start an entrepreneurial revolution ［J］. *Harvard Business Review*, 2010, 88（6）: 40 – 50.

［111］Jackson D J. *What is an Innovation Ecosystem* ［R］. Arlington：National Science Foundation，2011：2 – 11.

［112］Jacobides M G，Knudsen T，Augier M. Benefiting from innovation：Value creation，value appropriation and the role of industry architectures ［J］. *Research Policy*，2006，35（8）：1200 – 1221.

［113］Jensen M C，Murphy K J. Performance pay and top-management incentives ［J］. *Journal of Political Economy*，1990，98（2）：225 – 264.

［114］Jensen P. H. ，Webster E. ，and Buddelmeyer H. Innovation，technological conditions and new firm survival ［J］. *The Economic Record*，2008，84（267）：434 – 448.

［115］Kapoor R，Lee J M. Coordinating and competing in ecosystems：How organizational forms shape new technology investments ［J］. *Strategic Management Journal*，2013，34（3）：274 – 296.

［116］Katz B，Bradley J. *The metropolitan revolution：How cities and metros are fixing our broken politics and fragile economy* ［M］. Brookings Institution Press：Washington DC，2013.

［117］Kerrick S A，Cumberland M C，and Kemelgor B. Military veterans marching towards entrepreneurship：An exploratory mixed methods study ［J］. *International Journal of Management Education*，2014，12（3）：469 – 478.

［118］Khurana I，Dutta D K. From latent to emergent entrepreneurship in innovation ecosystems：The role of entrepreneurial learning ［J］. *Technological Forecasting & Social Change*，2021，167：120694.

［119］Kogan L，Papanikolaou D，Seru A，et al. Technological innovation，resource allocation and growth ［J］. *The Quarterly Journal of Economics*，2017，132（2）：665 – 712.

［120］Korosteleva J，Belitski M. Entrepreneurial dynamics and high-er education institutions in the post – Communist world ［J］. *Regional Studies*，2017，51（3）：439 – 453.

［121］Kraus S，Ribeiro – Soriano D，Schüssler，Miriam. Fuzzy-set qualitative comparative analysis（fsQCA）in entrepreneurship and innova-tion research-the rise of a method ［J］. *International Entrepreneurship & Management Journal*，2018：10. 1007/s11365 – 017 – 0461 – 8.

［122］Krueger N F，Reilly M D，Carsrud A L. Competing models of entrepreneurial intentions ［J］. *Journal of Business Venturing*，2000（15）：411 – 432.

［123］Krueger N，Linan F，Nabi G. Cultural values and entrepre-neurship ［J］. *Entrepreneurship & Regional Development*，2013（25）：703 – 707.

［124］Kulins C，Leonardy H，Weber C. A configurational approach in business model design ［J］. *Journal of Business Research*，2016，69：1437 – 1441.

［125］Kuratko D F，Fisher G，Bloodgood J M，et al. The paradox of new venture legitimation within an entrepreneurial ecosystem ［J］. *Small Business Economics*，2017，49（1）：119 – 140.

［126］Latif K F，Afzal O，Saqib A，et al. Direct and configuration-al paths of knowledge-oriented leadership，entrepreneurial orientation，and knowledge management processes to project success ［J］. *Journal of Intel-lectual Capital*，2020，22：149 – 170.

［127］Lawrence T B. Institutional strategy ［J］. *Journal of Manage-ment*，1999，25（2）：161 – 188.

［128］Leendertse J，Schrijvers M，Stam E. Measure twice，cut once：Entrepreneurial ecosystem metrics ［J］. *Research Policy*，2022，51

（9）：104336.

［129］Levie J, Autio E. Regulatory burden, rule of law, and entry of strategic entrepreneurs: An international panel study［J］. *Journal of Management Studies*, 2011, 48（6）：1392 – 1419.

［130］Llanos – Contreras O, Alonso – Dos – Santos M, and Ribeiro – Soriano D. Entrepreneurship and risk-taking in a post-disaster scenario［J］. *International Entrepreneurship and Management Journal*, 2020, 16：221 – 237.

［131］Liguori E, Bendickson J, Solomon S, et al. Development of a multi-dimensional measure for assessing entrepreneurial ecosystems［J］. *Entrepreneurship & Regional Development*, 2019, 31（1 – 2）：7 – 21.

［132］Link A N, Sarala R M. Advancing conceptualisation of university entrepreneurial ecosystems: The role of knowledge-intensive entrepreneurial firms［J］. *International Small Business Journal*, 2019, 37（3）：289 – 310.

［133］Lu Y, Meng Q, Cai Y. Research on the relationship between R&D investment and corporate value of "unicorn" companies: Based on the financial flexibility of artificial intelligence company data［J］. *Journal of Business and Management*, 2018, 6（4）：953 – 962.

［134］Lversen J, Malchow-moller N, Sorensen A. Returns to schooling in self-employment［J］. *Economic Letters*, 2010, 109（3）：179 – 182.

［135］Ma J, Todorovic Z W. Understanding the role of entrepreneurial quality and national culture on the economic development［J］. *International Journal of Entrepreneurship & Small Business*, 2012, 16（3）：299 – 313.

［136］Maillat D. Innovative milieux and new generations of regional policies［J］. Entrepreneurship & Regional Development, 1998, 10（1）：

1 – 16.

［137］ Minà A, Dagnino G B. Mapping entrepreneurial ecosystems inquiry: A content analysis of the analysis of the literature and its implications, in Carayannis E G, Dagnino G B, Alvarez S, and Faraci R. *Entrepreneurial Ecosystems and the Diffusion of Startups* ［C］. Published by Edward Elgar Publishing Limited, Cheltenham UK, 2018.

［138］ Marquis C, Lounsbury M, Greenwood R. *Communities and organizations* ［M］. UK Leeds: Emerald Group Publishing Limited, 2011.

［139］ Marshall A. *Principles of economics* ［M］. UK: London Macmillan press, 1920.

［140］ Mason C, Brown R. Creating good public policy to support high-growth firms ［J］. *Small Business Economics*, 2013, 40 (2): 211 – 225.

［141］ Mason C, Brown R. Entrepreneurial ecosystems and growth oriented entrepreneurship ［C］. *Final Report to OECD*, Paris, 2014, 30 (1): 77 – 102.

［142］ Massimo G, Colombo Giovanni Battista Dagnino, Erik E Lehmann, and MariPaz Salmador. The governance of entrepreneurial ecosystems ［J］. *Small Business Economics*, 2019, 52 (2): 419 – 428.

［143］ Mcadam M, Harrison R T, Leitch C M. Stories from the field: women's networking as gender capital in entrepreneurial ecosystems ［J］. *Small Business Economics*, 2019, 53 (2): 459 – 474.

［144］ Mei L, Zhang T, Chen J. Exploring the effects of inter-firm linkages on SMEs' open innovation from an ecosystem perspective: An empirical study of Chinese manufacturing SMEs ［J］. *Technological Forecasting & Social Change*, 2019, 114: 118 – 128.

［145］ Mercan B, Gokta D. Components of innovation ecosystems: A cross-country study international [J]. *International Research Journal of Finance and Economics*, 2011 (76): 102 – 112.

[146] Meyer A D, Tsui A S, Hinings C R. Configurational approaches to organizational analysis [J]. *Academy of Management Journal*, 1993 (36): 1175 – 1195.

[147] Michelacci C. Low Returns in R&D due to the Lack of Entrepreneurial Skills [J]. *The Economic Journal*, 2003, 113 (484): 207 – 225.

[148] Miles M. B., Huberman A. M., Saldana J. *Qualitative data analysis* [M]. USA: Newbury Park, CA: Sage, 2013.

[149] Moore J F. Predators and prey: A new ecology of competition [J]. *Harvard Business Review*, 1993, 71 (3): 75 – 86.

[150] Mouzas S, Ford D. The constitution of networks [J]. *Industrial Marketing Management*, 2009 (38): 495 – 503.

[151] Nambisan S, Sawhney M S. Orchestration processes in network-centric innovation: Evidence from the field [J]. *Academy of Management Perspectives*, 2011, 25 (3): 40 – 57.

[152] Neck M, Meyer G D, Cohen B. and Corbett A C. An entrepreneurial system view of new venture creation [J]. *Journal of Small Business Management*, 2004, 42 (2): 190 – 208.

[153] Nelson R R, Winter S G. *An evolutionary theory of economic change* [M]. USA Cambridge Massachusetts: Harvard University Press, 1982.

[154] Neumeyer X, Santos S C, Caetano A, et al. Entrepreneurship ecosystems and women entrepreneurs: A social capital and network approach [J]. *Small Business Economics*, 2019, 53 (2): 475 – 489.

[155] Nicotra M, Romano M, Giudice M D, et al. The causal rela-

tion between entrepreneurial ecosystem and productive entrepreneurship: A measurement framework [J]. *The Journal of Technology Transfer*, 2018, 43: 640 – 673.

[156] Ommen N O, Blut M, Backhaus C, and Woisetschlager D M. Toward a better understanding of stakeholder participation in the service innovation process: More than one path to success [J]. *Journal of Business Research*, 2016, 69: 2409 – 2416.

[157] Pagani M, Fine C. Value network dynamics in 3G – 4G wireless communications: A systems thinking approach to strategic value assessment [J]. *Journal of Business Research*, 2008 (61): 1102 – 1112.

[158] Pan S L. Tan B. Demystifying case research: A structured-pragmatic-situational (sps) approach to conducting case studies [J]. *Information and Organization*, 2011, 21: 161 – 176.

[159] Pierce L. Big losses in ecosystem niches: How core firm decisions drive complementary product shakeouts [J]. *Strategic Management Journal*, 2009, 30 (3): 323 – 347.

[160] Pinelli M, Lechner C, Kraus S, and Liguori E. Entrepreneurial value creation: Conceptualizing an exchange-based view of entrepreneurship [J]. *Journal of Small Business and Enterprise Development*, 2021.

[161] Porter M E. *The competitive advantage of nations* [M]. New York: Free Press, 1990.

[162] Porter M. *Competitive strategy: Techniques for analyzing industries and competitors* [M]. New York: Free Press 1998.

[163] Porter M. Location, competition, and economic development: Local clusters in a global economy [J]. *Economic Development Quarterly*, 2000, 14 (1): 15 – 34.

[164] Prahalad C K, Hamel G. The core competence of the corporation [J]. *Havard Business Review*, 1990, 68 (3): 79 – 91.

[165] Parisa M, Wagner R, Wan Khairuzzaman W. I. Entrepreneurship ecosystems: A systematic review [J]. *Journal of Enterprising Communities: People and Places in the Global Economy*, 2018, 12 (4): 545 – 564.

[166] Qian H, Acs Z J. An absorptive capacity theory of knowledge spillover entrepreneurship [J]. *Small Business Economics*, 2013, 40 (2): 185 – 197.

[167] Radziwon A, Bogers M, Bilberg A. Creating and capturing value in a regional innovation ecosystem: A study of how manufacturing SMEs develop collaborative solutions [J]. *International Journal of Technology Management*, 2017, 75 (1 – 4): 73 – 96.

[168] Ragin C C. *Fuzzy – Set social science* [M]. USA: Chicago University of Chicago Press, 2000.

[169] Ragin C C. *Redesigning social inquiry: Fuzzy sets and beyond* [M]. USA: Chicago University of Chicago Press, 2008.

[170] Ragin C C. *The comparative method: Moving beyond qualitative and quantitative strategies* [M]. Berkeley: University of California Press, 1987.

[171] Raj K. Shankara, Dean A. Shepherd. Accelerating strategic fit or venture emergence: Different paths adopted by corporate accelerators [J]. *Journal of Business Venturing*, 2019, 34.

[172] Rihoux B, Ragin C C. *Configurational comparative methods: Qualitative comparative analysis (QCA) and related techniques* [M]. Thousand Oaks: Sage, 2009.

[173] Ritala P, Agouridas V, Assimakopoulos D, et al. Value cre-

ation and capture mechanisms in innovation ecosystems: A comparative case study [J]. *International Journal of Technology Management*, 2013, 63 (3 – 4): 244 – 267.

[174] Ritala P, Hurmelinna – Laukkanen P. Incremental and radical innovation in coopetition: The role of absorptive capacity and appropriability [J]. *Journal of Product Innovation Management*, 2013, 30 (1): 154 – 169.

[175] Romano M, Catalfo P, and Nicotra M. Science and technology parks and intellectual capital: A model for intangibles representation, evaluation and control [J]. *Journal of Intellectual Capital*, 2014, 15: 537 – 553.

[176] Roundy P T. Hybrid organizations and the logics of entrepreneurial ecosystems [J]. *International Entrepreneurship and Management Journal*, 2017, 13 (4): 1221 – 1237.

[177] Santos F. A positive theory of social entrepreneurship [J]. *Journal of Business Ethics*, 2012 (111): 335 – 351.

[178] Sarto N D, Isabelle D A, Minin A D. The role of accelerators in firm survival: An fsQCA analysis of Italian startups [J]. *Technovation*, 2020: 102102.

[179] Satish Kumar, Saumyaranjan Sahoo, Weng Marc Lim, et al. Fuzzy-set qualitative comparative analysis (fsQCA) in business and management research: A contemporary overview [J]. *Technological Forecasting & Social Change*, 2022, 178: 121599.

[180] Schillaci C E, Romano M, Longo C. *Hybrid organizational forms and academic entrepreneurship – The evolution of Italian university incubators* [M]. Torino: Giappichelli, 2008.

[181] Schneider C Q, Wagemann C. Doing justice to logical remain-

ders in QCA: Moving beyond the standard analysis [J]. *Political Research Quarterly*, 2013, 66 (1): 211 – 220.

[182] Schneider C Q, Wagemann C. *Set-theoretic methods for the social science: A guide to qualitative comparative analysis* [M]. Cambridge: Cambridge University Press, 2012.

[183] Schneider M R, Conrad S B, Paunescu M. Mapping the institutional capital of high-tech firms: A fuzzy-set analysis of capitalist variety and export performance [J]. *Journal of International Business Studies*, 2010, 41 (2): 246 – 266.

[184] Scott W R, Ruef M, Mendel P J, et al. *Institutional change and healthcare organizations: From professional dominance to managed care* [M]. UK: London Greenwood Press, 2000.

[185] Scott W R. *Institutions and organizations: ideas and interests* [M]. USA: Newbury Park, CA Sage Publications, 2008.

[186] Sharma S. K. , K. E. Meyer. *Industrializing innovation-the next revolution* [M]. Germay: Berlin Springer Nature Switzerland AG, 2019.

[187] Sobel R S. Testing Baumol: Institutional quality and the productivity of entrepreneurship [J]. *Journal of Business Venturing*, 2008, 23 (6): 641 – 655.

[188] Sorenson O, Stuart T E. Syndication networks and the spatial distribution of venture capital investments [J]. *American Journal of Sociology*, 2001, 106 (6): 1546 – 1588.

[189] Spigel B. The relational organization of entrepreneurial ecosystems [J]. *Entrepreneurship Theory and Practice*, 2017, 41 (1): 49 – 72.

[190] Spigel B, Harrison R. Toward a process theory of entrepreneurial ecosystems [J]. *Strategic Entrepreneurship Journal*, 2018, 12 (1): 151 – 168.

[191] Spilling O R. The entrepreneurial system: On entrepreneurship in the context of a mega-event [J]. *Journal of Business Research*, 1996, 36 (1): 91 – 103.

[192] Stabell C B, Fjeldstad O D. Configuring value for competitive advantage: On chains, shops, and networks [J]. *Strategic Management Journal*, 1998, 19 (5): 413 – 437.

[193] Stam E. Entrepreneurial ecosystems and regional policy: A sympathetic critique [J]. *European Planning Studies*, 2015, 23 (9): 1759 – 1769.

[194] Stam E, Hartog C, Van Stel A, and Thurik R. Ambitious Entrepreneurship and Macro – Economic growth. In M. Minniti (Ed.), *The Dynamics of Entrepreneurship – Evidence from the Global Entrepreneurship Monitor Data* [M]. Oxford: Oxford University Press, 2011: 231 – 249.

[195] Stam E, Suddle K, Hessels J. and Van Stel A. High growth entrepreneurs, public policies, and economic growth. In *Public Policies for Fostering Entrepreneurship* [M]. USA New York: Springer US, 2009: 91 – 110.

[196] Starper M. *The regional world* [M]. USA New York: The Guilford press, 1997.

[197] Sternberg R. Regional dimensions of entrepreneurship [J]. *Foundations and Trends in Entrepreneurship*, 2009, 5 (4): 211 – 340.

[198] Suchman M C. Managing legitimacy: Strategic and institutional approaches [J]. *Academy of Management Review*, 1995, 20 (3): 571 – 610.

[199] Sun Y. Case based models of the relationship between consumer resistance to innovation and customer churn [J]. *Journal of Retailing and Consumer Services*, 2021, 61, 102530.

［200］Suresh J, Ramraj R. Entrepreneurial ecosystem: Case study on the influence of environmental factors on entrepreneurial success ［J］. *European Journal of Business and Management*, 2012, 4（16）: 95 – 101.

［201］Szerb L, Lafuente E, Horvath K, et al. The relevance of quantity and quality entrepreneurship for regional performance: The moderating role of the entrepreneurial ecosystem ［J］. *Regional Studies*, 2019, 53（9）: 1308 – 1320.

［202］Tansley A G. The use and abuse of vegetational concepts and terms ［J］. *Ecology*, 1935, 16（3）: 284 – 307.

［203］Tavassoli S, Obschonka M, Audretsch D B. Entrepreneurship in cities ［J］. *Research Policy*, 2021, 50（7）: 104255.

［204］Teece D J. Profiting from technological innovation: Implications for integration, collaboration, licensing and public policy ［J］. *Research Policy*, 1986, 15（6）: 285 – 305.

［205］Teece D J. Explicating dynamic capabilities: The nature and micro foundations of（sustainable）enterprise performance ［J］. *Strategic Management Journal*, 2007, 28（13）: 1319 – 1350.

［206］Theodoraki C, Dana L, Caputo A. Building sustainable entrepreneurial ecosystems: A holistic approach ［J］. *Journal of business research*, 2022, 140: 346 – 360.

［207］Theodoraki C, Messeghem K, Rice M P. A social capital approach to the development of sustainable entrepreneurial ecosystems: An explorative study ［J］. *Small Business Economics*, 2018, 51（1）: 153 – 170.

［208］Thomas L D W, Autio E. The fifth facet: The ecosystem as an organizational field ［J］. *Academy of Management Annual Meeting Proceedings*, 2014（1）: 10306.

[209] Thompson T A, Purdy J M, Ventresca M J. How entrepreneurial ecosystems take form: Evidence from social impact initiatives in Seattle [J]. *Strategic Entrepreneurship Journal*, 2018, 12 (1): 96 – 116.

[210] Thorelli H B. Networks: Between markets and hierarchies [J]. *Strategic Management Journal*, 1986, 7 (1): 37 – 51.

[211] Thornton S C, Henneberg S C, Leischnig A, and Naud'e P. It's in the mix: How firms configure resource mobilization for new product success [J]. *Journal of Product Innovation Management*, 2019, 36: 513 – 531.

[212] Todorovic Z W, Mcnaughton R B. The effect of culture, resources and quality of entrepreneurship on economic development: A conceptual framework [J]. *International Journal of Entrepreneurship & Small Business*, 2007, 4 (4): 383 – 396.

[213] Torres, P. , Godinho, P. Levels of necessity of entrepreneurial ecosystems elements [J]. *Small Business Economy*, 2022 (59): 29 – 45.

[214] Tushman M L, Rosenkopf L. Organizational determinants of technological change: Toward a sociology of technological evolution [J]. *Research in Organizational Behavior*, 1992 (14): 311 – 347.

[215] Urbinati A, Chiaroni D, Chiesa V, Frattini F. The role of business model design in the diffusion of innovations: An analysis of a sample of unicorn-tech companies [J]. *International Journal of Innovation and Technology Management*, 2019, 16 (1): 64.

[216] Valliere D, Peterson R. Entrepreneurship and economic growth: Evidence from emerging and developed countries [J]. *Entrepreneurship and Regional Development*, 2009, 21 (5 – 6): 459 – 480.

[217] Van Rijnsoever F J. Meeting, mating, and intermediating:

how incubators can overcome weak network problems in entrepreneurial eco-systems [J]. *Research Policy*, 2020, 49 (1): 103884.

[218] Vega S H, Elhorst J P. *The SLX model* [J]. Journal of regional science, 2015, 55 (3): 339 – 363.

[219] Venkataraman S. Regional transformation through technological entrepreneurship [J]. *Journal of Business Venturing*, 2004, 19 (1): 153 – 167.

[220] Vogel P. The employment outlook for youth: Building entrepreneurship ecosystems as a way forward [R]. *Conference Proceedings of the G20 Youth Forum*, 2013.

[221] Von Hippel E. *The sources of innovation* [M]. New York: Oxford University Press, 1988.

[222] Waldkirch M, Kammerlander N, Wiedeler C. Configurations for corporate venture innovation: Investigating the role of the dominant coalition [J]. *Journal of Business Venture*, 2021, 36, 106137.

[223] Walrave B, Talmar M, Podoynitsyna K S, et al. A multi-level perspective on innovation ecosystems for path-breaking innovation [J]. *Technological Forecasting & Social Change*, 2018, 136: 103 – 113.

[224] Wang X, Zou H, Zheng Y, et al. How will different types of industry policies and their mixes affect the innovation performance of wind power enterprises? Based on dual perspectives of regional innovation environment and enterprise ownership [J]. *Journal of Environmental Management*, 2019, 251, 109586: 1 – 13.

[225] Weick K E. *Sensemaking in organizations* [M]. USA: Newbury Park, CA. Sage Publications, 1995.

[226] Westlund H, Bolton R. Local social capital and entrepreneurship [J]. *Small Business Economics*, 2003, 21 (2): 77 – 113.

［227］ Witte P, Slack B, Keesman M, et al. Facilitating start-ups in port-city innovation ecosystems: A case study of Montreal and Rotterdam ［J］. *Journal of Transport Geography*, 2018, 71: 224 – 234.

［228］ Wong P K, Ho Y P, and Autio E. Entrepreneurship, innovation and economic growth: Evidence from GEM data ［J］. *Small Business Economics*, 2005, 24 (3): 335 – 350.

［229］ Xie Z, Wang X, Xie L, et al. Entrepreneurial ecosystem and the quality and quantity of regional entrepreneurship: A configurational approach ［J］. *Journal of Business Research*, 2021 (128): 499 – 509.

［230］ Yin R K. *Case study research: Design and methods* ［M］. USA: Newbury Park, CA. Sage Publications, Inc, 2013.

［231］ Zahra S A, Nambisan S. Entrepreneurship in global innovation ecosystems ［J］. *Academy of Marketing Science Review*, 2011, 1 (1): 4 – 17.

［232］ Zhe Cao, Shi Xianwei. A systematic literature review of entrepreneurial ecosystems in advanced and emerging economies ［J］. *Small Business Economics*, 2020, 57 (1): 75 – 110.